「越南漢文小說叢刊」總序

漢文化區以中國漢文化爲主流，但亦應包括朝鮮、越南、日本、琉球等地區。長久以來，這些國家以漢字爲表達工具，創作了大量的漢文作品，與中國相對而言，可稱爲域外漢文化區。

以漢文字爲書寫工具的地區，我們稱爲漢文化區。

域外漢文化區採用漢字寫作已有千年以上的歷史，直到上世紀末、本世紀初，由於政治及其它種種原因，各國方才逐漸停止使用漢字寫作，但民間仍有繼續使用漢字者。第二次大戰後，漢字寫作基本上從這些國家消失。（但產生了以華裔爲主的域外漢文作者，這是另一研究範圍。）朝鮮、越南和日本（包括琉球），保存了大量漢文獻，這些文獻涵括經史子集四部，應有盡有。既是各國重要的文化遺產，也是整個漢文化不可或缺的部分。但很可惜，由於教育的原因，域外漢文化區能閱讀漢文獻的人已經愈來愈少，加上政治及其它因素，除日本外，這些國家的漢文獻在過去相當長的期間內，得不到妥善的保存，遑論再作有系統的整理研究；甚至被認爲非本國文化。近年來，情況有所改變，韓國對本國漢文獻的整理研究已取得不少的成績，越南亦開始這方面的努力。但由於長期地抑止漢文，域外漢文化區對本國漢文化的研究只成了少數專家的工作。對各國漢文獻的整理和研究，最起碼的是掌握漢字，這是專家們所應有的基本訓練；但除此之外，由於各國漢文獻的內容跟整個漢文化，特別是主流的中國漢文化不可分割，就要求專家們同時擁有這方面的知識，而一般的研究域外漢文化的專家，除了對本國漢文獻有較深的了解外，很少能同時對中國漢文化和其它支流漢文化有足夠的認識，這就使得他們對本國漢文化的整理和研究受到相當的限制。

作爲漢文化主流的中國，以漢字爲書寫工具的傳統，從沒間斷，本來是最有條件對漢文化世界作整體研究。但中國知識分子，向來對其它支流文化採取不聞不問的態度，對這些地區的漢文化瞭解甚少，公私藏書中，域外漢文獻更是罕見。近年，由於國際之往來，中國對域外漢文化已有零碎的研究，但是還沒有形成風氣，不是有計畫、有系統的研究。因而域外漢文化研究還只是起步，而由此向前推進一步的漢文化整體研究，仍是一片亟待開發的荒原。

漢文化整體研究的重要性是很顯然的，它不僅有助於瞭解中國漢文化在域外的傳播和發展，足以豐富中國漢文化的知識，對朝鮮、越南、日本諸國的漢文化的認識，更具重大意義。只有通過整體研究，才能將他們在漢文化中的位置，對中國漢文化的吸收和發展等眞象全面顯示出來。不透過支流和主流關係的研究，不將各支流加以比較研究，域外漢文化各區的特質就不易清楚，而這正是目前各國研究的弱點。他們只就本國文化作研究，最多是溯源到中國漢文化，却極少與其它支流從事比較研究，如此，本國文化的特質就不易顯示出來。

漢文化的整體研究可以開拓傳統漢學研究的領域。傳統漢學只是研究中國漢文化，忽視域外漢文化區的研究，將他們看成是朝鮮學、越南學、日本學的研究範圍，這就限制了漢學家對整個漢文化的了解。另一方面，從事朝鮮、越南、日本研究的學者，一般又只限於現代的研究，也受到漢文素養的限制，不易上溯到該國古典文化。縱使研究者能夠掌握漢文，如非從事整體研究，視野仍受局限。因而漢文化的整體研究將使得被傳統漢學、朝鮮學、越南學、日本學研究所棄置的域外漢文化資料，納入漢學研究的範疇中，形成一個超越國界文化區的綜合研究。採用新的資料，採用比較的研究方法，就很自然的能獲得新的研究成果。

域外漢文化涵蓋學術之各方面，需要種種專家通力合作，才能進行全面的研究。作爲文學研究工作者，我們選擇域外漢文學爲我們研究的對象。域外漢文學以漢詩、漢文爲大宗，在傳統的漢文化觀念下，詩文才屬正統文學，因而，各國漢文學研究，漢詩、漢文備受重視。一部日本漢文學史，幾乎就只是日本漢詩漢文史。朝鮮、越南文學史中較不注重漢文學，漢文學只佔其中有限的篇幅，而且幾乎全部談論漢詩漢文。在古典漢文化中，小說向來受到輕視。各國政府禁毀書籍中，小說每每首當其衝。傳統中對小說的保存、記錄、研究都很不夠。域外漢文學中，小說最鮮爲人知，亦最少作爲研究對象，這也是朝鮮、越南、日本各國文學史家，較少論述本國漢文小說的重要原因之一。

但在域外漢文學中，最能表達本民族特質的恐怕要推小說了。各國的漢詩漢文，常是模倣自中國漢詩文，且又受到篇幅的限制，難以對本民族精神作深刻的表現，因而在文學研究中，我們選擇小說研究作爲起點。很多域外漢文小說只以抄本形式流通，其中有的已在該國失傳，幸好尚保存在國外，有的則根本消失。目前域外漢文小說在各國收藏和研究的情況極不一致。日本漢籍保存最好，由於和文小說發達較早，漢文小說數量甚少，幾乎未曾引起文學史家的注意。朝鮮漢文小說數量甚多，近年來無論在本國，還是在外國，都有人從事整理和研究。成績雖然不盡理想，畢竟已漸重視。相形之下，越南情況較差。首先是越南語拉丁化和殖民地的教育，使越南有半個世紀時間割斷和本國漢文化的聯繫，獨立初期的越南仍繼續對漢文化抱敵視的態度；再者，中南半島的氣候本不宜保存古籍，加以連年戰爭的破壞，使得越南漢籍的保存研究在整個域外漢文化區中較爲後進。目前可能讀到的越南文學史，原就忽視本國漢文學，至於漢文小說則幾乎不曾提及，這反映當代越南人的某些政治思想，亦表現出他們對本國漢文小說的了解不深。這些小說，有的反映出越南民族獨立的要求，即使在狹窄的愛國主義觀點下，也應受到重視。由於這些資料仍未被發掘整理和研究，使得我們將越南漢文小說的整理和研究，列爲整體域外漢文小說研究計畫的第一步。

越南漢文小說研究的首要工作是資料的搜集、整理。目前我們所能掌握到的資料，估計現存越南漢文小說大約三十部，約三百萬字左右，大部分是抄本，只有少數刻本。抄本的質量通常不高，需與異本校勘；刻本間也有不同版本可供校勘的。由於這些資料只存在越南、法國和日本的一些圖書館中，不是一般研究者所能接觸，因此作爲越南漢文小說研究的最基本工作就是根據這些資料，經過校勘，編出一套越南漢文小說叢刊，使研究者有機會接觸並使用這一批材料。校勘不單是文字異同的比較，且要根據整個漢文化的知識尋求恢復原作的面貌。且爲幫助讀者的瞭解，在每部書前，對作者、版本源流、內容等略作說明。

越南漢文小說依其性質，可分爲下列五大類：

一、神話傳說　如「粵甸幽靈錄」、「粵甸幽靈集」、「新訂校評越甸幽靈集」、「嶺南摭怪」、「嶺南摭怪列傳」、「天南靈籙」、「南國異人事跡錄」等等。這些是越南民族國家和事物起源的神話和傳說，亦包括神祇傳記。

二、傳奇小說　收集到的有「傳奇新譜」、「新傳奇錄」、「聖宗遺草」、「見聞錄」、「越南奇逢事錄」等等。因最早一部以「傳奇」命名，以後的仿作又陸續使用「傳奇」爲書名一部分，故採作本類總名。這批小說是文言短篇，類似唐人小說。

三、歷史演義　輯錄的有「皇越春秋」、「越南開國志傳」、「皇黎一統志」、「皇越龍興志」

四種。自十五至十九世紀的越南歷史，幾乎盡入演義中。

四、筆記小說　最早的當推「南翁夢錄」，此外有「公餘捷記」、「南天珍異」、「聽聞異錄」、「山居雜錄」、「雲囊小史」、「大南顯應傳」、「滄桑偶錄」、「安南古跡列傳」、「南國偉人傳」、「南天忠義實錄」、「科榜標奇」、「人物志」等等。這一類是以人物事跡爲主。

五、現代小說　這是本世紀以來，受西方文化和中國白話文學影響而創作的現代白話小說，數量不多，勉強算作一類，可以視爲上四類的附錄。

由於歷史的原因，越南漢文獻在國外藏量最多的，首推法國。法國遠東學院、亞洲協會、國家圖書館、東方語言學院圖書館、基美博物館圖書館和天主敎外國差會等處，都藏有越南漢文喃文書。其中以遠東學院所藏最爲重要。遠東學院於一九〇一年創立於越南河內，數十年間搜集了大量中國、越南以及東南亞各國資料。一九五四年越南獨立，遠東學院搬回巴黎，中越圖書全留河內，移交越南政府。其中部分重要書籍製成微卷，分存巴黎、西貢兩地。五十年代以後，該院駐西貢辦事處又從越南南方購得書籍一批，與原有的微卷構成越南漢喃書籍的重要收藏，這是此套叢書主要資料來源。曾經是遠東學院研究員的著名學者馬伯樂（Henry Maspéro）和戴密微(Paul Deméville）教授，都曾在越南住過，並收藏不少的越南漢文書，他們的藏書在逝世後都捐給亞洲協會圖書館。兩氏的越南藏書中頗有漢文小說資料，是我們這套叢書資料的另一重要來源。其它法國圖書館雖也收藏不少的越南書籍，但小說資料不多，就不一一述及了。

編纂越南漢文小說叢刊是由我發起的。多年來我留心搜集這方面資料，並作初步的標點和校勘。但資料數量很多，全面校勘需要大批人力，身處海外，缺乏條件。且因我有其它研究工作，不能將全部時間投入漢文小說整理和研究中，這些資料一直沒有整理出版。當然，要找到願意刊印這批冷門的研究材料的書局也不容易。一九八二年，我到臺北，和朋友們談及漢文學研究的構想，提到出版越南、朝鮮、日本三國漢文小說叢書的計畫，臺灣學生書局惠允出版這套叢書，中國文化大學中文系教授王三慶兄又應允負責主持校勘工作，並於該校中文研究所成立校勘小組，成員有鄭阿財、朱鳳玉、郭長城、廖宏昌、許鳴鏘、陳益源、康世昌、謝明勳等，分別對各書進行校勘和標點工作。三慶兄並邀得龍思明女士，負責將資料中雜入少數字喃翻成漢文，至此萬事俱備。經過多年辛苦的校勘整理，終於告一段落，始能推出排版。

這次出版的是越南漢文小說第一輯，約爲現存越南漢文小說百分之六十左右。其它小說有的版本尚未集全，且校勘仍需時日，只好留待下輯出版。本輯共分七冊，第一、二冊爲傳奇小說，包括：「傳奇漫錄」、「傳奇新譜」（附「段氏實錄」）、「聖宗遺草」、「越南奇逢事錄」四種；第三、四冊是歷史演義，包括：「皇越春秋」、「越南開國志傳」；第五冊是「皇黎一統志」；第六、七冊則爲筆記小說，包括：「南翁夢錄」、「南天忠義實錄」、「人物志」、「科榜標奇」、「南國偉人傳」、「大南行義列女傳」、「南國佳事」、「滄桑偶錄」、「見聞錄」、「大南顯應傳」等共十種。至於這套叢書的校勘事項，參見「校錄凡例」，各書的個別問題，則參考各書前的「出版說明」。「出版說明」除指出所用版本及校勘諸問題外，又介紹該書的作者資料。各書校勘者芳名標於該書扉頁。三慶兄和我將校稿各看了一遍，作成最後定稿。

這套叢書得以順利印出，首先要感謝法國遠東學院院長 Gross 教授和圖書館館長Rageau夫人，他們贊同我所提出的漢文化整體研究的構想，接納我在遠東學院建立漢喃研究小組的建議，使得越南漢文小說研究計畫成爲學院研究計畫的一部分，因而得以充分利用該院的資料和設備。遠東學院並與學生書局合作出版這套叢書。我的越南同事、漢喃研究組成員謝仲俠先生，以他賅博的越南漢籍知識，提供我搜集資料及撰寫「出版說明」的線索，又提供他珍藏的日本東洋文庫「舊編傳奇漫錄」的膠捲，衷心銘謝。我的研究助理譚惠珍小姐自始至終參與資料的搜集和標校工作，備極辛勞，深爲感謝。

我還應該感謝法國漢學院院長、巴黎第七大學教授吳德明（Yves Hervouet）先生、法國亞洲協會圖書館負責人、高等社會科學學院蘇梅野（Michel Soymié）教授和法國科研中心中國文學歷史研究組負責人、高等社會科學學院侯思孟（Donald Holzman）教授的支持和協助。

本書出版是王三慶教授所領導的中國文化大學中文研究所「越南漢文小說校勘小組」成員的勞績。

最後感謝臺灣學生書局諸位執事先生對文化的熱誠，同意出版這麼一部冷門書。臺灣大學外文系教授王秋桂兄大力協助本書出版，亦於此誌謝。

陳慶浩　一九八五年十月於臺北

「越南漢文小說叢刊」校錄凡例

一、本編小說一律選擇善本作底本，各本文字則據底本原文迻錄。

二、除底本外，若有其他複本可資參校，間有異文，並擇善而從，且加註說明，以存底本眞象。

三、唯因異文數量頗夥，故除傳奇漫錄作全面採錄外，他書僅擇錄對於文義、修辭等具有參考價值之異文。若語氣辭等不具特殊意義之異文，爲省篇幅，一律不加採錄及說明。

四、若文句未順，又乏校本可據者，爲使讀者得一通讀之善本，則據文義校改，並加註說明，以存底本眞象。

五、凡爲補足文義，若有意加文字，則以〔 〕號示別。若爲譌錯之通假字，則在原字下加（ ）號，增列通行正字，供作參考，以別正文。

六、原底本若經抄者自校，或經藏者改正，但錄改正後之文字，並一律不加註文說明。若是後人臆改，而不從其改後文字，必加註說明。

七、凡底本或校本俗寫、偏旁誤混之字，隨處都有，此抄本常例，今皆根據文義逕改，不煩加註，以省篇幅。

八、又迻錄時，皆加標點分段，並加專有人名、書名、地名號，普通名詞則一律從略。

九、凡正文下雙行註文，一律小字單行標示，唯其加註位置或誤，則移至適當地位，並加註說明。又如傳奇漫錄註文極多，爲不影響正文閱讀，則移至正文後校註中，凡此等移動，今皆加註說明。

十、凡正文中偶有喃文，一律譯作漢文，並加註說明。

皇黎一統志　目錄

【校勘記】

目錄，甲、乙、丙、丁四本並有，丙本作「黎季外史安南一統誌目錄」。甲本目錄在序前。

❶「鄭」，乙、丁二本並誤作「奠」。

❷「暉」字，丙本作「輝」。

❸「舅」字，甲、乙二本作「臼」，據丙、丁二本改。

❹「清」字，甲、乙二本作「消」，據丙、丁二本改。

❺「復師僻阮整援兵」，丙、丁二本作「復師僻阮有整援外兵」。

❻「赴國難李公殉主」，丙本作「死國難李陳公狥故主」，丁本作「赴國難李陳瓚殉故主」。

❼「主」字，丁本作「寇」。

❽「洋」字，丙、丁二本作「江」。

❾「翊皇家武成出師」，丙、丁二本作「翊皇家武成道再出師」。

❿「焚王府晏都去國」，丙、丁二本作「焚王府宴都王大去國」。

⓫「楊御史獻俘太廟」，丙、丁二本作「楊御史就擒獻俘太學」。

⓬「黃郡公賜死西城」，丙、丁二本作「黃郡公戰敗賜死西城」。

⓭「武文任提兵掠境」，丙本作「敵將武文任提兵掠境」，丁本作「賊將武文任提兵掠境」。

⓮「陳公燦奉使議疆」，丙、丁二本作「宰臣陳公燦奉使議疆」。

⑮「麟洋侯扶王泛海」，丙、丁二本作「麟洋侯扶王泛海走安廣」。
⑯「鵬公整請帝渡河」，丙本作「鵬公整請帝渡河定諒山」，丁本作「鵬公整請帝渡河幸諒山」。
⑰「西山再入城據國」，丙、丁二本作「西山再入城據有其國」。
⑱「嗣皇三起駕復都」，丙、丁二本作「嗣皇三起駕謀復舊都」。
⑲「阮閫臣投內地」，丙、丁二本作「阮閫臣投內地乞師」。
⑳「孫都督過南關」，丙、丁二本作「孫都督過南關傳檄」。
㉑「正」，丙本作「政」。
㉒「洄」，原作「回」，據丙、丁二本改。
㉓「定北河平王受封」，丙、丁二本作「定昇龍北平王受封」。
㉔「戰宣光皇弟遇害」，丙、丁二本作「戰宣光黎皇弟遇害」。
㉕「定昇龍偽主就擒」，丙本作「定昇龍西偽王就擒」，丁本作「定北城西偽主就俘」。
㉖「葬盤石皇妃從殉」，丙、丁二本作「葬盤石黎皇妃從殉」。
又以上目錄底本原無，據諸本校補。

鄭阿財　朱鳳玉校點

皇黎一統志

皇黎一統志 出版說明

皇黎一統志，原名安南一統志。全書十七回。吳俧著，吳悠續，吳任輯編。潘輝注歷朝憲章類誌文籍誌著錄（卷四十五）。

吳俧撰安南一統志，敍鄭王森寵妃，廢嫡立少，致驕兵爲變，卒招西山之亂，滅鄭扶黎，以成一統之事。成七回，書未竟而卒。後其從弟吳悠續成七回，則言西山據國，黎氏告終之事。其後又續三回，則以西主就擒，黎君歸葬爲結。

吳俧，一名時俧，字學遜，號淵密，山南青威人（今屬西河省），爲吳任之弟。領鄉薦亞元，官歷僉書平章省事，西兵之變，與文臣陳名案、武楨等，從昭統帝奔至靈，上中興策，承往諒山招諭藩臣，至鳳眼病發，卒於嘉平。帝手詔贈裕澤伯爵（按：事詳安南一統志第十一回及吳家世譜）。著有詩文集、新曇心鏡及安南一統志七回。

吳悠，一名時悠，字徵甫，號文博。係任之叔父燾之子，爲任、悠之從弟。徵甫以舉茂蘊，官歷海陽學政，生平爲學精苦，壽六十九。著有詩文集及續編安南一統志七回。

吳任，一名時任，字希尹，號達軒。生於景興七年（一七四六年），天資俊穎，年十六撰一十七史撮要。二十歲與劉熙載合訂四書說譜。二十七歲應國子監考優項，因病辭官，成海陽志略。年三十中乙未（一七七五年）科進士，授戶部都給事中。戊戌（一七七八年）奉兼太原督同行參政，又協同兼鎮守遵生侯討武崖賊渠，著成公務一書。後爲鄭王世子棕日講。時棕無寵，少子檊爲王所鍾愛，宣妃與權臣黃素履內外交締，有奪嫡之志。會王寢疾，世子恐不自全，而圖謀定位。適王瘉，事洩。阮輝瀰以其狀白王，王乃召遵生與阮侃赴京，並命任監按其獄。會任父卒於諒山，任啓請奔喪，王乃命黎貴惇覆訊，而獄成。鄭王森遂廢嫡子棕，立少子檊爲世子，擢任爲工部右侍郎。壬寅年（一七八二年）三府驕兵擁立棕爲端南王，任以曾查庚子案而避居山南之百姓羅川隊澤間。丙午年（一七八六年）西山阮惠扶黎滅鄭，翊扶顯宗一統，任復出，適顯宗崩。出帝即位，任承命，從登第例，授戶部都給事中，尋陞校討兼修纂。戊申年（一七八八）十二月，西山阮惠即皇帝位於富春，出帝入燕，而清兵南伐。惠授任工部侍郎，封晴派侯，命其出使，與清議和，著有邦文集。庚戌年（一七九〇）好成，陞兵部尚書。辛亥（一七九一）陞侍中大學士，又準頒翊運功臣。壬子（一七九二）兼國史署總裁。癸丑（一七九三）充求封部正使，著有華程家印詩集。丁巳（一七九七）奉監刊修國史，因以其父仕所著越史標案刻梓。壬戌（一八〇二）阮朝代興，任與潘輝益以通籍閏朝爲鄧陳常所劾。嘉隆二年癸亥（一八〇三）二月十六日終，壽五十八。凡所著述，各草具編文派行世（詳參皇黎一統志及吳家世譜）。

皇黎一統志爲越南漢文歷史演義小說中，最重要且最具特色之一。其書所敍之事，均見諸正史，而鋪敍之精詳則有過之。此外，尚有幾點値得重視：一、此書之作者、編者均參與書中所記歷史事件，且係書中人物，此實爲歷來演義小說所未見。二、作者、續者、編者竟爲兄弟與從兄弟之關係，且作者、編者之父曾撰越史標案，編者任亦曾監修國史，足見其家之史學淵源。三、此書所敍之史事，止於黎朝之亡，而此後之史事，復有任之曾孫吳甲豆（一八五二—？）爲撰皇越龍興志一書，以記阮朝建立基業之歷史，接續皇黎一統志之史事，尤見是時越南國史似爲吳家世守之學。

此書板本，今所得見，計有六種。

㈠抄本安南一統志：馬伯樂（H. Maspero）所藏，今存法國亞洲協會圖書館，編號HM. 2224（7）。此本爲吳家文派中之一册。首無序、無目。第一回前題有「吳家文派」、「安南一統志」、「簽書平章學遜公遺草」。第十七回末題有「吳家文派壹部貳拾卷」。全十七回，半葉八行，行二十一字至二十四字。（以下簡稱底本）

㈡抄本皇黎一統志：此本亦爲馬伯樂原藏，今藏法國亞洲協會圖書館。編號HM. 2143，封面題作「皇黎一統志」，首爲皇黎一統志序，次目錄。第一回回目前題有「吳家文派」、「學遜公著、徵甫公績（按：爲續字之誤）」、「安南一統志」。板心作「皇黎一統志」共十七回。半葉九行，行二十字。（以下稱甲本）此本文字行款與乙本同，惟多誤筆，當是據乙本摹抄之本。

㈢抄本皇黎一統志：此本遠東學院編號A 22，現存河內漢喃研究所。首皇黎一統志序、次目錄。第一回回目前題有「吳家文派」、「學遜公著、徵甫公續」、「安南一統志」。板心作「皇黎一統志」。全十七回，半葉九行，行二十字。（以下稱乙本）此本爲甲本所據以摹抄之底本。

㈣抄本安南一統志：此本遠東學院編號A 883，現存河內漢喃研究所。首題「黎季外史」、次「安南一統誌目錄」，無序。目錄後題有「右山南青威縣左青威簽書吳時倩撰共十七回」。全十七回，半葉十四行，行三十字，回中間有注、評。第十七回末題有「龍飛己亥年（一八九九）夏六月十五日翰林院侍讀充北圻統使府寔授第五項練事院有常奉錄」。（以下稱丙本）

㈤抄本皇黎一統志：此本爲法國亞洲協會圖書館所藏，編號b 21，封面題爲「皇黎一統志」「嘉隆三年甲子季冬朔」，「黎景興乙未科進士左青威人吳時任輯編」，首皇黎一統志序、次目錄，全十七回。半葉十行，行十五字，回中間有評及雙行注（以下稱丁本）。按：此本文字獨勝，與各本差異較大。其注對書中人物、地名有詳明標注，頗有助於閱讀，而其評斷書中人物、事件，每有獨特之見解，亦有與書中旨趣大異之處。如第一回「時任與侍臣欲從中解救，更以奔喪去職」下注云：

「輝灝之告以吳某誣成，縱無吳某同顆（夥）人招出，倘溪忠、遵生鐵心，輝灝幾成誣了。此獄之成，吳某功多於輝灝。吳某是風流公子，有才能文章，早擢儒科，悻悻不能作小官，其為世子家臣亦是入顆（夥）的，蓋欲以世子為驟進官之餌。將發密案，以事告其父諒山鎮守時仕。時仕以死誓禁止之，他不從。旣發，王大嘉其忠，一日陞十次，衣朱。諒山鎮守聞之，飲藥自盡，辰（時）人有「一筆殺三父」之語。又曰：『藥四父而侍郎，忠馬問孝；糾一壻而御史，公爾忘私。』糾壻則未知所指，四父指時仕一父，世子一君，遵生、溪忠兩父執也。又以吳某與輝灝等交締，謂之「五凶」，那是名教所係，天下耳目何可蔽也？此志鋪敍，出沒亦屬精詳，當與五才子書而六。惟說吳某有一段不直，豈未嘗深知周公、孔子之敎耶！」

其指斥吳時任爲大惡，數說其罪，而稱「一筆殺三父」，並指爲「五凶」，其斥責嚴苛，若非深仇大恨，何以致之。然於安南一統志竟又贊揚其鋪敍，「出沒亦屬精詳，當與五才子書而六」，其間原委，値得留意。

㈥抄本安南一統志：原爲戴密微（Paul Demiéville）所藏，今歸藏於法國亞洲協會圖書館，尙未編號。無序，無目錄，全十七回，第一回回目前題有「吳家文派」、「安南一統志」、「簽書平章學遜公遺草」。半葉八行，行二十一字至二十八字不等。（以下稱戊本）

按：以上六本中，甲、乙二本之回目，皆作七言句，而丙、丁二本則以七言爲主，間有八言、九言、十言之回目。內容文字，前七回甲、乙、戊三本同屬一系，與原本差異極小，丁本則與各本差異較大，丙本與原本亦多差異，且其異者，或同於甲、乙、戊一系，或同於丁本。自第八回起，甲、乙二本同屬一系，原本與戊本同屬一系，丙本與丁本同屬一系。

此次校勘，以法國亞洲協會圖書館藏，編號 HM. 2224 (7) 抄本爲底本，參校其他五本，並加標點。其中所有文字一律依據原本迻錄，若校本間有異文者，則擇善而從，並出校記以說明之，原本無序、無目，玆據各本參校補錄。至於他本有注、評者，爲求保存，均於校記中完全迻錄，以供參考。

皇黎一統志序

志以一統名、蓋後黎之亡、始於鄭之寵鄧妃也、廢嫡立少致三軍為變、卒召西山之亂、而鄭以亡、黎顯宗以七衰倦勤在御、親見一統之事、而西山據國黎氏告終、亦由此始、故此志因以一統名、亦可該貫上下前凡十四回、其後續三回、又以西主就於黎君還塟終焉、黎自莊宗中興、傳中葉世、敬神與嘉熙裕永慶純顯懿昭、統凡十六帝、鄭自大王檢、傳哲王松、誼王梉、陽王柞、康王根、仁王棡、順王杜杠、恩王楹、盛王森、

書影　皇黎一統志序

書影

目録

第一回 鄭宣妃寵冠後宮、王世子廢居幽室、

第二回 立莫鄧七輔受遺、殺暉郡三軍扶主、

第三回 楊元白議斬驕兵、阮國師謀消內難、

第四回 復師讎阮璟援兵、赴國難李公殉主、

皇黎一統志

第五回　扶正統上公覲闕、締郗婚公主出車、

第六回　西山主潛師返國、東洋侯倡義扶王、

第七回　胡皇家武成出師、楚王府晏都去國、

第八回　楊御史獻俘太廟、黃郡公賜死西城、

第九回　武文任提兵掠境、

第十四

第十一

第十二

第十三

皇黎一統志

陳公燦奉使議疆

麟洋侯扶王泛海、

鵬公叠請帝渡河、

西山再八城據國

嗣皇三起駕復都、

阮閻臣投內地、

孫都督過南關、

懾先聲强敵避鋒、

得大援故君反正、

第十四

第十五

第十六

第十七

戰玉回清師敗績、

棄龍城黎帝如燕、

定北河平王受封

戰宣光皇弟遇害、

徐蒼塘猾使受欺、

莅燕都黎君飲恨、

定昇龍偽主就擒、

莅盤石皇妃從殉、

書影

吳家文派

學遜公著
徵南公續

安南一統志

第一回

鄧宣妃寵冠後宮、
王世子廢居幽室、

說話皇黎朝莊宗裕皇帝中興于淥馬江、時世祖明康太王鄭檢為輔、謀勦逆莫、還于故都、鄭氏世襲王爵、掌握大權、皇家漸見衰弱、傳至顯宗永皇帝景興年間、聖祖盛王專行威福、帝惟垂拱而已、盛王為人

皇黎一統志

皇黎一統志序

志以一統名者❶，蓋後黎之亡❷，始於鄭王森❸之寵鄧妃也❹，廢嫡立少，致三軍爲變❺，卒召西山之亂，而鄭以亡❻。黎顯宗以七袞倦勤在御❼，親見一統之事，而西山據國，黎氏告終❽，亦由此始。故此志因以一統名，亦可該貫上下❾，前凡十四回❿，其後續三回⓫，又以西主就擒，黎君還葬終焉⓬。黎自莊宗中興，傳中、英、世、敬、神、眞、嘉、熙、裕、永、慶、純、顯、懿、昭，統凡十六帝。鄭自大王檢，傳哲王松、誼王梉、陽王柞、康王根、仁王棡⓭、順王杠、思王樫⓮、盛王森、靈王楷、都王檖，凡十一王⓯。

【校勘記】

❶「者」字，甲、乙二本並缺，據丁本補。

❷「亡」字，丁本作「亂」。

❸「王森」二字，甲、乙二本並無，據丁本補。

❹「也」字，丁本無。

❺「致」字上，丁本有「以」字。

❻「以」字，丁本作「氏」。

❼「袞」字下，丁本有「耆年」二字。

❽「氏」字，丁本作「祚」。
❾「亦」字，丁本作「方」。
❿「前凡十四回」五字，丁本無。
⓫「後」字，丁本無。
⓬「終焉」以下，丁本無。
⓭「𣏌」，甲本作「𣏌」，據乙本改。
⓮「榅」，甲本作「桎」，據乙本改。
⓯以上序文底本原無，據諸本校補。

第一回

鄭宣妃寵冠後宮　王世子廢居幽室

話說❶皇黎朝莊宗裕皇帝中興于馬漆江，時世祖明康、太王鄭檢爲輔❷，誅鋤逆莫，還于故都。鄭氏世襲王位，掌握大權，皇家漸見衰弱，傳至顯宗永皇帝景興年間，聖祖盛王❸專行威福，帝惟垂拱而已。盛王爲人剛明英斷，智慧過人，有文才武略❹，博覽經史，好爲詩文。既襲位❺，狹小累朝制度，國政朝綱，一番整頓，凶渠道黨，取次剷平。有獨運逼宇之志，滅質平寧，王師所至，無不克捷。時四方寧謐，府庫充實，王漸有驕侈之心，妃嬪侍女，肆意娛樂。一日，婕妤❻陳氏詠，遣女婢鄧氏蕙捧花盒至于御前❼，那鄧氏扶董人，生得鳳眼蛾眉，十分美艷，王見而悅之，因與之私焉。自是漸見寵幸，言無不聽，與王同居正寢，如人家夫婦。車輿衣服，窮極奢侈，頗亦恃寵弄權，有不如意者，輒爲憔悴之容，悲號哭泣，以亂王心。王有夜光珠一顆，乃平南時所獲，串於王巾頭以爲玩。鄧氏弄之，王曰：「好輕輕手，無使珠傷。」鄧氏乃擲珠於地而泣曰：「何物！此珠不過入廣南採來償王便了，王何重貨而輕人！」乃自廢於別宮，辭而不見。王多委曲，以悅其心，鄧氏始與相善。及鄧氏有娠，王使人祝百神，祈生聖子。居期而生男❽，王最鍾愛，滿百日，王以少時御名榦命之，取其類己也。是年鄉試第三場，御題以「山川英毓，河海秀鍾」爲❾題，文武諸臣，承望風旨，亦多以星輝海潤爲賀者。週歲骨相豐偉，異於常人。既能言，應對明辨，舉止儼如大人⑩。文武諸臣有入見者，正容接之。或隔歲再見，皆能記其姓名，歷說前事。王命詞臣製十六字頌使阿保口授，一經耳卽成誦，王尤所慰悅。鄧氏由是潛有奪嫡之意。

卻說王世子鄭棕⑪，楊太妃所生也。太妃名玉歡，石河龍福人也⑫。其娣爲恩王（盛王之父）宮嬪，生瑞郡公，最爲恩王所鍾愛。太妃因娣得見於王⑬，自入宮以後，寂寥度日。忽夜夢見神人賜綵緞一段，畫龍頭，不知何兆，以語侍者溪忠侯，溪忠侯心知其生聖子之兆。次日王命召宮嬪玉寬進御，溪忠故爲錯謬⑭，召太妃進御，王見而不悅，然業已召見⑮，不忍斥去，召讓溪忠。溪忠叩首謝罪，具以太妃說夢顚末，一一啓白⑯，王亦默然不答。太妃一經雨露，便卽懷娠，至期而生男子⑰。王自念龍頭有君象，但畫龍非眞龍，乃有頭而無尾，亦非全吉之兆。且前朝鄭檜王弟鄭棣，亦龍福所出，皆謀逆而無成，心頗不懌。文武拜賀，王辭以非嫡所出，不受。及長，容貌俊美，而王不甚鍾愛。世子性好武，不嗜學，年七歲，王命庚辰科進士阮侃爲左司講⑱，己丑科進士陳坦爲右司講⑲，坦尋卒，侃以柄用，揚歷中外，亦不以時就講幄⑳，惟有隨講五六人，勸講應故事。㉑王頗知之，滋不悅，故事王世子年十二，出居東宮㉒，時臣以爲請，王不許，但使就阿保炘郡公營宅㉓，東宮獨虛位，若將有所待者。及世子年十五，少子檊生，王鍾愛少子㉔，後三年㉕，世子年十八，故事㉖得開府，時臣無敢言者㉗，而王亦不說及。於是儲位未定，人心不一，幾屬世子者附世子，黨於鄧氏者附王子檊，漸生彼此之形。鄧氏自以世子年長，羽翼既成，而子檊幼沖，益謀自封植。

時暉郡公黃素履有重望，常倚鄧氏爲援，鄧氏亦倚暉郡爲助㉘。暉郡奉公人，平南上將軍暉公黃五福之姪㉙，其人豐姿淸逸，有文武全才。初舉乙酉科鄉試中式，又舉丙戌科進士㉚，時恩王倚重暉公，遂以次女嫁暉郡。暉公威權日重，人有不測之疑，咸云：「暉郡將取天下」。傳之暉郡，按圖讖有「一家逐群羊」之語，以為王與世子皆未命，而暉郡該命㉛，好事者又撰為「草一田八」之讖，指「黃」字也。又云：「土足雲間月，黃華映日香。」土足月，「堉」字也；黃華日，曄字也，指曄郡。又暉郡舊名登寶，人亦指議，由是曄郡以形迹自嫌，使暉郡改名素履。後曄郡自以目疾，去職不題。

却說甲午年，曄郡奉命南征㉜，以暉郡自隨。暉郡素得曄郡用兵家法，為其將佐所畏服，又善調用人才，豪傑皆樂為用，屢破敵有功，聲譽日顯。順化平，曄郡卒，王以暉郡代領曄郡所部兵，為乂安鎮守。暉郡居鎮，弭盜賊，禁鑄錢㉝，抑豪強，止獄訟㉞，境內大治。收用英才，分設僚屬，其麾下有左右參軍等名色㉟，天下沸騰，言暉郡將反。王日與信臣阮侃，及世子阿保炘郡公、阮挺謀誅之。隱語以暉郡為十字，蓋十字與乂字相近，指乂安鎮也。常屏人密議，惟鄧氏知之。暉郡所尚公主，日夜出入府中，服事鄧氏，鄧氏以其事告公主，暉郡內不自安，啓請回朝，王許之。暉郡自以鄧氏雖有寵，但其子尚幼㊱，而世子年長，附鄧氏恐非久安之策。既入見王，遂以珍寶賂世子左右，求附於世子。又具黃金百兩、南京緞十端為執贄禮，入謁世子。世子却其禮而不與之見。又私語侍者曰：「此賊何不留鎮作反，而遽請回朝㊲，他日當籍其家，安用彼贄為哉？」暉郡自知不為世子所容，乃決意附鄧氏，而陰有廢立之志，以曄郡舊所居宅進納，為王子檊營，自是暉郡為鄧氏私人。而鄧氏於王前亦保護暉郡益㊳力，暉郡遂入政府，開中銳軍營，署府事，遙領山南鎮守。與鄧氏內外交締，勢傾天下，武臣該奇鎮守，皆出其門。惟山西鎮鴻嶺侯阮侃為世子左司講，京北鎮遵生侯阮克遵為世子阿保乃炘郡公之義子，與暉郡彼此，朋黨之勢成矣。

再說世子自王子檊生，意甚懣懣，惟恐不得立，與其家臣小豎勢壽審籌㊴、儒生譚春樹、雜流出身永武等，日夜謀慮，未知所出。會王有宿疾，再發頗劇[40]，世子一夕夢見身穿癸色衣，頭頂丁字帽，立於府堂，明日謂家臣曰：「吾夢如此，爲諒陰之服，不日宮中將有變[41]，吾當早爲之計。」群小請陰繕甲兵，潛招勇士，待宮中一旦不諱，閉諸城門，殺暉郡住鄧氏與王子榦[42]，使不得立，馳報西北兩鎮，將兵入衞，脅諸大臣，以定其位。世子從之，宣言將有南征之命，使人密報溪忠侯，授銀子一千兩，付春樹[43]，分給諸人，陰繕器甲。又陰報西北兩鎮官，招募義勇，布置已畢，適王病愈，其事頗泄。有進朝阮輝伯[44]，爲人狡險，慣以發人覓官。年前曾發阮輝基與瑞郡公謀逆，事由發覺，人得美官[45]，時以事閑廢，急於進用[46]，乃使其長子之婦，入爲鄧氏宮婢，嘗採拾王世子嬉遊事[47]，言於鄧氏以求媚。又潛使親信居西北兩鎮官麾下，窺探其情[48]，至是頗知大略，入告鄧氏。鄧氏以其狀謀於暉郡，暉郡教他爲密封，自袖入政府中，屏人進呈。王覽啓大怒，命付下急治。暉郡諫曰：「世子誠有過，然敢作此大樣[49]，實西北兩鎮官主之。今二員各擁兵居外，若急治，恐有他變，不若先召二員回，繫於府中，然後發其狀治之。」王曰：「善。」翌日，召世子入，陽以學問鹵莽責之，命入居澤閣之三間堂，更以丙戌科進士阮倜爲左司講，戊戌科進士阮昀爲右司講[50]，而召西北兩鎮官回，時景興庚子八月十五日也。

却說世子家臣隨講乙未科進士吳時任[51]，爲京北督同，與鎮守遵生侯最相得[52]，凡鎮事無不與之謀[53]，惟世子所謀之事，略不說及。先是數日有世子家臣小竪山壽[54]，曾爲時任門生，世子使山壽告時任以此謀，且密令差人潛往諒山市紅毛雄馬[55]，以爲兵用。時任大驚曰：「世子國之儲貳，國乃其國，何患失位，而爲此謀，此必群小所誘掖。世子氣血方剛，思慮未熟，主上明察，豈能欺隱得過，恐禍且不測，家臣之屬，置身無地矣。」乃馳詣遵生侯，言其狀，告以隱赴城諫世子，令寢其事，以杜禍階。遵生拒之曰：「小職與官人但覺矜防與勘問，此外不預我事，不須掛齒。」時任長吁而去。數日果有召[56]，命遵生卽與時任偕行[57]。比至京，山西鎭官與炘郡公並已被召，待罪于左穿堂。遵生入見於卷蓬店，王不許入，命侍臣眘忠侯責之曰：「舅與世子椋謀反，舅第出去治兵，我已有强將對手。」遵生侯出[58]，遇時任於小筆店，執其手嘆曰：「僕事主上，自出胞以來，今王以賊呼之，昨日官人之言，以爲容易，今事已如此，將奈之何。」時任亦愴惶不知所答。遵生侯乃修啓具招前事，再憑眘忠侯遞覽。王怒不看，令袖出裂於遵生侯面前。遵生侯拾之而出，惶恐失措，不知所云[59]。山西鎭官亦益驚懼，欲有所言，不敢自達，乃共告時任曰：「我等位重讒深，有言不信，吾侯當以其所聞，修啓抵罪群小，庶幾我等白寃，王世子亦保無事。」時任亦不得已從之，不意王得啓，益怒曰：「果若人言不誣矣。」乃命時任與侍臣堂忠侯同查[60]。時任與侍臣欲從中解救，更以奔喪去職[61]。

再命參從榜眼義派侯黎貴惇代查[62]，盡得其狀。王乃召政臣入內，泣曰：「寡人不幸，遭不孝之子，不忠之臣，潛謀叛逆，其迹與承乾相類，而心又甚焉。廢長立少，事非獲已，卿等其諒我心，當按法論之。」廷議負犯諸名，並當論死，惟王子不敢擅議。條上，王特筆批云：「謹按春秋之義，律當從重，第念天性之親，情有不忍，應黜爲季子，終守臣節。諸臣惟山西鎭官與溪忠侯奉侍潛邸，日久有勞，特許囚之。阿保炘郡公以老實不與，免死，罷職回民[63]。命下溪忠侯遵生侯皆服藥死。遵生有帳下文書阮國鎭亦連坐論死[64]，臨刑罵曰：「天無日，朝無官，忍使國鎭含寃。」囑所親納筆紙於袖中曰：「生不伸寃，死當訟於冥府。」聞者悲之[65]。

世子既廢，王乃命居三間堂，使人監制，凡飲食出入，皆不得自由，家臣皆不許出入[66]。由是世子之黨[67]，各自逃匿，而鄧氏之黨益强，大臣小臣莫不趨附[68]，王亦益加禮重。鄧氏乃爲其弟茂麟求婚王女玉蘭公主，王主許之。這公主字栓[69]，乃王之最愛女。原來黃正妃生下兩位公主，長曰玉映公主，字櫟，嫁前乂安鎮守端郡公裴名達之長男瑠忠侯裴世遂。第二公主未有所尚[70]。公主資稟軟弱，自幼居水晶宮，不見風暑，所居之處，王戒侍婢言語低聲，免驚公主。既長，每進見，王令與同坐，如孩提時，凡所請托，言無不售，勳貴諸臣求婚，王皆未有所許。會旨下文武諸臣，與功臣子孫入選[71]，令公主擇可意者嫁之，更無當選者。至是鄧氏爲弟求婚，王重違其意，不得已而勉從。却說那茂麟，爲人凶暴，自鄧氏有寵，麟倚勢肆行，車輿衣服，一如王者[72]。常帶手下數十人，各持刀鎗，橫行京邑，撞着車服，不問是某官軍[73]，要惹起釁隙，毆辱之以爲快。遇女於途，悅目者卽拖帷帳與之通，其女或不順從，卽割其乳頭。女之夫或父，敢有出言者，立卽撾其齒[74]，亦有至毆死者。天下之人[75]，畏之甚於虎豹[76]，王亦知之[77]。既許下嫁，復懷顧惜，且念公主薄弱，不堪此强暴之男。回門之日，王以公主未經疹痘爲辭，不許合巹。命阿保與侍女保護公主，又命內差史忠侯監制，不許茂麟侵犯公主。正是

少女芳心原不怯， 令郎好事更多磨。[78]

未知後事如何，且聽下回分解。

評曰：廢嫡立少之事，人皆謂由於鄧氏，我獨謂不由於鄧氏[79]，而由於王[80]。又不由於王，而由於太妃之夢矣。何也？召至之時，溪忠錯謬，王已有不悅之心，廢立之漸一也[81]。及世子乃生而不受拜賀，則廢立事十分已半矣[82]。當是時，鄧氏未寵，子榦未生，果孰為而孰致。故曰：王心自是如此[83]，縱誰氏生得少子來[84]，亦必有廢立之事，況鄧氏既有寵，子榦又聰明。

【校勘記】

❶「話說」，原本作「說話」，據丙本改。

❷「輔」字下，丙本有「永福縣，柴山鄉人，興國公阮淦之婿，宋山，嘉苗人。」丁本有「其子哲王松繼輔世宗」，下並有雙行注：「黎自莊宗中興，傳中宗、英宗、世宗、敬宗、神宗、真宗、玄宗、嘉宗、熙宗、裕宗、永慶、純宗、懿宗、顯宗、昭統凡十六帝。鄭自太王檢得政，傳哲王松、誼王梉、陽王柞、康王根、仁王棡、恩王楹、盛王森、靈王楷、晏都王槰，凡十有一王而終。」

❸「盛王」下，丙本有注作「卽靖王也」。

❹「文才武略」，底本作「文武才略」，據甲、乙、戊三本改。

❺「旣襲位」，丁本作「景興二十八年丁亥，恩王楹薨，森以世子襲位。」

❻「婕妤」，底本作「捷抒」，據各本改。

❼「前」下，丁本有雙行注作「何處尤物，突如其來。」

❽「男」，底本無，據丙、丁本補。又「生」下，甲、乙、戊三本有雙行注作「景興丁酉三十八年」。

❾「為」，底本作「命」，據丙、丁本改。

❿「人」下，丁本有注作「未必」。

⓫「棕」下，丁本有注作「後改楷」。

⓬「人」下，丁本有注作「屬乂安」。

⓭「見」，各本並作「進」。

⓮此句丁本作「溪忠以為寬歡同韻，因故為錯謬」。

⑮「見」，各本並作「至」。

⑯「啓」，各本並作「稟」。

⑰「子」下，甲、乙、丙、戊四本並有注作「景興癸未二十四年」。

⑱「庚辰科」下，丁本有注作「景興二十一年」；「阮侃」下，丁本有注作「宜春仙田人」。

⑲「巳丑科」下，丁本有注作「景興三十年」；「坦」下，丁本有注作「維先黎舍人」。

⑳「辰」，各本並作「時」。

㉑「故事」下，丁本有「每王命題詩文，輙暗令隨講夙構進呈」。

㉒「出」上，丙本有「未」。

㉓「公」下，丁本有「阮芳挺」。

㉔「鍾愛少子」，丙本作「鍾愛益分」，丁本作「情愛益分」。

㉕「年」下，丙本有注作「丙子」。

㉖「故事」二字，丙本作「未」。

㉗「時」，甲本作「恃」，丁本作「侍」。

㉘「助」上，甲、乙、丙、戊四本並有「外」。

㉙「平南」，丁本作「大司徒」。

㉚「進」，原作「造」，據丁本改。

㉛「亥」，底本及各本均作「亥」，依文義當作「該」。又「亥」下，丙本有「當應讖」，丁本作「當應此　」。

㉜此句，丁本作「有南侵之役，曄公奉命出師」。

㉝此句，丁本作「保善良」；又「鑄」，甲、乙、丙、戊四本並作「揀」。

㉞「訟」下，丁本有注作「是辰乂安大飢，窮民為盜，他所拿獲，肆諸市上，每市令將士騎象以牙觸而殺之，有二人共盜芋藤，命斬於田坡上」。

㉟「參軍」下，丁本有「左右從事」。

㊱此句丁本作「而榦以庶孽稚齡」，甲、乙、戊三本並作「但所生男子尚幼」，丙本作「但所生王子尚幼」。

㊲「請」，甲、乙、丁、戊四本並作「肯」，丙本作「爾」。

㊳「力」下，丁本有「具辨其被誣，以釋王疑」。

㊴「籌」，甲、乙、丁、戊四本並作「壽」。

㊵「頗劇」，甲、乙、丙、戊四本作「甚於危劇」，丁本作「勢甚危劇」。

㊶此句各本並作「宮中將不日有變」。

㊷「住」上，丙、丁二本有「靡」。

㊸「春樹」上，甲、乙、丙、戊四本並有「儒生」。

㊹「伯」，丙本作「霜」，丁本作「灞」。又「伯」下，甲、乙、丙、戊四本並有「嘉林人」，丁本有「貫京北嘉林富市人」。

㊺「人得美官」，甲、乙、丙、戊四本並作「人得為山南參議，尋為進朝，歷至太原督同」。丁本作「得擢為山西參議，尋為進朝，歷官太原督同」。

㊻「進」，各本並作「求」。

㊼「嘗」，各本並作「常」。

㊽「窺」，各本並作「偵」。

㊾「樣」，丁本作「事」。

㊿「昀」，甲、乙二本作「的」，丙本作「煦」。

51「吳時任」，丁本作「吳某，山南青威人，諒山鎮官時仕之子也」。丙本作「吳時仕」。

52「侯」下，丁本有「阮克遵」。

53此句，甲、乙、丙三本作「鎮官凡事無不與之謀」，丁本作「凡事皆與之謀」，戊本作「鎮守凡事無不與之謀」。

54「日」，丁本作「月」。

55「毛」下，甲、乙、戊三本並有「絨」，丙本有「紅絨」，丁本有「紅戎」。

56「日」，丙、丁二本並作「月」。

57此句，丙本作「命運生侯卽刻就道，約吳時仕與之偕行」，丁本作「命遵生侯卽刻就道，約吳某與之偕行」。

58「出」，丁本作「惶恐而去」。

59「云」，甲、乙、丙、戊四本並作「去」。

60「堂」上，甲、乙、丙、戊四本有「鉼忠侯」，丁本有「鐸忠侯」。「侯」下，各本並有「晏忠侯」。

61「職」下，丁本有注作「輝灊之告以吳某誣成，縱無吳某同顆（夥）人招出，倘溪忠、遵生鐵心，輝灊幾成誣了。此獄之成，吳某功多於輝灊。吳某是風流公子，有才能文章，早擢儒科，悻悻不能作小官，其為世子家臣亦是入顆（夥）的，蓋欲以世子為驟進官之餌。將發密案，以事告其父諒山鎮守時仕。時仕以死誓禁止之，他不從。既發，王大嘉其忠，一日陞十次衣朱。諒山鎮守聞之，飲藥自盡，辰人有「一筆殺三父」之語。又曰：『藥四父而侍郎，忠馬問孝；糾一壻而御史，公爾忘私。』糾壻則未知所指，四父指時仕一父，世子一君，遵生、溪忠兩父執也。又以吳某與暉灞等交締，謂之「五凶」，那是名教所係，天下耳目何可蔽也？此志鋪敍，出沒亦屬精詳，當與五才子書而六。惟說吳某有一段不直，豈未嘗深知周公、孔子之教耶！」

62 「從」下，各本並有「壬申科」。

63 「回」，各本並作「為」。「民」下，丁本有「餘依原議」。

64 「阮」上，丁本有「詠橋」；「鎮」，丁本作「植」。

65 「悲」，丙、丁二本作「壯」。

66 「臣」下，各本並有「諸人」。

67 「黨」下，丁本有注作「亦有黨耶」。

68 「大臣小臣」，各本並作「大小諸臣」；又「附」下，丁本有注作「一何多耶」。

69 「栓」，各本並作「玉栓」。

70 「尚」下，甲、乙、丙、戊四本並有「王最鍾愛」。

71 「功臣」，甲、乙、戊三本並作「功臣錄族」，丙本作「功臣大族」，丁本作「六族功臣」。

72 「一如」，丁本作「借擬」。

73 「官軍」，丙、丁二本作「官員」。

74 「揭」下，丁本有「折」。

75 「天下」，丁本作「京畿四宣」。

76 「畏」，原作「遇」，丙本作「避」，據甲、乙、丁、戊四本改作「畏」。

77 「之」下，丁本有「一日王駕外幸，麟意鄧氏必行，卽於小巷中等候。見鄧氏去過，自巷中突出，披轎幨呼曰：『尊姊！尊姊！』鄧氏急罵曰：『汝安得如此無禮！』衆軍見他來突兀，不覺是甚人，皆失色。王大怒，喚麟問之，對曰：『臣等姊弟同居，入宮以後，久不相見，今聞王駕出外，故特來臣姊面一看，以慰諸懷。』王曰：『如此乃賢弟也。』」

78 「磨」，原作「麽」，據甲、乙、丙、戊四本改。又「磨」後，丁本有「苦行自成千仭勢，素蘭未吐百年心。」

79 「由於」，甲、乙、丙、戊四本並作「在」。

80 「由」，甲、乙、丙、戊四本並作「在」，下同。

81 此句下，丙本有「旣見之後，龍頭說夢，而王又有不悅之心，廢立之漸二也。」

82 「十分已半矣」，丙本作「已半分露矣」。

83 「故」上，甲、乙、丙、戊四本並有「吾」。

84 「氏」，原作「是」，據甲、乙、丙、戊四本改。

第二回

立鄭都七輔受遺❶　殺暉郡三軍扶主

却說茂麟旣得尙公主，每被史忠監制，心甚忿怒，謂史忠曰：「王謂王女如陸地仙，我看之曾不若我捧履婢女，又何貴重？我豈戀他顏色？但費盡許多錢娶得一婦，縱不成何樣子，亦當撞着一回，令軟如泥以償其直，乃縱去耳。爾欲自善身❷，好覓去路，毋謂我之不先告也。」史忠曰：「是王上密旨，非僕敢爾。」麟曰：「爾試問王上，設身處其地，還忍耐得否。」❸史忠曰：「長官不可如此過辭，王者非比常人。」麟大怒曰：「爾以王來嚇我耶！王者是甚？」乃拔劍斫之。史忠應刃而斃。史忠旣死，麟乃傳閉營門，令內外不得出入，將潛消其尸。公主聞之惶恐，使侍女逃出小竇，犇訴于王。王大怒，命侍臣督更兵來捕❹，麟拔劍立門曰：「敢入者死。」王再令暉郡將兵圍捕之，送歸王府，王付朝臣議罪，廷議殺使應梟。鄧氏號泣請代❺，王不得已，特許減死，降論徒流遠圻送配❻，不在話下。

再說王子榦生來英秀聰明，但先天禀薄，在襁褓時，素得疳病，肚大臍實❼，色淡筋青，四肢瘦削，王遍求四方名醫調治。以醫進者阮植由訓導得爲進朝，朱義隆以北國商客，得典兵封侯，藥材所需以百萬計，調治累年不效。王使人遍禱各處靈祠，宮中又設壇場，日夜焚香祝禱，皆不獲愈❽。或言婕妤失寵妬忌，爲巫蠱事，埋木人於宮中壓勝。王大怒，命捕婕妤家人問狀，並皆逃竄，四下拿捕不獲。告者引掘埋木人處，不見，事遂寢。然王心猶以爲疑，縱鄧氏爲齋醮符籙之事，由是巫史盛行⑨，王子病亦時增減⑩。及世子得罪，王子檊病適寬。次年，疹痘又順，膿壓又順⑪，王大喜曰：「孩提患疳亦是常症，不足爲慮。但旣疹痘，便是成人。」中外亦皆稱賀，多勸王降明旨，立爲世子，以繫天下之望⑫，王從之。聖母太慈言於王曰⑬：「王子棕與檊皆孫也，我誠無所偏愛⑭，但棕年長無恙，而檊年幼抱恙，願王以宗社爲念。且虛位東宮，庶幾季子知悔⑮，不然待檊長成，冊立未晚。」王曰：「棕、檊在聖母爲孫，不若在臣爲子。古人謂：『知子莫若父』，臣猶未至昏懵⑯，況朝廷公議如此，豈臣嬖小織成，聖母豈不洞照。今若不早正儲位，群小之徒，心懷覬望⑰，臣恐禍且不測！且天下大器，要付托得人，以宗社爲重，子猶不可私，況私於少乎？使檊病終不起，寧立桂郡公⑱，以還伯父正派，無托此不肖⑲，以墜祖宗之業⑳。」聖母遂不敢復言。王乃命朝臣具本奏知皇上，立王子檊爲世子。

　却說王自數年以來，夙疾時作。或一月，或半月，往往危劇太甚，尋復痊可。最怯者風暑，平居在深宮中，晝夜傳燭，非大朝會，未嘗出見群臣。府堂御座，亦設水晶帳，乘輿亦拖水晶簾，以避風暑。百官啓事，皆憑侍臣傳旨，雖親貴者亦或一年半年，始得一見㉑。朝臣文武，未嘗得見龍顏。府堂事㉒，外間傳說㉓，如天曹事，是以壅蔽尤甚。至是王疾轉劇，鄧氏日夜服侍，大臣惟暉郡得出入，王母與王女亦鮮得見，每日問安，在寢門外問侍者而已。鄧氏侍疾，言於王曰：「妾事主上，遇蒙憐恤，衆惡交叢，不知他日妾母子措身何地？」王慰之曰：「世子已正位東宮，國乃其國，卿他日爲天下母，誰人轉得？」鄧氏曰：「恐不預定，到緩急時，必爲人所奪。」時有暉郡在㉔。乃顧暉郡曰：「卿他日善保護正宮與世子，以寧我心。」暉郡曰：「臣敢不盡心所事，繼之以死。但請及今宣治命，以世子襲位，冊立正宮爲妃，同聽政，俾有成命。」

王曰：「善！卿宜輔之。」暉郡曰：「受遺輔政㉕，臣不敢獨任。卿郡公王室至親，完郡公師傅大臣，珠郡公、泗川侯皆在政府，素有德望；棪郡公東宮阿保，垂忠侯東宮保衞，皆爲信臣，請准賜諸員與臣同受顧命。」王許之。暉郡乃宣旨，命泗川侯草顧命書，添差汝公瑱草宣妃制册，草成㉖，暉郡袖入侯旨，請下字㉗。時王疾已彌留，聖母入省，鄧氏抱王起坐，聖母立御榻旁，涕泣請安。王泣下曰：「小子拜手稽首，啓國聖母，小子不幸短命，不得終事聖母，念惟孝道未終，五內如割，請聖駕還宮，寢膳從容，毋以小子爲念，以傷聖懷，晨昏之事，已有嗣王。」聖母涕泣久之㉘，意欲以儲位爲言，而有鄧氏在，難於啓齒，遲回未出。王曰：「聖母重傷小子，顧復不捨，小子見母自傷其心，不得瞑目，伏祈聖駕還宮。」聖母含淚而出。王與鄧氏訣曰：「我病不起，不得與卿白頭相守。我今大歸，卿留奉侍聖母，保育嗣子，琴瑟之約，重訂來生。」鄧氏哽咽刻餘，截髮而誓曰㉙：「主上不憐妾身，忍使妾踽踽孤棲，妾願以身殉主上。奉事聖母，已有兩位公主；輔佐嗣王，已有諸大臣，主上勿以是托妾。」乃放聲大泣。王顧垂忠侯曰：「我歸後，爾等善慰解正宮，毋使毀傷。就使志不可奪，須並舟歸陵，陪我寢園㉚。」乃召卿郡、完郡入受顧命。兩員入，命免拜賜坐，兩員涕泣請安。王曰：「小子不幸惡病㉛，今大漸彌留，今世子榦襲位㉜，尚賴叔父與師保同心夾輔，以濟于艱。」言訖，命鄧氏舁臥。暉郡跪，出袖中顧命書進呈，王以手揮之，暉郡再請曰：「今聖體少安，顧命書留白姓名，臣請命王親卿郡代筆㉝。」王不能答，頷之而已。卿郡批筆於御榻前，歷書姓名於顧命書留白處。畢，再進御覽，王已瞑目不省，遂薨。時景興壬寅九月十三日，王年四十四㉞，襲位之十六年也。屬纊後，暉郡一面分遣衆官治喪，一面將顧命書並宣妃册文，付垂忠侯，傳送出政府㉟，命朝官奏知皇上。皇上勅諭立世子榦爲奠都王㊱。百官整兵仗，就敬天門欽迎勅命㊲，回至府堂。阿保棪郡公抱世子且朝服冠帶，葵色[38]，立於府庭，跪受勅命。訖，乃設御榻於外府堂，抱王卽位。百官以次拜賀，禮畢，抱王入鑾宮，拜聖母，訖。各易素服發哀。王有萬年書，凡喪禮：自飯含，至大祭入廟[39]，禮節儀文皆有成畫。至廟號聖祖盛王[40]，亦素已撰定，著在書內，至是按此而行[41]。大臣七員，日夜宿直府中分理諸事[42]。

却說七輔之臣：卿郡名鄭橋，乃禧祖仁王第五子，毅祖恩王之弟，在嗣王爲祖叔，年尊德劭，但爲人質實，於事無所可否。完郡名阮完，農貢蘭溪人，癸亥科進士[43]，爲聖祖右司講[44]，歷官吏部尚書參從致仕，起復參預朝政，爲國厖碩之臣，但爲人和緩，與世浮沉，模稜不斷[45]。泗川侯名潘黎藩[46]，慈廉東鄂人，丁丑科進士，歷官部侍郎參從，爲人風度端雅[47]，亦有經術，但其性深沉，多殉勢利。珠郡、棪郡、垂忠侯皆以宦者起身。珠郡名珠[48]，王山蓮湖人，奉侍累朝，知兵番機密，爲人謹厚，晚年以耆舊入政，然亦不用事。棪郡名陳春暉，天本快樂人，爲潛邸家臣，及王親政，授知戶番，爲人純謹，王信之，命爲世子阿保，夙夜在王左右，不預外事。垂忠侯名謝垂，安模康上人[49]，歷官出入[50]，又領清華鎭守，爲人機智，濟以文學，議論風生，王素所信重，召爲世子保衞，但齒淺望卑，與同列不免委曲。天下之事，一由暉郡決斷，無所異議者。原來這六人非盡與暉郡同心，暉郡爲他各有位望，拘於同事使無他意。惟棪郡乃鄧氏之黨，與泗川侯平日素相得，二人與暉郡爲同心一體之人，而棪郡木訥寡聞，又得泗川與之心腹，泗川與暉郡皆迷於當局，完郡老儒，垂忠小慧，畢竟其心難測，其中老實無他，惟卿郡、珠郡爾。暉郡自主這局，凡事亦無所推諉，只要直截擔當，人之同與不同，皆所不計。時新王初立，主少國疑，街市之間，團三聚五[51]，或言新王病垂危劇，宮中不日有變，暉郡威權太重，將有異圖；或言正宮與暉郡私通，將以社稷托暉郡。街巷爲之語曰：「彼百官兮多暗少聰，使暉郡兮陰奸正宮。」[52]暉郡使提領官遍懸鐵鈎絞刀於諸市，戒曰：「敢聚語者，鈎其舌而斷之。」由是道路以目，京畿聳然[53]。

却說舊世子自新王立[54]，鄧氏每欲陰害之，垂忠以善言保護，鄧氏爲所牽奪[55]，更不果，乃使出居左穿堂，着內匡、內翊、內仍、內轎四隊官軍監制，每日三奠許入府堂陪拜，禮畢，復就監所，日夜危慄，恐不自保。楊太妃使其娣郡夫人楊氏哀訴子暉郡曰：「妾家妹官嬪楊氏與王季子遙致辭叩拜長官閣下：季子有罪，廢黜是甘，但今地嫌勢逼，不勝危懼，萬望長官垂憐，曲爲保全，再生之德，刻骨銘心。」暉郡泣答曰：「僕事先王，最承恩遇，義爲君臣，恩猶父子。季子，吾王之子也。僕有何心，願天地殛之！夫人歸爲僕致辭，遙拜王子與貴嬪幃次，請且放懷，僕周旋其間[56]，保無他虞。」自是密飭四隊，令監制從寬，家臣舊人遂得出入通行，無苛察者[57]。世子有膳夫謩武，爲人有心機，言語明辨。世子嘗問外間人情何如？謩武曰：「先王廢嫡立少，人皆忿疾，軍情爲甚。頃者新王襲位，照故事頒賜諸軍緡錢有差，諸軍沸騰，有不肯受賜，暉郡爲旨諭嚴戢，只得勉强聽從，而心懷不平[58]。」世子心中暗喜，謀於家臣小竪嘉壽。壽、嘉林鉢場人，亦有智識。言於世子曰：「人情如此，能以義動，使一心尊扶，則大業定矣。」世子大喜，乃使謩武爲酒餚[59]，邀諸親軍卞吏宴飲，而告之曰：「世子無罪，被鄧氏孽婦蠱惑先王，誣構陷害，以奪其位。暉郡素有反志，利王子榦幼冲易制，與之附和，成其廢立之事，而已自爲輔，以售其僭奪之謀[60]。今王抱恙危劇，變在旦夕[61]，不知王家基業，誰人主之。三軍皆湯沐之邑，應義之兵，爲國爪牙，素懷忠義，倘念王家二百年養育之恩，當一心翊扶，奠寧王室，或者天相其成，鐵劵丹書，留傳萬代[62]。」衆咸曰：「臣等皆有此心，但未知王子意下如何？恐到那時，或有驚動，又謂臣等惹事。今王子既開此意，這事定是不難[63]。」乃私相通報，齊會于看山寺。諸軍赴會，說起這事，莫不奮發。但慴暉郡聲勢[64]，未知起事如何穩當。正商議間，一人奮然言曰：

「但恐軍心不齊耳！如使三軍一心，不過乘朝奠禮畢，打府堂鼓一通爲號[65]，趁來拽他腳，倒跌于階下，一跌便了。」衆皆歡聲應之[66]。視之，則捷寶隊卞吏朋武也。這朋武乂安處清障縣人[67]，其先祖爲中興功臣，中間蔭盡寒微，邑人頂替爲另[68]，其人短小，清秀如儒生，旣隸本隊，以識字得爲卞吏。在京常爲人做狀詞，爲刁唆之黠。至是首唱其議，衆推爲謀主，請朋先擊鼓以率三軍。朋毅然當之，因相與歃血爲誓[69]，但不預定日期，只聞朋武鼓號，便各到來作事。密謀已定，有羅山安全人裴弼直知之，弼直乃乂安名士，時他以員外郎逸任，居國舅炎郡公門下，卽以其謀言於炎郡之子炤嶺伯，使之入夥[70]，以規此功而已。自爲媒引，乃赴會謂諸軍曰：「這事係是甚大[71]，須憑國舅啓知聖母，領旨而行。萬一暉郡識破，猶得密令執言，明白行之，方是萬全之策。」諸軍原不須策旨[72]，但見國舅有人在會，却之恐露，且聽得有理，乃相與就見炎郡。諸軍未至，炤嶺先以其事言於其父。其父爲人庸常，聞此大事，驚曰[73]：「彼卒徒粗鹵輕率爲之耳[74]！何得干預。王子還爲王，某人爲之，我亦不失爲前朝國舅。今反求功，縱成也，富貴不加多。萬一敗露，無葬地也。」其子曰：「他等約議已成，事在必發，發得在必濟[75]，拒之，枉錯了一好機會，縱大人富貴已滿[76]，豈不當使兒等及時做功名，兒業已許他，拒也亦不得[77]。」有頃，諸軍齊至[78]，炎郡不得已出見[79]，謂曰：「諸軍且有心爲國，小職敢有何心[80]？但當就家姪副知兵番阮兼家，教伊員入稟聖母，伊員職知令史，出入鬱宮，人無疑訝，小職自當附語啓聞。」諸軍乃至兼家[81]。兼又素性怯，聞諸軍言，惶恐力辭。諸軍曰：「這事已稟知國舅[82]，如此如此。」乃逼兼就炎郡家，受密語入啓聖母。原來廢長立少，聖母心所不喜，一得此謀正中其意，但未脫婦人氣味，恐這事或敗露[83]，禍連國舅，欲陰誘暉郡使季子攝位，免其生變，且思七輔之臣，惟完郡公師傅，又是阮兼婦翁，其心可信，且老儒多智，亦可與謀。乃命阮兼一面報諸軍遲來數日；

一面謀於完郡。常郡曰：「諸軍爲此惹起許多事來，聖母睿斷，實社稷之福。老臣智不越此，但請以聖旨諭暉郡，老夫當從中贊成。」阮兼復命。聖母乃使人告暉郡曰：「今新王抱恙，國內危疑，將軍倘念社稷爲重，當從權[84]，許季子攝政，以安人心。待新王長成，復還政退休[85]，終守臣節，將軍宜以此意白宣妃，仍使季子事宣妃爲養母，而以將軍爲阿保，幸爲斡旋。[86]」暉郡答曰：「小臣履遙拜聖母，聖母念及社稷至計，小臣敢不惟命，但此事非先王本意，臣受先王托孤，丁寧付囑。今梓宮在殯，驟改其命，臣心有所不安，請置爲後圖。且先王無別子，惟新王與季子耳，如新王弗克負荷，季子定當次及，即時以正相承，豈不甚美？何須急遽，爲此反常之事[87]。夫危者久自安，疑者久自信，願聖母寬懷。」使者出，未踰閾，暉郡曰：「這事雖打死我也不聽[88]。」使者復命。聖母知暉郡志不可奪，復告阮兼，兼恐事泄禍及，再謀完郡。完郡曰：「今事勢如此，且聽三軍所爲，會有僉知兵番陳有求[89]，東山萬祿人[90]，本社兵以事告他，他性喜事，又善爲文[91]。即撰三軍扶正檄文，陰粘通衢。由是畿內喧嘩，此謀發露。朋武以爲勢不得住[92]，決以次日舉事，不必啓知聖母，時壬寅十月二十四日也。是先[93]，暉郡知禍將發，肆言於朝曰：「來日有變，臣且死，但臣死亦須有三五人命相隨[94]。」衆官曰：「豈有此事？」暉郡乃自出一啓，稱輝伯啓[95]，言炎郡潛謀不軌，曰：「請官究治之[96]。」會日暮[97]，暉郡家人或勸暉郡挾新王潛遁，召外兵以捕奸；或勸暉郡引義士入府堂自衞。暉郡曰：「從來習俗多好浮言，未必眞有此事。縱有之，徐當究出，終不能遁。倘急不可治，吾受先王命，死生以之[98]，何事愴惶。」是夕，暉郡宿府中，只帶僕隨如常，略無設備。明日朝奠禮畢[99]，百官方退朝，朋武鳴府堂鼓三通九點，衆官相顧駭愕，暉郡使人閉閣門縛朋武，將斬之[100]。朋武旣就縛，垂忠侯謂暉郡曰：「彼爲此謀，定非一人，若遽斬朋武，奸黨漏網，不若付下監錮窮查，以絕亂荄。」暉郡以爲然，於是朋武免死[101]。

却說諸軍聞得鼓聲，人人踴躍，各持兵器，爭入府中。時閤門已閉，諸軍在外不得入，嗷聲動天地。暉郡呼珠郡告之曰：「舅職掌兵番，如何不知戒戢[102]？」珠郡惶恐，唯唯而出。暉郡自作啓云：「小臣履謹啓，臣受先王付託，保輔王上，今三軍爲變，震驚宮闕，臣請受王命提兵誅之，克則王之靈也；如其不克[103]，臣以一死見先王於地下。」啓成，授出納進呈，仍請王寶劍討賊。寶劍出，暉郡跪受，卽傳車駕御象出戰。珠郡立于閤門內之左竇，隔牆諭諸軍曰：「軍有禮法，今梓宮在殯，不可喧騰，有所欲言，第歸具啓，其當爲之題達。」諸軍厲聲曰：「舅亦從暉郡反耶？舅不卽開閤門，諸軍鎚牆而入，舅便爲虀粉矣[104]！」珠郡恐懼開門，諸軍連肩而入。暉郡挺劍上象出府堂中庭，揮諸軍曰：「爾三軍各歸其所，無得喧鬧，我斬汝頭！」諸軍素懾[105]暉郡，見象凜然，皆坐聽命，不敢出聲，亦不敢犯。有頃，坐者皆起，轉逼象前[106]，暉郡象頭向前而觸之，諸軍避象牙，旋象而趨，各以兵器刺斫之，或取府堂甕瓦亂拋之，象捲鼻而吼[107]，不敢觸。暉郡挽弓，弓絃絕；引銃納彈，火絕[108]。諸軍持長鈎[109]，鈎下象奴而斬之，象却，諸軍圍象腳，暉郡以短稍放下刺之，傷數人，諸軍至者益密[110]。又有一團軍從宣武門入，按象後，象立不能動，乃鈎下暉郡，亂毆殺之，刳其腹，取其肝而食之，拽尸棄于宣武門外。暉郡親弟選一首號鏗武侯[111]，聞變馳赴府堂，行至報天寺門，諸軍喝止，以街衢磚石碎其頭，投尸于水軍湖。暉郡兄弟既死，諸軍歡聲如雷，共扶世子升府堂，戴於肩上，諸軍環立歡呼，請坐益高，使天下咸覩龍顏，以爭喜悅。時倉卒無有几榻，權取制祿饌盤爲座几，八人負於肩上，時時舉首捧盤加於頭上。手倦復降於肩，肩倦復升於頭。升升降降，勢如蹴毬，似捧塑佛。一回高出衆，又一回撫掌歡呼，廟坊街市閭閻販賣之徒，莫不爭立看王，府庭如市。珠郡以豹尾旗麾於庭中，鳴金收軍，一鼓餘方定。先是連日陰暗，至是日，天色晴明，天下以爲太平王者之象，道路奔走，咸曰：「吾王立矣。」相傳歡呼，京師爲之罷市。既而設御榻於外府堂，百官翊王卽位，拜賀既畢，始出皇上勅命與聖母諭三軍扶立徽旨，粘於閣門，皆臨時草創[112]，稱爲成命。

是日變作，鄧氏惶恐，變衣服，匿於後宮。小王家臣皆遁走，惟棪郡抱王退居別所，從旦至暮無食，小王呱呱而泣。棪郡嚇之曰：「無得高聲，使衆軍聞之，必來打死！」小王懼乃止，至夜，聖母使人尋鄧氏與小王，給賜衣食，小王懼不能食，病愈劇，新王購求能醫治者，與百金封侯爵[113]。次日，新王令參從泗川侯爲王具啓，請遜爲王弟，乃付下廷議，降封爲恭國公，尋卒。

却說諸軍既殺暉郡兄弟，餘忿未泄，悉跪於王前，請破暉郡營，王許之[114]。三軍歡聲曰：「官據令另據傳，決去破毀。」頃餘，暉郡家宅，片瓦無遺[115]，乃乘勢肆行。凡文武諸臣，有屬鄧氏與暉郡門黨，及庚子年發密案諸員，與侍近臣，平日苛刻，諸軍素所疾者，一時連破，幷覓其人而殺之。京中連日騷動，王旨下戒禁不止，命官糾察畿內，密就會處，擇取市人斬之以示警。是後破稍息，而覓人猶不已。

却說暉郡手下阮整貞福東海人[116]，其父以商賈致富，家貲鉅萬，嘗居暉郡門下。那人手體秀麗，智慧過人。少時從事儒學[117]，涉獵經史，十六歲領鄉解，隨其父居暉郡門下，長於國語詩文，嘗慕郭公勳業，撰郭令公賦，用國音，天下傳誦。性又豪俠，交遊滿天下，座上賓客常數十人，吟詩飲酒，隨興酬答。家畜歌兒舞女十餘人[118]，自撰歌詞，播之管絃，日夜調歌爲樂，爲長安第一風流。又善詼諧奮語，居暉郡門，十餘年始出身，管善小隊。或曰：「何小也？」應曰：「勿以善小而不爲。」舉坐皆笑。其戲語類如此。及平南之役，以筆硯從軍，暉郡以其有才，最愛之。暉郡卒，後有告整偷官銀金以百萬計，辭連暉郡，下獄拷打，抵死不招，旋得無事，暉郡益加重愛。暉郡鎮乂安時，以整為右參軍，嘗使調治水軍，禦寇于海面，水戰無敵，海外呼為「水鷙鳥」。暉郡改鎮山南，易管前中隊巡海，復改該前寧奇，隸乂安鎮。整祖墓在鵾鵬山，地法云：「千萬龍飛千萬虎[119]，稱霸稱王無不如意。」整因自號為鵬嶺侯。整有邑人阮曰選，中弁生，其人膂力過人，又有膽略。整為提引於暉郡，得管後堅中隊，屬山南鎮。至是聞京有變，選超海而歸，自十月二十六日開帆，至二十八日抵東海，以其事語整，整愴惶駭愕，不知所為。正是

冰山見日還難倚　平地生波孰不驚

未知區畫如何，且看下回分解。[120]

【校勘記】

❶「鄭」，原作「奠」，據丙本改。

❷「身」，各本並作「其身」。

❸「史忠曰：『是王上密旨……還忍耐得否。』」原卷脫，據各本補。又此下丁本有「我試一番監制王，不許與我姊合，看王如何？」

❹「捕」下，各本有「麟」。

❺此句丁本作「及案上，鄧氏號泣連日，請以身代」。

❻「圻」，各本並作「州」。

❼「實」，各本並作「突」。

❽「愈」下，丁本有注作「世傳黎皇儲為鄭王所絞殺，沒後甚著靈異。王在龍床，見立床頭；坐府中，見立府中屋上。一日與鄧氏同舟遊西湖，見在舟前水面，令侍轎軍發銃射之，即不見。」

舟移，又見立舟前，王驚駭，卽命回舟，鄧氏隨有娠。自此以後，不復見。及生子樅，人或云貌似故皇儲，後得疾，惟瞑目搖頭轉頸似絞刑狀。」

❾「巫史」，丁本作「妖術」。

❿「時」，各本並作「時有」。

⓫「又順」，各本並作「無恙」。

⓬此句丁本作「早立為太子，以一人心」。

⓭「太慈」，甲、乙、戊三本作「太尊」，丙本作「太宗」，丁本作「太妃」。

⓮「我」，甲、乙、戊三本作「老婦」，丙本作「老好」。

⓯「季子知悔」，丁本作「棕逡巡悔過。」

⓰此句丁本作「臣亦不甚愚懵」。

⓱「望」下，丁本有「蕭墻之內」。

⓲「公」下，丁本有「樬」，並注云：「順王杠子森之黨兄」。

⓳「無」，甲、乙、丙、戊四本並作「無寧」，丁本作「毋容」。

⓴「祖宗」，丁本作「前人」。

㉑「見」，各本並作「面」。

㉒「堂府事」，丁本作「府中諸事」。

㉓「外」上，丙本有「悉憑」。

㉔此句，丙、丁二本作「王曰：『已有暉郡在』」。

㉕此句下，丁本有「事屬艱大」。

㉖「草成」，甲、乙、丙、戊四本並作「書成」，丁本作「既成」。

㉗「下」，丙、丁二本作「簽」。

㉘「涕」上，各本有「嗽歔」。

㉙「截」上，丁本有「以刀」。

㉚「寢園」，丙本作「正寢」，丁本作「玄寢可也」。

㉛此句，甲、乙二本作「小子拜手稽首，不幸耍病」，丙本作「小子拜手稽首，小子不幸惡疾」，丁本作「台小子不幸攖病」，戊本作「小子拜手稽首，不幸妥病」。

㉜「今」，各本並作「命」。

㉝「筆」下，丁本有「為便」。

㉞「四十四」，丁本作「四十」。

㉟「編」，丙、丁二本作「編」。

㊱「敕」上，原有「奏知」，衍，據各本刪。

㊲「遞」，丙本作「迎」。

㊳「色」下，丙本有「衣」。

㊴「祭」，各本並作「祥」。

㊵「至」下，丁本有「其」。

㊶「此」，丙、丁二本作「書」。

㊷此句下，丁本有「及籌辦軍民一切事業」。

㊸此句，丁本作「景興癸卯科進士」。

㊹「聖祖」，丁本作「盛王」。

㊺此句，甲、乙、丙、戊四本並作「臨事模稜不斷」，丁本作「遇事模稜，持兩端不斷」。

㊻「潘黎藩」，甲本作「潘惟藩」，乙本作「潘維藩」，丙本作「黎潘藩」。

㊼「雅」，各本作「凝」。

㊽「珠」，丙本作「阮廷珠」。

㊾「模」，各本並作「謨」。

㊿「入」，各本並作「納」。

51此句下，丁本有「衆論沸騰」。

52此句下，甲、乙、戊三本並有注作「俗諺云：𡗶官𣎏創𧼋𪀄底朱暉郡𠲖㧅正宮」。

53「聳然」，丙、丁二本作「肅然」。

54「自」上，丁本有「棕久被堅制」。

55「奪」，丁本作「制」。

56「周旋」，丙、丁二本作「處」。

57「苛」，各本並作「伺」。

58「平」下，原本有「者」，衍，據各本刪。

59「餚」，原作「殽」，據甲、乙、丙、丁四本改。

60「借奪之謀」，丁本作「篡試之計」。

61「變在旦夕」，丁本作「禍變必作」。

62「代」下，丁本有「榮執加焉」。

㉝「難」下，丁本有「席罷，諸軍散去」。

㉞「懾」，原本作「攝」，據各本改。

㉟「一」，各本作「三」。

㊱此句丁本作「衆軍聽罷，皆撫掌歡笑，應之」。

㊲此句丁本作「阮明，南塘嫩湖人」；「障」，甲、乙、丙、戊四本並作「漳」。

㊳此句丁本作「至朋為邑人，受兵隸捷軍吏」。

㊴「歃」，原作「唓」，據丙、丁二本改。

㊵「夥」，原作「顆」，據丙本改。

㊶此句丁本作「此事所繫甚大」。

㊷「軍」下，原有「曰」，據各本刪。

㊸「驚曰」，丁本作「匆然驚懼曰」。

㊹「徒」下，丁本有「烏合以」。

㊺「發在必濟」，甲、乙、丙、戊四本並作「發在萬全」，丁本作「發之必成」。

㊻「滿」下，丁本有「本願」。

㊼「得」下，丁本有「炎郡低徊未決，只得默默無言」。

㊽「至」下，丁本有「炤嶺接入營門坐定」。

㊾「見」下，丁本有「諸軍卞吏以那事開說一回，炎郡聽了」。

㊿「心」，丁本作「言」，其下並有「但那事亦甚難，大不可急遽，諸軍曰：『先王過寵宣妃，以及童孺，世子才德俱優，以無罪廢，臣等以王室爪牙，情懷忿惋，忠義所激，奮不顧身，今

大計已定，事在必行，大官有為國心，當作何如指教，使動出萬全，王室底寧，是所願也。』炎郡曰：某」。

81 「家」下，丁本有「具事呈知，那阮」。

82 「國舅」，原作「聖母」，據各本改。

83 此句丁本作「恐那事未卜成否，倘或敗露」。

84 「當」上，丁本有「「且」。

85 此句丁本作「再退居營第」。

86 「榦」，原本及各本並誤作「幹」，依文義改。

87 「此」上，原有「這」，衍，據甲、乙、丙、丁四本刪。又「事」下，丁本有「駭人耳目」。

88 「我也」，原作「也我」，據丁本改。

89 「有求」，丙本作「有球」，丁本作「阮碧」。

90 「祿」，丙本作「福」。

91 「文」上，丁本有「國語」。

92 「武」下，各本有「等」。

93 「先」，各本作「日」。

94 「隨」下，丁本有「非徒死也」。

95 「輝伯」，甲、乙、丙、戊四本作「暉伯」，甲、乙、戊三本並注云：「一作輝」；丁本作「輝墹」。

96 此句，甲、乙、戊三本作「請長官且究治之」，丙、丁二本作「諸長官可究治之」。

(97)「暮」下，丁本有「入宿府中」。

(98)此句丁本作「有死而已」。

(99)「朝奠」，丙本作「遇七七齋旬」。

(100)「之」下，丁本有注作「舊制號鼓懸在擇閣，新王襲位，則鳴之。裕祖之世，逆泡之難，金縷尚書阮公與大臣謀立王弟毅祖代位，先命煥郡公以所領四城兵，伏賞池宮，鳴府堂鼓為號，逆泡聞鼓，卽趨視之，遂邀而斬之，其事遂定。」

(101)此句，丁本作「從之」。

(102)此句，丙、丁二本作「使三軍如此不法，舅不能禁，卽啓王上斷了舅頭。」

(103)此句，丁本作「設若不濟」。

(104)此句丁本作「舅亦不保首領矣」。

(105)「懾」，原作「攝」，據各本改。又「郡」下，丁本有「聲勢」。

(106)此句丁本作「暉郡曰：『起者斬！』於是坐者半，立者半。立者轉逼象前，於是坐者復起。」

(107)「鼻」下，丁本有「跪地」。

(108)「火絕」，各本並作「火滅」。

(109)「鈎」，原作「鈞」，誤。據各本改，下同。

(110)「諸」，原脫，據各本補。

(111)「瑬武侯」，丙本作「令公侯」，丁本作「鏗武侯」。

(112)「臨」，原作「歸」，誤。據各本改。

(113)「爵」下，丁本有「卒無應者」。

⑪④「王許之」，丁本作「王曰諾」，其下並有注作「附說：古云：『一言興邦，一言喪邦。』王一言而三軍肆，主威損，朝綱隳。一國之亂，廟社之危，皆兆於此。聖帝所以重於一吁一俞者以此。宣武門之變，陳橋之事近之。宋主既襲黃袍，攬轡一誓，萬隊霜嚴。還汴之日，秋毫無犯，朝不改籍，市不改肆，三百年之業，兆於此矣。三府之兵，素稱紀律，豈若五季落鈐出鍵之兵哉！端王如有沈謀睿斷，當三軍跪請之際，直當前之曰：『暉郡負犯，當付朝廷公議，暴揚其罪，籍沒其家，天下公法，非我所得專，諸軍不可造次。爾等再王室之功，行當第其高下，分之爵土，永紀書券，與國同休，宜各自修飭，以副一國觀瞻，毋輕使小勇，而自棄大功也！』如此則三軍凜然奉法，而國政亦舉矣。夫欲破暉郡營，不直去破，而必跪請，猶畏法也。而王教之玩法，其弊將何所不至哉！兵猶火也，不戢自焚；情猶水也，決防期禦。其端不可復遏，驕兵之禍端，王實自致之，無可悔也。」

⑪⑤「三軍歡聲……片瓦無遺」，丁本作「諸軍卽傳呼曰：『既得請矣，諸軍決去破之！』翌辰間，暉郡營宅，片片無遺，其金銀財貨，皆拋擲于外，坊庸閭邑，爭來取之，諸軍」。

⑪⑥此句丁本作「暉郡有家臣阮有整聞報惶恐，卽挈家渡海投西山。整，乂安真祿人。」

⑪⑦此句，丙本作「少時以舉子業」，丁本作「少遊學」。

⑪⑧「十」，丁本作「四十」。

⑪⑨此句，甲、乙、丙、戊四本並作「千萬龍追千萬虎」，丁本作「千里龍回，千里虎至」。

⑫⓪「區畫」，丙本作「料事」，丁本作「料理」。

第三回

楊元男議斬驕兵　阮國師謀清內難

且說阮整得曰選所言❶，一番驚惶❷，既而矯情鎭定，秘其事不露❸，但密告其妻云云。而身赴營球鎭所❹，告瑤忠侯與之謀議。那瑤忠侯係是曄郡妹夫，爲乂安鎭守，聞整言大驚，問整計將安出？整曰：「本鎭與順化接界，富春副將體郡公、峒海屯守魁壽侯❺，皆係我先公門統，今與我有同舟之誼，密書告體郡，令以計殺大將而據其城，魁壽必以峒海應，台公據本鎭將爲唇齒，收用豪傑❻，調遣士兵，塞黃梅之路，設重鎭於瓊瑠❼，爲固守計。至於海面防守，某請自當，本鎭地利足憑，人心可恃。前年超郡公得罪於裕祖❽，亦據此州拒命，終免於難。況今事勢又易於超郡時，公能爲此，足舉天下之兵❾，朝廷不能制❿，且保境安民，徐觀天下之變⓫，非特目前免禍，將來必有奇功⓬。」瑤忠侯沉思曰：「君計誠善！但某自料才不能爲此，請更思其次。」整曰：「除此惟有去國爾！」瑤忠侯曰：「去將安之？」整曰：「天下萬國，何患無地可投？」乃密語瑤忠侯如此如此。瑤忠侯將聽而糊塗未決，謂整曰：「這亦大段事，容其再思。」整曰：「今事變在斯須，竟待思得再時，禍今已至矣⓭！公第留思，聽某自便。」乃辭，歸問其妻，已結束了。聲言鎭官差巡海面，乃盡挈其家口老少，幷家產入船，衆人皆莫測識。整既登船，召所領奇兵三百餘人，立河岸，明告其故，留許每人錢一繦，而與之別。諸軍始知其事。整發大砲三聲，開船中流，張帆出海而去⑭。

却說三軍既扶長君⑮，挾功驕弄，日日聚會，侵議朝廷大政。每條上，某事當因，某事當革，往往無理之事，要朝廷以必行，又希求恩澤，無有厭足。朝廷有特議可否者，以破家毆殺嚇之。百司勘訟，或認原是親，或認彼是故⑯，逼令變亂黑白⑰，其所發民有訟，又自勾催論斷，不聽官司，百官皆屏氣吞聲，不敢觸犯。宮中一舉一動，輒窺伺指議。或曰：此事何得如此？此事何得如彼？王與太妃自覺拘束不堪，廷議以爲當論功行封，以示酬答，使各滿願，然後漸以法裁之。王以爲然，乃命論翊戴功，以朋武爲推忠翊運功臣⑱，出身侯爵，管侍內後兵。炎郡、完郡與阮秉、嘉壽、譽武等皆爲宣力功臣，陞職有差。又錄起會三十人爲忠義跡，別加陞賞。其餘中外水步諸軍，各陞職一次，幷頒賞錢銀有差。又錄起會，又給空頭，勅令各道⑲許讓與他人取錢，以覃實惠。諸軍受賞既畢，王諭令各循法律，以共樂太平。是後諸軍相戒曰：「吾輩既相扶立阿公爲王，當勿甚苦擾，使知爲王之樂，看將來漸漸順境，居處如何？若復肆太甚，到那時⑳，隨事制之，我權原不失另㉑。」由是少戢，王得安閒，引用親舊入居要地，以左司講阮侃爲參從，元舅匡壽侯楊匡爲權府事。阮侃宜春仙田人㉒，生來爲風流公子，少年領第㉓，事聖祖潛邸㉔，最被眷注。及聖祖卽位㉕，益加寵用，出入禁中，與監班同。侃率性豪華，甲第歌鐘，琴詩娛樂㉖，爲風流大臣。所居金甌寺，山水竹石，極有趣致，王嘗幸御其第，賞賜優厚㉗，歷官左侍郎參從，與春郡公同在政府，貴寵於文武無二。既而改授山西興化兼鎭守。庚子密案，罪當死，王特爲減等，囚于珠郡之家，暉郡與鄧氏陰欲中傷，期致之死。侃爲國音敍情曲，歷述往程寵遇，暗達于王，王憐之㉘，乃得不死。及新王立，復職回班，陞吏部尚書，爵贊郡公。時乂安兵追怨平南之日㉙，侃爲乂安鎭參領，兼理糧餉，縱其家人擾苦本鎭，相與喧譁，言曰：「阿老爲人奢侈縱欲，前年肆毒我州，我訟不獲理，今又有國師㉚，若留之，使再入相，民何以堪？吾等每人一拳以了之㉛。」其中有解之者，復得無事。楊匡乃太妃同胞弟，爲人庸猥無能。庚子密案，王家臣親黨皆得禍，匡時管中威奇㉜，與太妃居中用事，諸軍謗曰㉝：「阿舅黨有何才幹？只藉裙人之蔭得至于此㉞。纔離困窮，驟欲富貴，譬如積飢之人遇飯驟食㉟，終見腸胃潰裂而後已。」至是二人同入政府，衆心不服㊱，然軍情多狡，彼怨而此恩，背毀而面譽㊲。莫知端倪。且權要之家，往往聞太平語，不聞危語，是以凡事勇於向前，無復却顧後慮，只要做太平深謀密議，惟以抑驕兵爲第一著。適有四人詐稱同隊，抑借東河居商船㊳，爲其隊長所發覺㊴，並斬之，衆皆怨其濫刑，然業已自發，終亦遂帖。二人喜，以威權自立㊵，曰：「國自有法，若第執法如此數次，縱來驕也不驕㊶。」

時有東城知縣枚允奎，羅山安全人㊷。爲乂安亘刁，諸軍驕弄恣行，多是他所促，將使要功於朝廷。密告贊郡公曰：「朝廷以爲驕兵可戢，不知其禍將有不可言者。僕聞他言，皇嗣是他所迎回，今皇上年高，皇嗣孫長成㊸，他將共會請皇上行禪讓事，使帝王之位皆定於軍士之手，以益重其功。其中復有挾功觖望者，欲謀扶皇家，一統天下，以奪王家之權。此計得行㊹，僕恐諸公置身無地。」贊郡公言於王㊺，王使允奎從中發摘。允奎乃誣告泗川侯之甥勾稽超壽伯預謀，付下查究無狀，朝廷猶直告者，而囚超壽於本貫。允奎以發覺得封奎嶺伯，出身管侍內殿侍候兵，爲皇嗣孫講官，使居內殿，以伺察之。

却說皇嗣孫諱維祁，乃故太子維禕之子。初，太子豐姿秀麗，英睿夙成，嘗憤皇家失權，慨然有收攬權綱之志。博覽經史，愛好儒生，天下豪傑，莫不想望。聖祖爲世子時㊻，素以頡頏相忌，時毅祖正妃無子，生得一女仙容公主，年纔十歲，王最所愛。正妃請王嫁於太子，使他日爲皇后，王許之。一日，王太子與世子同入侍，王賜之饍，令子婿同盤。正妃曰：「王豈得與帝並食？」乃命別之。世子變色切齒，敢怒而不敢言。既出，謂太子曰：「吾兩人會須一生一死，此帝亦不當與此王並立。」及嗣位，與家臣宦者韶郡公阮金錠謀[47]，誣太子蒸於毅祖宮人[48]，以罪狀白皇上，收捕繫獄。先是後殿三山井中忽有聲如雷，太子以術數占之，知必及難，言於皇上，皇上每爲祈禱。至建捕之日，太子知其難作，入居皇上寢殿，韶郡公引兵先入東宮[49]，將捕獲而後奏聞，遍覓不見，乃直入殿中數太子罪狀。且曰：「臣聞太子匿陛下寢殿，請收捕送臣。」皇上抱太子，久之不忍訣。韶郡長跪於庭中，太子自知不免，拜皇上御前，自出就縛，送至府中，廢爲庶人囚之[50]。更以皇弟四子黎維禟爲皇太子。韶郡公再使人誣告丹輪中式武輝儆、梁濶等謀刼故太子出囚[51]，起兵作亂，付下廷議捕儆究治[52]，濶逃，儆不堪箠楚，只得妄首[53]，太子坐絞死。行刑之日，日中天色黑暗，咫尺不辨，刻餘乃止。天下士女[54]，莫不墜淚，以爲古今大逆極慘之事。時景興辛卯十二月二十日也。王既殺皇太子，頗有一統之志[55]，將取皇孫三人監在一處。一日齋戒御西湖，欲祈神夢。正行間，望見輿轎在前，轎上端坐一人，遙看認是太子，王傳問諸軍曰：「有見輿轎在前行否？」諸軍皆曰：「不見。」王大驚，卽命還宮。夜臥帳中，忽見一人頭戴紅巾，身被絳服，杖一板棹[56]，披帳立於榻頭，張目視王。王急問是誰？答曰：「我是太子維某。」王大驚，始知太子之靈也[57]。

　　却說太子被收之日，宮人抱皇孫三人西奔[58]，投宿于慈廉驛望之民家。其人於前夜夢見一人報曰：「爾家須灑掃門庭，天子及太后乘輿且至矣！」覺來以爲民家，那得至尊臨幸。是日，拱立門外，無一人至者。向暮見一婦人抱子[59]，望門投宿。乃迎之，入置之上座，曰：「僕夜夢如此，嫗與諸兒無乃大貴耶？非是王室宗親，定是皇家支派[60]。」宮人曰：「夢寐之間，何足憑據？

無妄言語，這殺人事非淺。」翌日乃辭去。既而被人知其踪跡追獲，安置之山西鎮，後復送歸京師，拘于提領獄。及諸軍收王時[61]，皇孫年十七歲，諸軍乘便具輿輛迎于監所，送歸殿上。皇孫龍顏鳳眼，聲如洪鐘，諸軍見之，咸稱曰「眞天子也。」王聖母素厚太子，見皇孫歸，恐太子失位，使人陽召皇孫入侍鑾宮，陰送珥河沉之，以鋼床逼皇孫行過蓮湖，皇孫號呼於輛中，爲更兵禁住[62]，輛夫及隨人四散，皇孫得免。於是三軍喧騰，要究出謀害皇孫者而殺之，太子預聞其故，入侍王府，乘輿置於府堂門外[63]，諸軍怒曰：「天子可倖求耶？毋留此教他得便奔走，爲不等事。」乃擊碎之。太子恐懼，微服潛回。王知這事釁由慈宮，乃諭三軍，令勿喧鬧。卽令廷議立皇孫正位東宮，以安三軍之情，逼令太子讓位，降封崇讓公。皇孫卽爲皇嗣孫[64]，上命置講官，蒙養之功日就月將。由是賢聖仁孝，聞於中外，諸軍遂有尊扶受禪之謀[65]。至是允奎發其事，雖究出無狀，而王心終亦疑之。一日諸軍相會以迎回皇孫之功，奏白皇上，希求恩賜。皇上許入拜於萬壽庭，宣旨慰勞，令左番吏使攻蓮湖魚，以鯖魚燴宴諸軍，而徐議賞格。諸軍會宴殿上，有人馳告于王，王召國師國舅，謂曰：「驕兵尊扶之謀，撲不可滅，今彼輩方會於殿上，爲之奈何何？」國師請捕而誅之。乃命仍一首號霑武侯將風雲兵來捕。這霑武侯安朗富華人，試中造士，儀狀雄偉，膽敢有力。既啣命，提劍出府門，按劍以手摹其刃曰：「利哉劍！利哉劍！好斫驕兵頭。」乃引兵就殿上聚宴處圍[66]之。諸軍方宴，聞有兵來拿，四下逃竄，擒得七人送歸府堂。王命立召百官議處，百官齊集，將七人問狀，七人具以實對，並無別謀。衆議皆回護者，元舅獨毅然[67]曰：「不須問某狀，只慣會不悛，定當處斬，更有何議論。彼恃衆而驕，不可一時盡殺，但犯者不容便了。譬如一握箸，勁不可折，特扳其一二而折之，久久卽盡。前日斬四人[68]，曾不見向誰人責償也。」國師曰：「國舅之言，深有理，諸官按律行之。」乃按偷入皇城之律，並議處梟。條上，王命即日處決，於是中外相傳稱快，時景興甲辰[69]二月十五日也。七人既死，諸軍各懷忿怨，相聚謀曰：「今日有此朝廷，使其君臣得安享富貴，我等之力，不以爲德，反以爲仇，動輒裁抑。我若姑息忍耐，使彼折箠之計成，吾等無噍類矣！」有曰：「吾等不會折，惟會打矣！快着每人一拳，送他輩從暉郡去，看他還折得麼？」乃相約次日退朝舉事。有人以其謀密告諸員，諸員且疑且信。次早，國舅與霑武潛入府中，國師閉門居第，不敢造朝。朝退，衆軍分兵圍其營捕之[70]，入國舅霑武家不見，立破其家。頃刻皆爲平地。惟國師家有手下北客人，素善劍術，他聞變，提劍出門捍之。諸軍見北客樣，疑有許多劍客，不敢入。久之，出出入入[71]，只這一人，遂逼入門。客提劍鬭之，傷數人，衆軍齊入，斫爲肉泥，遂入其營。國師已改服，從間路走射場塢門去了。諸軍破其家，王聞國師營有人捍禦，以爲有備可保無事，命一號官軍直來分解。至則國師已逃，其營破蕩將盡，諸軍再歸告王曰：「國師提兵出外作亂，請追躡之。」王使侍臣僉知兵番湍忠侯將兵追之，密令徐徐而行。湍追至紙橋塢門外，不及而還。諸軍怒湍不力，又破湍家，湍亦逃去。諸軍不見這三員，意甚憤憤，知國舅與霑武匿在府中，乃分道遮截府門，而相率入府堂，要王出這二人。王詐曰：「不見。」衆軍曰：「他逃入府中已有人見知，現記時刻而王猶抵賴耶？古者豈有停止王者。」楊太妃泣諭諸軍曰：「未亡人幸賴三軍扶立王上，得至于此。今只有一弟願諸軍饒他性命，以全骨肉之恩。」衆厲聲曰：「饒阿舅性命，前日彼七人死，誰饒？若固匿之，立見宮闕爲灰！這也不和？[72]」太妃坐於地下，合手將拜。諸軍又曰：「不說與婦人，只問王耳！」王曰：「如此相逼，寧勿立爲王！」諸軍曰：「以爲王欲，故立之，不欲，誰強？」一人從而言曰：「饒舌若是！且下却座陛，別扶瑞郡公來則了矣[73]！」王惶恐不敢作聲[74]。會日暮，諸軍各散，曰：「他譬如捕魚，水深則魚藏，來日決水令涸，看他能飛上天耶！」是夜諸軍防守府門甚密。王與太妃謀曰：「他如此勢頭不可以空言講解，須以厚幣賂他，庶幾可濟！不然，更設計策。」太妃曰：「聞有仍卞吏奐壽[75]，爲人狡猾，諸軍有所謀多取決於他。」且日王使人諭奐壽，以貨賂爲意，令他主其事，許銀一萬兩，錢三萬貫，縱他所爲，不問其出入。且曰：「事濟之後，更有重賞。」奐壽心已許可，猶作難色曰：「他萬人萬口，難與言語，動出貨賂意，便生嫌疑，倘有一二人橫說，怒氣衝撞，做腰還堪得幾掌。」使者固要之，奐曰：「既如此，容臣擇其老黠者數十人，與之心輪情合，與臣倡和，或這數十人別有所請，隨王商量，臣請自勾當，至若公共銀錢，待這時衆軍齊集，出自王言，臣與這數十人從旁倡和，則事可成矣[76]！」使者言於王，王許之，私送他銀一千兩，使之分發。晡時，諸軍復相會，入逼府中，王與太妃再出慰諭，諸軍曰：「何事騰口，只要入禁中遍索諸府堂，把枕髮拽出來[77]，問他握中箸，還能折得幾個？」王曰：「諸軍何快於是，徒汚手耳！寡人有不腆微物若干，具逌犒賞諸軍回[78]心，饒兩個微命。」諸軍曰：「王獨惜此二人，行看府堂皆不可保，臣等何取此數銀錢[79]。」正喧騰間，奐壽出次言曰：「堂堂王者，既如此卑屈，諸軍不可盡辭。」這數十人各各附和[80]，畢竟卒徒，孰不貪利。遂降心，言於王曰：「既如此，太妃親弟姑且饒之，霑武中天人，臣等請每人一片肉爲酒餚，便卽散去。」王曰：「赦須全赦，何分彼此。」諸軍曰：「王若遲回，曲蔽霑武，臣等血入心時，連國舅也不免。」這霑武自前日入府，匿于麟閣上，以雙劍自衞，心自念諸軍若不聽王調停，直入捉他，他便於梯上斫衆兵三五人頭，不肯獨死。至是事迫，王使人諭曰[81]：「今社稷危如一髮，王不復能相隱蔽，將軍且爲勿惜一死，使王室奠安，萬世之功也。」霑武不得已，下梯見王曰：「死便死，臣請雙手雙劍與他大鬪一場，快殺數百人[82]，以少泄王怒。」王曰：「如此徒驚動太妃，寡人亦不自保。」霑武投劍於地曰：「如此沒事，臣枉死矣。」王泣與之別，約霑武死後，給田千頃爲世業，褒封福神，以十邑爲祀事民。霑武曰：「只爲王死，何事希求爵祿。願王奮發乾綱，轉亂爲治，臣死骨不朽矣。」王乃手書忠義壯烈大王六字賜之。霑武跪受，環其紙而吞之。拜謝而出，過小筆店，諸軍拽之曰：「爾利劍畢竟如何？」霑武曰：「我不能以此劍斫爾輩頭者，奉王命也，爲社稷也，將來還有他人來斫爾輩頭，不久便見。」諸軍與毆之，霑武曰：「此禁地，不可！容我出府門外穩坐，任爾輩爲之。」霑武徐步至石橋邊，從容安坐。坐定曰：「好爲之！」衆以磚石擊其頭，流血被面，霑武坐而不動，以袖拭面。笑曰：「吾不復應博舉，猶試肝膽，怪哉[83]。」一人從後以長鎗刺之，遂死。霑武既死，諸軍怒猶未已，迫王追理前案，王不得已，付下廷議，國師、國舅皆罷職爲民。坐斬七人，皆償其死命。自是諸軍益甚驕肆，街衢中攔手而行，公侯皆廻車避之。

却說國師初復職爲山西鎮守，既入相，使其弟珝岳侯阮僩代領[84]，至是倉卒出城，以獨槓輞着兩人擡出去，望山西路走。至鎮，其弟出迎，問故，國師曰：「諺言：『軍不治』果然。」因具說來歷。其弟曰：「今事既如此，兄將奈何？」國師爲人疎曠，無心機，笑曰：「除是鬼神之術，係見他私會，卽來爲祟，使他腹痛腸裂，如大聖之與黃眉，沒處摸捉，庶有所恐，若人力，則無奈矣。」其弟多機智，謂國師曰：「弟有一術，可令他盡死。」國師曰：「計將安出。」弟曰：「今四鎮之民，怨他入骨，以誅驕兵爲名，一呼莫不響應。本鎮地處上游，其民淳厚易使。兄前鎮興化，土酋皆其舊屬，宣光藩目演郡公，富甲天下，前年詿誤，兄曾庇護，素得其心，以紙書招之，必爲之用。山南鎮碩郡公，百戰之將，素號『無敵』。京北鎮辰忠侯，海陽鎮亭派侯[85]，亦皆智術。以王命密傳，令潛養義士，據守鎮營，仍聽兄調度。兄以宰相兼師傅之分，一言出口，諸將莫敢不從。京北降將秀暉該回皆爲黠賊，今現在內臣日忠侯所，縱使之驅扇諒江北河可爲一臂之助[86]。太原老賊該嘉，曾及兄門下，約令同日舉事[87]，使凡清、乂驕兵，見在外鎮悉殲之。或有逃竄，許所在民殺之，四方八面，鼓譟入城[88]，驕兵無路走矣。此不世之奇功，兄其圖之。」國師曰：「甚善！但王在他掌握，投鼠能無忌器乎？」曰：「此甚易事，先使人啓知王上，密取府庫金銀府庫貨寶，交付方鎮。太妃與王子宮嬪潛出城外，隨便安頓。密報碩郡公以舟師赴青池津。聲言巡河，陰使橫渡小舟等候于西龍津。王微服登舟，順流放下山南營駐驛[89]，然後諸鎮齊發，便無礙處。」國師曰：「非公我不及此，事縱不成，亦一快也。」乃以密啓以告于王，王大喜。密旨優答，且約如此如此。乃請太妃改裝，潛出城外，權駐于王第七姨之夫貫上福縣文甲社，以王子及諸宮嬪隨之。仍取府庫金銀重寶，使親信侍臣潛出。四鎮，各各交付山南鎮官，以本月二十八日密來迎駕，初一日諸道一齊起兵。布置已畢，至日碩郡公依命而來，京中騰沸。言山南鎮官起兵逼城，盡誅驕兵，諸軍倉皇，潛使妻子束結出城逃遁[90]，單留軍籍在京。齊入府中，請王急征之。王不得已出御澤閣勞軍，軍中有知此事者，罵王曰：「王無謂臣等無知，徒以口頭賣弄。此去西龍津，從宣武門出，不過百步。已有碩郡舟迎候在此，好前顧後盼，輒得無人時，速速就此覓去路爾。」王默然變色而入，由是諸軍日夜更守王府甚密，出入機察，稍異者盤詰之，以故王不果行。碩郡聞之，復歸本鎮。王使人告罷兵，未及達，越次日，諸道依約一齊舉兵，天下震動，所在豪傑並起，皆言撲滅驕兵。是日凡清、乂二鎮驕兵，隸諸鎮者皆逃去。所過村邑，不敢出聲，有失口露出清、乂土音者，衆聞卽殺。他輩往往佯爲口瘖，乞丐於途，潛回京師，言四方兵不日集城下。乃相會謀禦，自分道而行。西道出至大馮，北道出至詠[91]橋，皆爲地方土豪所敗，棄甲帶傷而歸[92]。時京師震動，廟坊街市，皆提挈出城而走。諸軍且懼且忿，呼王爲賊王。因相與入府中，盡取兵器，分各營奇隊自守之。王宮無寸鐵自衞，是日捉得義士四人入城，諸軍密將會所問狀，其人妄招本夜外兵齊來掩襲，諸軍大驚，相戒嚴。銃焚火媒，刀稍出匣，直夜傳發，京師幾潰。且日將四人斬之，環立王府，責曰：「臣等翊扶，王始得立。今王反以爲仇，清、乂兵二百年來，爲王室心腹爪牙，今王起四鎭兵，將加害二處，信皮膚而疑心腹，張刀鋸，以剪爪牙，爲王畫此計者，皆鴆毒王者也。王若不急諭四鎭罷兵，幸勿責臣無禮。」王堅言不知，而密使人告諸鎭，令止其事。諸軍不知王有陰止之命，疑王不已。相與聚議爲大逆事。乃約以夜三鼓，發寶龍銃三聲爲號，齊入王府作事，盡取府中寶貨財物者分之。仍以王乘輿鹵簿軍民簿籍，送至內殿，迎皇上歸清華[93]。正是

魚服漏言還不果　狐心堅執故相猜[94]

未知這事如何，且聽下回分解。

【校勘記】

❶「阮整」，丙、乙二本作「阮有整」。又「得」上，甲、乙、戊三本有「聽」；丙、丁二本有「聞」。

❷「驚惶」，各本並作「吃驚」。

❸「秘」上，丁本有「密語曰選」。

❹此句丁本作「卽起身赴河中鎭營」。

❺「尚海屯守」，丁本作「洞海守将」。

❻「傑」，甲、乙、丙、戊四本並作「目」。

❼「設重鎮」，乙本作「宿重兵」，丁本作「頓重兵」。

❽「裕祖」，丁本作「威王」。
❾「兵」，各本並作「半」。
❿「制」，原脫，據各本補。
⓫「天下之變」，丁本作「國勢所趨」。
⓬此句下，丁本有「宜及早決之」。
⓭「禍令」，各本作「收令」。
⓮「整旣登船……出海而去」，丁本作「繼召所領奇兵三百人，宣言鎮官命我巡海，急帶軍器資糧下船，限一刻郎集，奇兵一一依令，整乃發大炮三聲，開船出洋，北到洋面，始告之故，衆軍始知之，遂投南而去。」
⓯「旣扶長君」，丁本作「自扶立新王以後」。
⓰上句「原」下，此句「被」下，丙、丁二本並有「伴」。
⓱「黑白」，丙、丁二本作「曲直」，丁本此下有「顛倒是非」。
⓲「朋武」，丁本作「阮朋」。
⓳「各道」，丙本作「各一道」，丁本作「每人一道」。
⓴此句丁本作「倘復縱肆，到此回各」。
㉑此句丁本作「我等原不失為兵，保無他也。」
㉒「宜」上，丁本有「乂安」。又「人」下，丁本有「大司徒春郡公左相儼之子也。」
㉓「領第」，丁本作「登科」。
㉔「聖祖」，丁本作「威王」。

㉕此句丁本作「迨襲位後」。

㉖此句丁本作「彈琴揮扇」。

㉗「優厚」，各本並作「不貲」。

㉘「之」下，丁本有「曲為庇護」。

㉙「平南之日」，丁本作「甲午征役」。

㉚此句丁本作「怨其未消，今又蒙寵用，肆然為國師」。

㉛「之」下，丁本有「無貽後患」。

㉜此句，丙、丁二本作「匡得以愚獲福，及王初立，驟得出身管中威奇。」

㉝「謗」，原作「諺」，丁本作「譁然」，據甲、乙、丙、戊四本改。

㉞「裙人」，丁本作「宮掖」。

㉟「積飢之人」，甲、乙、丙、戊四本作「積餓之人」，丁本作「積日饑餓之人」。

㊱「衆心」，丙、丁二本作「人皆」。

㊲此句丁本作「或面譽而背叛，顛顛倒倒」。

㊳「船」，丙、丁二本作「錢」。

㊴「覺」，丙、丁二本作「擧」。

㊵「自」，甲、乙、丙、戊四本作「旣」。又此句與上二句丁本作「只得帖聽，元舅、國師，皆喜，以為威權已立，相告曰：」

㊶此句丁本作「縱欲驕也，亦驕不得」。

㊷「全」，丙、丁二本作「仝」。

㊸「長成」上，各本並有「年德」。
㊹「此」上，丁本有「設若」。
㊺「言」上，丁本有「聞之大驚，入」。
㊻「聖祖」，丁本作「盛王」。
㊼「阮金錠」，丁本作「范輝錠」。
㊽「毅祖」，丁本作「恩王」。
㊾此句丁本作「輝錠引衆先入東宮」。
㊿「匿陛下寢殿……廢為庶人囚之」，丁本作「在寢殿中，請以送臣，因擁衆長跪於庭，太子乃出，拜上御前，遂就縛，輝錠送歸府中，證成其罪，奏請廢為庶人」。
51「韶郡公」，丁本作「月餘輝錠」。「輪」下，丁本有「唐安人」。「武輝儆」，丁本作「武伯儆，玉山曹山人」。
52「付」上，丁本有「盛王」。
53此句丁本作「只自誣伏遂殺儆幷將故太子」。
54此句丁本作「環畿士人，燃燈行文，市廛販責，各明燭以相炤，故太子死，通國聞之」。
55「一統」，丁本作「操弈」。
56「棹」，原作「掉」，據各本改。
57此句丁本作「因此遂得病」。
58「皇孫三人」，甲、乙、戊三本作「皇孫」，丁本作「皇孫兄弟二人」。
59「抱子」，丙本作「抱三子」，丁本作「携抱二男」。

60 此句丁本作「必是皇家苗裔的無矣」。

61 非「淺」，丁本作「戲」。此句丁本作「殆將十年，威王薨。莫都王立，諸軍廢之，復立新王」。

62 「兵」下，丁本有「截路」。

63 「輿」，丁本作「鹵簿」。

64 此句，甲、乙、丙三本作「皇孫既立為皇嗣孫」，丁本作「皇孫既立」。

65 「尊扶受禪」，丁本作「奏請內禪」。

66 「圍」，原作「闈」，據各本改。

67 「毅」，丁本作「奮」。

68 「人」下，各本並有「還死了四人」。

69 「甲辰」上，丁本有「四十五年」。

70 「軍」，原作「相」，據各本改。

71 「出」上，甲、乙、丙、戊四本並有「見」。

72 「這也不和」，丙本作「這也不知」，丁本作「毋悔」。

73 「別」上，原有「座」，衍，據各本刪。

74 「不」上，丁本有「走入宮」。

75 「聞有仍下吏」，甲、乙、戊三本作「聞有仍一下吏」，丙本作「他仍有一辨吏」，丁本作「有仍一隊首號」。

76 「則事」，丁本作「庶幾」。

⑰「枕」，丙本作「他」。
⑱「回」，原作「同」，據各本改。
⑲「何取」，丁本作「安得有」。
⑳此句丁本作「奐壽語甫畢，諸軍從而和之」。
㉑「諭」，丙本作「誘」。
㉒「人」下，丙本有「與臣同死」。
㉓「怪哉」，原作「快哉」，據各本改。
㉔「珊岳侯阮倜」，丙本作「珊岳侯阮倜」，丁本作「珊景侯阮條」。
㉕「亭派侯」，丙、丁、戊三本作「泰亭侯」。
㉖「北河」下，丁本有注作「今天福府」。
㉗「約」上，丁本有「密招諭山蠻土儂，據江沱鎮營，以為犄角之勢」。
㉘「譟」，原作「澡」，丙本作躁」，丁本作「噪」，據甲、乙、戊三本改。
㉙「驛」，各本並作「蹕」。
㉚「逃遁」，甲、乙、戊三本作「多方逃遁」，丙本作「尋方逃遁」，丁本作「尋方遁隱」。
㉛「詠」，甲、乙、戊三本作「泳」，丁本作「永」。
㉜「帶傷而歸」，丁本作「拽鎗而走」。
㉝此句下，丁本有「更圖後舉」。
㉞此句後，丁本有「我醉欲言君且去，明朝再進後來杯」。

第四回

復師讎阮整援兵　赴國難李公殉主

却說❶，諸軍密謀既定，相與質於阮㙉❷。㙉慣於謀做個文書❸，乃爲立定條約，分付某人行某事訖，卽以其某入告于王。王大驚曰❹：「吾昨日坐中和宮，有飛鵲下庭前❺，躍睨我再三，如欲博擊之狀，卽令侍臣以戈揮之，乃飛去。我心知其必有下人謀我者，今果然矣。爾其爲我調解❻，俾符我揮戈之兆❼。」乃許以銀錢，使㙉密破其謀。㙉爲人淺露，得王恩意，旋卽誇之。諸軍知其謀爲㙉所泄❽，遂捕㙉。㙉逃歸清華，王以㙉多心喜事，因其去，命爲順化記錄。㙉去後，會諸鎭罷兵，諸軍之謀亦沮。

却說阮有整於壬寅年開帆出海❾，入西山廣南地界，北夾隘雲，南夾嘉定，西夾哀牢，東夾海堤，封千里。阮家置爲西山郡。西山有姓阮名文岳者，原乂安人，於陽德間，阮師侵乂安，據有南河七縣，俘其民南歸處于西山，文岳亦在其中❿。岳家資富厚，以樗蒲負賭⓫，轉富爲貧⓬，遂爲雲屯巡卞吏，人呼爲卞岳。既而又被負官錢，遂逃入山中⓭，有手下百餘人，寇掠州邑⓮，鎭將不能制，自稱西山王。一日岳自坐檻中，使其手下輪報沿途曰⓯：「西山王卽卞岳，已成擒，驛送鎭營解納。」鎭將大喜⓰，開門受之。岳縻在城中⓱，夜破檻而出，奪獄吏卒兵器，先殺獄吏⓲，焚其營，遂殺鎭將而據其城。時阮淳年幼⓳，國傅達郡公專政⓴，國內乖離，文岳叛命，借北國無賴人，僞集亭侯爲援[21]，以拒阮師，阮累戰不克，勢浸强大[22]。景興甲午聖祖乘釁，命大司徒曄郡公爲平南上將，提兵按羅河，聲言入援西山王，岳遣人貢名馬寶劍求內附。時順化初定，將士憚勞，欲置西山爲後圖，啓請因而撫之[23]。聖祖遂以岳爲廣南鎭守宣慰大使恭國公，自是歲修職貢。曄郡嘗使阮整使西山，整以才辨爲岳所愛重[24]，其後岳有黃龍之瑞[25]，爲龍頭座楹卽位[26]，自稱天王，建元泰德[27]，朝廷知之，置而不問[28]。岳嘗有吞併順化之志[29]，而無可計事者，至是得整來奔，岳大喜。但其心未信[30]，整具述顚末[31]，請以妻子爲質，求依其國，岳許之[32]。岳素愛整才，浸見親信，整亦盡心所事，爲岳畫計。取占城、暹羅、盆蠻諸國，身自執兵前驅，衝冒矢石，諸國取次剷平[33]，於是情分日密。整在西山，日思返國[34]，而朝廷失一整亦深以爲慮，嘗募有能招整者重賞之。整妹夫請行，朝廷給密旨遣之，其人入見整，未及出言，整曰：「爾勞若跋涉，來此何幹？毋乃爲鄭王作說客耶！爾看我面，生來何曾聽人吹噓，而爾斗膽若是！」阿妹夫只得低頭默默而已。整曰：「雖然，爾從北來必知事情端的，且爲我說，前鎭官被難後，公主與公子落在何處？」曰：「公主那時被楊太妃拘於後宮，兩公子聞變出奔[35]，歸于安勇縣，起兵復讐，京北震動，鄭王使京北鎭守滿忠侯將兵擊之，陣於三層山，公子使首令黃秀爲前部選鋒出戰，陣前鬪死。軍敗，兩公子並爲所獲，檻送京師。」整嘆曰：「少年客氣，無怪敗事，然亦義舉也！雖敗猶榮。」又問送歸京師，究竟如何？曰：「廷議當死，王念姑舅之親，特賜減死，但被太妃密使人以鴆殺之[36]。有人告王，王使人中止之，至則長公子已被毒了，第二公子幸得免，今見監在兌門獄。」整喟然嘆曰：「哀哉！毀巢覆卵人也何辜？」又問公主拘於後宮，起居若何？曰：「王以胞姑之親，情有不忍，但太妃挾以舊怨，多方苦惱，公主憂念成病而殂。」整太息久之曰：「死爲得所，何以生爲？」又問鄧宣妃如何？曰：「小王廢後，太妃令人拿宣妃來[37]，宣妃不肯拜，兩侍女夾持拽髮叩首於地，宣妃堅不肯拜，亦不出一言，太妃怒，數其罪笞之，唾其頭目，幽于後苑之護僧堂，備極辛苦[38]。一日宣妃蒙衣蔽面，出宣武門逃去，至庯客渡追及之[39]，拘監益密。次年盛福山陵寢俎豆金木器無故應手爛碎如泥，寢郎急告變，太妃問諸巫女，巫女曰：『主上違先王意，不孝有二：主上初立，疑鄧氏為符呪穰梓宮內，發梓宮更其衣衾帶歛，使玉骨不寧，一也；鄧氏先王所愛，而屈辱之，使亡靈不安，二也。不早悔謝，其變未止。』太妃恐，告于王。王乃命官謝祭，仍復宣妃為侍內宮嬪，使奉寢廟，宣妃得侍寢廟，日夜號泣請殉。至先王大祥日，飲藥而殂。王命清華鎮官以宮人禮擇陵外一里之地葬之。」整曰：「得其死矣！吾以為宣妃但有個顏色，不知其芳心乃爾[40]，第不知妃位緣何更復為宮嬪。」曰：「王立逾年，出顧命書，有聖母御批下硃字云[41]：非先王龍筆，不足為憑，付下廷議，添差范阮攸定為國是[42]，言奠都王之位，與宣妃之命，及顧命書，皆先王亂命，逆常違理，非所以為是。聖母以母改子，深得事理之正，宜追按附和之罪，明正典刑。於是宣妃坐廢為庶人[43]，泗川侯坐擅寫顧命書，卿郡公坐擅代龍筆，添差汝公瑱坐擅草宣妃冊命，出納垂忠侯坐編傳冊，此並罷職還項，鄧氏復為宮嬪，緣此故也。」又問：此外更別有恩怨否[44]？曰[45]：「王立之明日，下令並在含容[46]，惟庚子年密案者不在赦例，諸人次第伏鎖，惟吳時任不知所之[47]。其坐密案死者：遵生侯、溪忠侯、與第六姨夫，皆崇以王爵[48]，設超度壇，以洗其冤。」整曰：「誅父命於朝，彰父過於國，此大不孝之事。」又問：參從陪從某員[49]人？曰：「王初立，泗川侯罷，以陪從裴輝璧代之[50]，封繼烈侯，今繼烈侯獨行參從。張登揆及枚世汪、阮公燦等[51]，更迭為陪從。此皆當今柄用的面目也。」又問：自此至今，有災祥如何？曰：「無祥，但於壬寅年十一月十五日，忽於空中大響一聲，響長刻餘，震天動地，不知何聲？」整曰：「此天鼓聲也[52]。」又曰：「癸卯年雄王山陷二十餘丈[53]；是年六月天德江竭一日夜[54]；甲辰年十月初一日之夜，水軍湖中有聲如雷[55]，湖水沸動，且日魚蝦盡死[56]；又於府中樹上，嘗有鴉數萬盤飛，日夜亂噪；又府堂閣門邊城，無故陷約十餘丈；此皆大異，人所共知，其餘細小，不能盡述。」整領之數四，遂問驕兵之狀，且對顛末[57]。既畢，整召膳夫令具酒食醉飽之[58]。乃詰其來意，對曰：「瑠忠侯以僕與公有親，自啓于王，領旨命僕說官人回朝，不失富貴。」整笑曰：「爾愚誠不足責，吾特惡其使爾者，敢欺侮我[59]，吾爲爾結果。爾縱有寃，自歸冥府，訟其所使者[60]。」乃命手下推而斬之，岳聞整斬其說客，益深親信。越丙午春末，順化大將造郡公[61]，使其屬校翊右隊陽嶺伯阮争如入西山言邊事[62]。争如與整素相善，爲整言順化可取之狀。且言清、乂及四鎮之民大饑，民情怨苦，兵與民相失，勢不能久。能取順化，則天下不足平矣。整由是決定返國之計，入告岳，陳取順化機宜，請調發兵將，直取富春。岳從之，命其弟上公阮文平[63]，節制水步諸軍勇將武任爲左車都督，使整爲右軍[64]，並聽平號令[65]，以四月二十八日出師，望富春城進發。

却說順化自甲午年歸我疆土，朝廷以富春爲極邊重鎮之地[66]，留屯兵三千，更戍兵三萬，置大將副將各一員，督視副督視各一員，自隘雲以內[67]，諸要地各設屯所。籍其民以益兵，墾其地以益糧，通貿易之貨，幹山海之利，以科目取人才[68]，以名爵收人心，控制管轄，無不周備[69]。惟大將造郡公，原來是柔緩的人，徒以口舌御人，而臨衝制變，非其所長。先是督視阮令賓每言西山可急取，爲造郡所拂。令賓言於朝曰：「造郡以怯懦誤國謀，順化必失於造郡之手，請罷造郡而拜副將爲大將[70]，庶幾順化可守。」王以順化初定，喜造郡和靜鎮重，遂罷令賓督視，更以別員代之。時榜眼黎貴惇考西山起地識記，言於王曰：「西山有天子之地，地到十二年[71]，其強莫禦。」順化大將恐非敵手，請王留意焉。」王亦以爲過計，不甚致意，既而邊境無事，南北各安，順化為太平樂境。丙午年四月[72]，忽有北客商船來，客長入謁造郡，以術數言相公晚運福祿不可言，惟小限逢冲，防有疾病之危，今及盛夏，宜修禳禱則吉。造郡信之，修大齋壇，祈禱七日夜，諸軍服役，夜以繼日[73]，倏聞賊步兵已取隘雲[74]，守將權忠侯戰死，諸屯水軍從海道出，旨夕且至[75]，造郡愴惶歸城，不知所為。諸軍久勞役[76]，猝聞賊信，皆破膽喪氣。造郡使人求北客，已不知去向，始覺是個探子詭謀[77]。

阮整在西山時[78]，知造郡怯而多猾，諭降未必肯信，乃為蠟書，使人密報副將體郡，言西兵甚銳，鋒不可當。體郡原與整皆係暉郡門屬，能以城降，可保富貴。而又陰告致書者，故為錯誤，達于大將造郡處。造郡得書執而不宣[79]，密有迎降之意，無何，敵兵大至，大將副將會議拒之。原來富春城臨江，自江心水面，仰視城腳高二丈餘，時敵兵舟師從下向上，仰射不及城，城中閉門堅壁，畢衆拒敵，步道敵兵却入舟追射之，沒留一艘，士氣稍震。是夕潮水暴漲，江水浮遶城腳，敵放舟師，對城直射，而縱步兵圍其城門，大將使副將與其屬堅金侯等出城迎敵[80]。副將有子二人，皆為列校，隨其父出戰，依壘而陣，拒戰一更餘，藥矢俱盡，副將使人入城請益。大將坐城樓上，令人閉門拒之，曰：「某奇某隊，制祿口分之外，已各有藥彈，更向誰人索辨耶！」副將大怒，謂諸將曰：「造郡反矣[81]！今某斬關而入，先斷此老賊頭，然後出戰。」顧其子曰[82]：「爾等當前拒之，我少頃且出。」乃抅象頭而入。象却[83]，陣撓，賊兵趁來，副將之子二人，縱馬出陣，揮刀殺得數百人，敵兵益至，斫馬足，馬仆，二人步戰猶殺得數十人，傷重力弱[84]，呼其父救之，副將急抅象回救，時二子已應刃死於陣前，堅金侯亦當陣鬬死。副將收兵，欲結別陣，回頭城上已樹白旗。象奴下象而逃，賊追象射之，副將死於象鞍上[85]。大將開城門，輿櫬出迎，平縱兵入城[86]，大肆殺戮，督視阮仲瑺死之，鎮兵奔出城外，盡為士民所殺。是役富春數萬人命無子遺者[87]。富春既拔[88]，平乘勝分兵取嵩海屯。屯將渭派侯叶同寧遜，望風而遁，盡失順化之地，時景興丙午五月十四日也。平取了順化[89]，會諸將議修理羅河舊界，而以露布奏捷于西山王。整曰[90]：「明公受命取順化，一舉而定，威振天下[91]。用兵之道，一曰時，二曰勢，三曰機。三者可乘，往無不勝。今北河將惰兵驕[92]，朝廷無復綱紀，我乘勢而取之。所謂兼弱攻昧，取亂侮亡。此機與時不可失也。」平曰[93]：「北河大國，許多人才，古語蜂猶有毒[94]，豈可輕易。」整曰：「北河人才，惟臣一人耳！臣身已去，便爲空國，公請勿疑。」平本善以言語折人[95]，戲答曰：「不疑在人，毋乃疑在公耶！」整失色謝曰：「臣自舉其庸愚，甚言國之無人才耳！」平復慰解之[96]。且曰：「四百年之國，吾一旦攘而取之，人之稱斯師也，謂何？」整曰：「臣國有帝有王，乃古今變逆之事[97]。鄭王名曰扶黎，其實脅制天子。國人素所不悅，從前英雄每舉事，未嘗不以借名尊黎，但鄭數未終，故事不成。今徵之地記云：不王不伯，權傾天下，傳二百年，蕭牆起禍。計自太王至靖王已周二百年之數，明公誠能以滅鄭扶黎爲名，天下莫不嚮服，此不世之奇功也。」平曰：「此事甚好，但我受命取順化，非受命伐人國[98]，嬌之如何？」整曰：「春秋傳云：嬌小而功大，爲有功，何嬌之有？況公豈不聞：將在外，君命有所不受耶！」平爲人英睿果斷[99]，得整言，中其意[100]。使整將選鋒兵，越入大安海門，先取渭潢糧場，而已自引水軍繼發，約整到渭潢先舉烽火爲信。布置已定，整領兵先出，所過乂安清華，各分游兵數百人[101]，聲勢驅逐。乂安鎭守鐺忠侯，清華鎭守垂忠侯，皆棄城而走。六月初六日。整至渭潢，屯將望風而逃，糧粟百萬斛，皆爲整所獲。整舉火烽爲信，平見火號[102]，卽自引船千艘，從海而出。乂安土民登山，望海外樓船旗幟，嘆曰：「諺云：『負蛇咬家鷄』彼誠有罪，然亦曠世之舉也。」整在渭潢與平會[103]，聲勢大振，國內携二者，往往先報整軍，盡以國情輸敵。而敵情虛實，朝廷茫然無知[104]。

先是富春之潰，邊報至京，議者多言順化本非朝廷疆土，先朝糜費中國而取之[105]，復勞戍守，終無所益，今失之，亦一幸也[106]。只可講求乂安留屯故事，申定舊疆界，我以失順化爲幸[107]，彼必以侵我爲戒[108]，當得無慮[109]。於是上下放心。既而忽聞乂安鎭潰，敵兵且至，始倉皇失措。乃以泰亭侯爲統鎭，將二十七奇號，拒敵于乂安。泰亭侯聞命十餘日，整裝未畢，比及離城半日，敵兵已至涓潰。乃命泰亭侯將兵禦于山南，加差璉忠侯丁錫壤督領水道，將衞左衞右五侯五善五中捍等騎隊船與泰亭侯水步並發。整時方禦水寇于海陽，至是水寇與南兵會[110]，仍以壤回對南道。壤邯江名將，素有門望，朝廷專以水戰責成于壤。壤舟師次于綠門[111]，與賊相持。時東南風甚急，賊從下流便戰船五艘爲前部選鋒，張帆泝流而上[112]，大軍從後徐徐繼進。壤見賊選鋒船來，卽將舟師橫江作一字陣。命諸軍納寶麟銃，向賊船射之。射了一聲，賊船不動[113]，壤命再射，船帆皆卷入，諸軍皆喜，以爲敵有懼意。壤命射發三聲畢[114]，賊兵發巨銃一聲如雷，其彈飛上古樹，折作兩段。時帳忠侯出兵兩岸，見銃彈飛來，大驚欲潰，敵乘勢捨舟登陸，帳忠侯兵盡走[115]，敵直抵憲營，帳忠侯與督同阮輝平隻身潛遁，泰亭侯次于金洞口亦自潰而走。時邊書告急[116]，文武百官在京者，各謀安頓妻子，藏匿貨財，無一人敢以討賊自任者。王以參從裴輝璧久相無狀，至是又無一制禦之策，心中厭之。左右攻之益急，乃罷相，出爲督戰。宰相既去[117]，人心益搖，王乃召公燦密議却敵避敵之宜。公燦曰：「賊懸軍深入[118]，無所忌憚，當誘入近地，一戰而殲之，亦用兵之奇道也。且京師天下之原本，去將安之。若乘輿狼狽出城，人心渙散，是舉其國與敵也。今但當請太妃與六宮權且出城爾。」王從之。王自思武臣惟碩郡公老將可恃[119]，卽召自山西回朝。碩郡卽率義勇五百人入衞。都人見碩郡歸，人心稍安。碩郡入見，王曰：「公棄寡人耶！今國勢如此，爲之奈何？」碩郡泣曰：「臣受國家厚恩，誓不與賊俱生。臣父子猶有九人，背城一戰，臣請執鞭以從吾君之下[120]，王無慮焉。」王乃出銀五千兩，賜碩郡爲軍需，碩郡乃出治兵，一日召手下得千餘人，軍色最爲精銳，王命出城屯守，碩郡乃出師次于萬春湖。時東南風盛，惟水道最爲衝要。璉忠舟師既敗，敵占得長江一條乾淨路，直上京畿。王使四侍水號畢衆禦于翠靄口，敵舟師至南畲津，舍舟登岸，襲翠靄水軍。先是水軍聞賊猶遠，略不爲備，維舟從岸，星散于河渚，倏見敵至，不及登舟，舟船盡爲敵有，惟偏將姓吳者[121]，單刀立船頭，拒戰刻餘，西兵把巨銃向中撑船頭射之，其人中彈而死[122]，賊乃登陸。碩郡兵方食，賊兵掩至，棄甲而走，左右夾擊亂斫之，僵尸塡渚，赴萬春湖死者不可勝數。碩郡單存手下十餘人，與其子八人，環碩郡象脚下，倚象而禦。六子力戰死於象前。碩郡使象奴跪象而下，與其子二人奪路而走，僅以身脫[123]。賊水兵直到西龍津，王親御五龍樓布陣，分五軍，左步號按西龍，右步號按西虎，前步號按前樓城門，後步號按後樓水軍湖岸，仍轎二號衞駕中軍。賊從河渚入，王在樓上，放過前陣法鼓，前步發射。射了一回，賊兵俯身避彈而入，王躬御駕戎服，降樓上象，秉紅旗三指三揮，鼓號諸軍前趨[124]，諸軍聽鼓望旗疾趨。賊以火虎縱射，諸軍喪膽，皆投戈棄甲於河岸，走不顧身[125]。王見軍散，顧前後左右諸軍，已無一人在者，賊不知是王，忙爭入府，不復逼象，王急脫戎服，頂丁字巾，退坐鞍後革巢，急拘象回府。過宣武門，賊前數十人，已入府中，揭旗於府外，王乃拘象從明堂湖望安華塢門而走。平既入城，下令嚴戢諸軍，不得擄掠畿內。平乃入府中安頓，那時一二近臣與親軍，知王西出，陸續追隨，至城門外，猶有象九條，馬十餘疋，兵千餘人。過慈廉地界，村民遙望見兵色，疑是賊兵，扶携而走。官軍遙見，又疑是賊，棄甲而逃者太半。至安朗縣有阮暖者，東岸雲恬人，阮賞之子。素爲王家臣，迎王於途，跪於道左，啓云：「臣前受命招兵，今已得五百人，候於河之北岸，伏乞御駕北渡，權寧宿于臣貫，以圖後舉。」王命招舟子橫渡，篙工四下逃去[126]，只覓得個小舟三葉，每葉但容得十三四人，王急登舟，單有小黃門五六人，與暖隨行，存軍官象馬，留在岸上不得渡，望王登了彼岸，便皆遁散。王既登岸，全不見兵衞[127]，問暖。暖曰：「兵衞現在臣貫，請王微行，前來不遠。」王悔爲暖所誤，且恐從此向前，更未知途中安否如何？無人可信，惟有文臣進士爲足恃，乃問暖曰：「旁近村邑曾有進士某名員否？」對曰：「此間沒有一人，惟有添差知吏番李陳瑨[128]。前奉招諭，權駐于下雷社。但未知現今在否？」王曰：「爾第往探問，如見這員，當密告以狀，令爲我謀。」暖奉命入見李陳公，且說顛末。且曰：「臣前奉招兵，今現有兵衞等候，在某縣界首，長官且謀權借兵仗，衞王過敝縣界，便是穩當[129]。」公有所諳下雷人巡縣，名莊者，素是刧渠，舊曾及公門，時公居下雷，亦倚莊爲衞，乃語莊曰：「參從繼烈侯避亂來投，煩汝爲衞，送之過界。」莊曰：「諾！」公因與莊隨暖見王，原來公是政府小臣，未曾見得王面，王亦未嘗知公。乍見公來，顧侍臣問曰：「這是誰人？」對曰：「是李陳瑨的。」王方謙辭，未知所言。公亦恭敬倍常，進見若不敢當者。君臣之間，皆不覺露出本色。久之，王與公語，始及心事。公指莊曰：「臣有此名，是臣門下，這也他承當得。」顧謂莊曰：「好好衞長官過界。」莊曰：「諾！」公乃辭王歸室[130]。莊以手下五十人[131]，衞王而行。越李陳公所居之別室[132]，問曰：「公莫非端南王的，可實告臣。不爾且有他變，幸勿見責。」王初猶瞞應曰：「君何可妄禍耶！我只是行參從裴輝璧的。」莊曰：「公休作欺人語，昨見君臣隱狀，還瞞過得誰？自古興廢常事，笄公也避亦難脫，毋自勞也。」乃引王回其家，王變色大怒曰：「王者命在天，眞正大元帥端南王是我，縱死於國人之手[133]，亦是天命，任爾爲之。」莊乃使人馳告手賊，凡追隨之人並拘執之。公聞有變，躬來王所，叩頭於地曰：「誤王至此，臣之罪也。」王曰：「人各有心，卿何預焉。」公出告莊曰：「王是天下共主，而我則爾之師也。君臣大義，何忍於是。」

莊曰：「長官不早見告臣，使臣誤見王，如王逸於臣手，南兵問臣罪，長官還能爲之辨解耶？畏師未若畏賊，愛王未若愛身。臣不爲長官所誤也。」乃逼歸室，喝手下擁王出京，公前來拜王，號泣呼天曰：「嗟嗟天乎！臣弒臣主，天知之乎！」王慰之曰：「卿之忠誠，孤已諒之，無自怨也。」公欲說王少留，未及辭，王已爲莊所逼而去。到途中旅館少歇，王取得館人小刀，引以自剄。莊急奪其刀，刃淺傷小，王以指串傷處裂之，又爲莊所止。有頃，王覺心中煩燥，求清冷水，莊許之。王引水嗽下而殂。莊送王至京，賊大喜。暴王于宣武門外，以示天下。旣而命具歛襯，一如王者。以小龍平頂輿，送王出恭國公陵葬之，而封莊爲壯義侯，加山西鎭守。時丙午六月二十七日也。公在下雷，別王歸室，謂其居亭主人曰：「以臣誤君，罪當死。我縱不死，無以自白此心於天地。可爲我辦棺一具，白布十尺，聽我自行其志。」主之勸解之，公不從，曰：「我死自有別法，非爾所能止也，愛我者聽我所爲。」越二日，公忿益熱，主人止公不得，知公志不可奪，俱具如命[134]。公乃命掘所居之後苑爲穴，安棺穴中，以白布裂頭巾壹頂，腰帶一段，仍取衣冠南面向再拜。拜訖，去冠加頭巾，束大帶，穩臥棺內，敎主人蓋之。蓋畢，公在棺內曰：「尙欠一言，須自語之。」主人又開棺，公口念一聯云：「三年之孝已完，十分之忠未盡。」且曰：「煩公以此句遺囑吾兒，他日粘于祠堂以事我。」語訖，繼曰：「多謝主人，吾從此別矣！」主人與其僕從五六人，拜別棺前畢，蓋棺取土蓋而封之。時六月二十九日，蓋後王二日也。公慈廉雲耕人，舉丙戌科進士。爲人簡易樸實，性至孝，居父母喪三年，墓廬一遵禮法[135]。常自言曰：「吾今四十，平生所履行，惟此三年，近於人道。」蓋其自處無憾如此，故形於臨死之言，又如此，其自許也。公卒後，天下莫不痛王而義公。推原始禍，莫不怨整，整亦頗自知之。整有相識杜世龍者，青池弘烈人，爲人狡猾。整負官貨時，龍亦以別故得罪，與整同在囹圄。龍善爲國音詞曲，與整相頡頏。及整自西山出，龍尚在囚。整至京，使人釋之，以龍爲上賓，每問以國家事，知無不言，言無不從。至是整謂龍曰：「王不信我心，輕自傷生，縱使王在，我必以清閒之地處之，不使之失名祿。」龍聞整語意，慨然有立鄭之想，欲因整這意思，從中開轉，以救其機。正是

毀卵逞殘嗟毒手[136]　存雛妄想笑癡心

未知這事如何[137]，且看下回分解。

【校勘記】

❶「却說」、原作「說話」、據甲、乙、丙、丁、戊四本改。

❷「阮」上，各本有「陳」。

❸「慣於謀」，甲、乙、戊三本作「慣於諸軍」；丙、丁二本作「慣為諸軍」。

❹「驚」，丙、丁二本作「喜」。

❺此句各本作「有烏鵲飛下庭前」。

❻「其」，丁本作「作急」。

❼「俾」上，丁本有「破散陰謀」。

❽此句丁本作「不意為諸軍所知」。

❾「年」下，丙本有「十一月」，丁本有「冬十二月」。

❿「廣南地界……文岳亦在其中」，丁本作「地屬廣南，承宣轄內。賊渠姓阮名文岳，其先乂安興元人。神宗盛德間，南北相爭，為南軍所獲以歸，處于懷仁之綏遠西山社，凡數世至岳。」

⑪「樗」，原作「雩」，據甲、乙、丁、戊四本改。又「賭」，丙本作「販」。

⑫「轉富為貧」，甲、乙、丙、戊四本作「轉貧為富」，丁本作「借救貧」。

⑬此句丙本作「遂逃入山為群盜」，丁本作「遂逃入山為盜，辰歲值飢荒，貧窮及無賴棍徒多歸之。」

⑭「有手下百餘人，寇掠州邑」，丁本作「手下以千百計，與其弟文惠、文評又名文哲分統之，攻掠屯邑。」

⑮「報」，原作「投」，據各本改。

⑯「鎮將」下，丁本有「不虞其詐」。

⑰此句丙本作「岳摩顧城中」；丁本作「是夜諸徒黨奄至城外。」

⑱「吏」下，丁本有「大啓城門，衆一齊殺入。」

⑲「淳」下，甲、乙二本有注作「卽定王」。

⑳此句，甲、乙二本有注作「張福巒」；丙本作「國傳張達為政」。

㉑「偽」，甲、乙、戊三本作「偽稱」；丙本作「借」。「集」，丙本作「襲」。

㉒「浸」，原作「寢」，依文義，據丙本改。

㉓此句丙本作「待國清而後征之」。

㉔「愛重」，甲、乙、丙、戊四本並作「鍾愛」。

㉕「時阮淳年幼……其後岳有黃龍之端」，丁本作「土酋競起應之，又借北客集亭襲廷侯李將軍等為援，勢浸强大，其地東際大海，西抵哀牢，南夾嘉定，北累南雲，提封千有餘里。景興乙未上將暐郡公提大兵至廣南界，岳畏其聲勢，遣人獻名馬寶劍，以求內附。暐公以南陲僻遠，

啓請因而撫之。盛王乃命封為恭國公，領廣南鎮守宣慰大使，是後歲修職貢。有整在瞱公門，亦常往使馬，整以才辨為岳所愛重，後景興三十九年戊戌，岳以有黃龍之瑞。」

㉖「為」，丁本作「命造」。

㉗「建元」，丙本作「改元」，丁本作「紀元」。

㉘「問」下，丁本有「四十一年庚子，又稱皇帝，立其子光紹為皇太子。」

㉙「呑併順化」，丁本作「北侵」。

㉚「信」下，丁本有「再三問而察之」。

㉛「未」下，丁本有「且言北河將亂」。

㉜「岳許之」，丁本作「岳信而許之」。

㉝「取次」，原作「次取」，據各本改。又此句丁本作「四五年間，西北兩境以次削平」。

㉞「於是情分日密……日思返國」，丁本作「地日廣，兵日盛，又為之立試法以取土，有文學及精書算著補文職官吏，岳兄弟大喜，益加親幸。整在西山，每有懷鄉之想，日想返國。」

㉟「出奔」上，丙、丁二本有「倉卒」。

㊱「太妃」下，丙本有「鴆毒」，丁本有「摯害」。

㊲「來」下，甲、乙、丙、戊四本有「數其罪，教宣妃拜謝」，丁本有「備數其罪，使之拜謝」。

㊳「備」，原作「被」，據丙、丁、戊三本改。

㊴「渡」，原作「疾」，據各本改。

㊵此句丙本作「不知其芳乃如是」，丁本作「不知芳節乃能如是」。

㊶「殊」，原作「珠」，據丙、丁、戊三本改。

㊷此句丁本作「添差真祿鄧田正進士范阮攸希旨為國是論」。
㊸「宣妃坐廢為庶人」，原脫，據各本補。
㊹「有」下，丙、丁二本有「追理」
㊺「曰」，原脫，據各本補。
㊻「令」下，丁本有「負犯諸人」。
㊼此句丁本作「惟吳某逃去，跟尋弗獲」。
㊽此句丁本作「皆追贈王爵，其僚屬若遵生侯、文書阮國植等諸人，並有贈賜恩恤。」
㊾此句丁本作「又問當今參陪是某人員」。
㊿「碧」，丁本作「德」。
51「枚世汪、阮公燦」，丁本作「杜輝旺、陳功燦」。
52「也」下，丁本有注作「抑兵戈聲耶」。
53「年」下，丁本有「二月」。
54「夜」下，丁本有「乃復舊」。
55「水軍湖」，丁本作「西湖」。
56「死」下，丁本有「醒氣逼人」。
57此句丁本作「那妹夫具答顛末」。
58「整」下，丁本有「曰：爾且少休」。
59「欺侮」，原作「侮欺」，據各本改。
60「者」下，丁本有「於我何干」下並有注作「甚惡，甚惡，他日陸山之報，亦該寃魂，亦有訟庭者，安得何干。」

61 「公」下，丁本有「范吳俅」。

62 「使其屬」，丁本作「使募僚屬」。

63 「直取富春……上公阮文平」，丁本作「直往取之，岳會將臣共議，悉從整計，乃命文惠為主將」；丙本「阮文平」作「阮惠」。

64 「右軍」下，丙、丁二本有「都督」。

65 「平」，丙本作「上公」，丁本作「惠」。

66 「却說……之地」，丁本作「却說順化乙未春以後，朝廷設鎮衙，差官鎮守，以為極邊重鎮之地。」

67 「隘雲」，丁本作「海雲山」。

68 「科目」，丁本作「科擧」。

69 此句丁本作「無所不至。以造郡公為大將，體郡公為副將。」

70 此句丁本作「請召還造郡而拜體郡為大將」。

71 「到」下，丁本作「運」。

72 此句丁本作「至是」。

73 此句丁本作「日以繼夜，佐參將校亦連夕不宿」。

74 「取隘雲」，丁本作「奪海雲山關隘」。

75 「諸屯水軍……旦夕且至」，丁本作「滿城一番吃驚，忽又報云：敗水軍從海道出，金鼓振天，頃刻且出。」

76 「久勞役」，丙、丁二本作「力役久勞」。
77 此句丁本作「始知齋壇之設，乃是探子詭謀，未如之何。」
78 「阮」上，丁本有「且說」。
79 「使人密報……執而不宣」，丁本作「陽作與體郡言，謂體郡與己同出暉郡公門屬，如大兵到日，能以城降，可保富貴。但令致書人，詐為錯誤，達於造郡所。造郡得書，遂疑體郡，或告有與整通書者，乃隱而不宣。」
80 此句丁本作「造郡誤墜敵計，心中望望如醉，自董督諸軍守城，而使體郡與屬將堅金侯出城拒敵」。
81 「矣」下，丁本有「諸公且當前拒敵」。
82 此句丁本作「又喚二列校曰」。
83 「却」，原作「脚」，據丙、丁二本改。
84 「傷」上，丙本有「奈」，丁本有「但」。
85 「副將」下，丁本有「自引長劍斷其頭」。
86 此句丁本作「敵將阮文惠縱兵殺入」。
87 「富春」，丁本作「一城中外」。
88 此句丁本作「文惠既克鎮城」。
89 此句丁本作「文惠既定順化」。
90 「整曰」，丁本作「於是整因說惠曰」。
91 「明公……天下」，丁本作「主公受命北伐，一舉而定順化，威振北河」。

92 「北河」，丁本作「昇龍城」。

93 「平」，丙、丁二本作「惠」。

94 「猶」，各本並作「董」。

95 「平」，丙、丁二本作「惠」；「言語」，丙、丁二本作「口舌」。

96 「平」，丙、丁二本作「惠」。

97 「變逆」，丙、丁二本作「極變」。

98 「伐人國」，甲、乙、丙、戊四本作「伐國」；丁本作「開邊」。

99 「平」，丙、丁二本作「惠」。

100 此句下，丁本有注作「逋臣猾賊，肺腑相投，已非一日矣」。

101 「數百人」，丁本作「數百登陸」。

102 「平」，丙、丁二本作「惠」。

103 「平」，丙、丁二本作「惠」。

104 「朝廷」，原脱，據各本補。

105 「中國」下，丁本有「財力」。

106 「亦一幸也」，丙、丁本作「亦國家之一幸也」；丁本並有注作「幸甚」。

107 此句丁本作「我以失此為恨」。

108 「戒」下，丁本有注作「差矣，差矣，此回議者姓甚，名誰」。

109 此句丙本作「當無別礙」，丁本作「當無別慮」。

110 此句丁本作「及聞水寇與西兵合」。

(111)「綠門」，甲、乙、丙三本作「錄門」。
(112)此句丁本作「船上平鋪木板，各列佛像數行，頂紅毛冠，衣赤衣，而戰士伏其下，中流揚帆鳴鼓而上。
(113)此句丁本作「船上操旗持棹與執淳戰者，皆坐而不動，只見船頭轟轟而上。」
(114)此句丁本作「卽連納射之，凡三次，沒了一船，而四艘皆不為動，比到稍近，則見坐上者，盡是偶形，始知是中賊計，而藥彈俱盡，莫奈他何，賊大軍從後鼓噪而來，滿江相接。」
(115)此句下，丙本有「敵遂占得兩岸，壤兵向西兵射，彈飛如雨，只見船頭直上，壤益縱藥彈射之，射沒一隻船艘，而四艘不為動，却到得稍近，見坐船者盡是木偶，始知中計，而藥彈已盡，賊大軍從後鼓噪而來，不可勝計，壤自料勢難抵敵，登陸而走。」
(116)「時帳忠侯出兵兩岸……時邊書告急」，丁本作「時山南下鎮鎮守帳中侯以步兵列陣于河岸，鼓前鋒與賊對射，忽有賊火虎飛上所騎象。象走，諸軍隨之，夜中不分部伍，卽自驚潰，壤自度不可支，作急回艘泊岸，登陸引走，賊船直抵上鎮憲營，帳忠侯遁走，督同阮世平還至天施土黃閭，為惡棍所害。是夕泰亭軍次金洞，亦驚亂自潰，於是大潰，報至。」
(117)此句丁本作「壁有廟堂之度，旣去。」
(118)「入」下，丁本有「兵法所忌」。
(119)「碩郡公」下，丁本有「黃馮基」。
(120)「吾君」，丁本作「轂輦」。
(121)此句丙本作「惟偏將吳景桓也」，丁本作「惟偏將管中擇奇吳景桓」。
(122)此句丁本作「遂沒于水，四侍舟船盡為敵所獲」。

123 「脫」下，丙本有「逕投興化去了」。

124 「趨」下，丁本有「諸軍立不為動」。

125 「走不顧身」，丁本作「一齊潰走」。

126 「篙工」，丙、丁二本作「舟子」。

127 此句丁本作「不見一人，回望亦無所見，始大悔恨，因招暖問之」。

128 「慣」，甲、乙、丙、戊四本作「公」；丁本作「慣」，並有注作「景興丙戌進士」。

129 「是」，原作「當」，據各本改。

130 「歸室」，丁本作「歸所」，並有注作「亦奇」。

131 「莊」下，丁本有「與其黨名儒那者」。

132 「別室」，各本並作「別村」；各本下並有「止王於空舍」。丁本又有「密謂那曰：此必是鄭王無疑，京師既破，吾當擒之以獻，必有大賞。」

133 此句丁本作「家國之亡也」。

134 「俱」，甲、乙、戊三本作「供」，又此句丙本作「數加供具」，丁本作「乃如數供之」。

135 此句甲、乙、丙、戊四本作「三年墓廬，口不茹葷」。

136 此句前丁本有「好主可能心鐵石，嘉賓亦有舌波濤」。

137 此句丁本作「未知兩人說話如何」。

第五回

扶正統上公覲闕　締鄰婚公主出車

且說，杜世龍聞整言有厚於王底意思，因謂整曰：「公所行雖仁義，而其迹則殘賊也。公今日回山倒海之勢，誠得助於貴國，而公出身之始，典兵封侯，疇非王家之恩。公此舉以滅鄭扶黎爲名，則甚矣！倘以王家脅制皇家爲有過❶，何不念二百年尊扶之功！懷新而背舊，不義；索過而掩功，不仁，不義不仁謂之殘賊。大丈夫立身而可以殘賊自居耶！」整面色如土，徐答曰：「封殖者，一己之私恩；綱常者，天下之大義，吾爲尊扶而舉，所以扶植綱常，自是至仁大義，而君反以爲殘賊，無乃太甚耶！非吾見之差，則公言之過也。❷」龍曰：「君本自尊，何待尊扶？不過假此以遂其攘奪之謀耳！然國家如金甌無缺，一旦公無故引別人來，戕其主帥，賊其人民，天下之人且以公爲豺狼梟獐，殘賊未爲甚也❸！公今倚外國，如狐托虎威，恐人心思鄭，其事且變，彼一旦捨公而去，公以渺然之身，負通天之罪，何以自立於天下？」整怒切齒猶改顏色曰❹：「然則豺狼梟獐之友，爲豺狼梟獐之謀何？❺」龍曰：「公此來不過爲前鎮復驕兵之讐，今驕兵已滅，公志已遂，公誠能速反其道，善調亭貴國，使之飽欲而歸，還擇鄭家宗室之賢者別立爲主，而公自爲輔，此不世之功也。」整曰：「善！吾將思之，君且歸去，別求當言者，善修飾辭語，待其好之者，以言顯身可也。」龍出，整曰：「龍可送水，不可處陸，以惑天下。」使人要截門外，反縛送至珥河中流沉之。

却說西山元帥自初至渭潢❻，即條上奏本，且述尊扶本意，密進皇上，外人亦頗知之者，衆以爲敵情難測，言未必信，京中官軍吏士，莫不爭先走避，其縻於公事與牽於別故，未出城者，至二十六日❼，倉皇而出，帶囊負篋，環畿民遮截道路盡攘之，宗室大臣與大夫車馬❽，爲民所拐褫，隻身而走者不可勝數❾。諸軍敗散走出民間，所至輒數其驕弄之罪，多方困辱之，無少容者。有一人裸身而走，出逼塢門，衆指之曰：「那大腹漢莫不是仍驕兵，拽來打死！」那人急應曰：「非也！我是壽昌縣尉的。」衆笑曰：「人常言縣尹腹大，信然！」那人亦笑而去❿。是日清乂兵扶携而歸，饑餓死於道路者復以百數，惟皇宗支派，與內殿家臣內殿諸軍⓫，及環殿坊庸民皆案堵如故⓬，城陷之日，平入京，先使裨將將一支環衞官殿。時皇上有疾，諸皇子侍疾殿內，見殿庭軍士環立如墻⓭，疑賊來逼帝，忙扶皇上起，將扶出三山後苑而逃，適見那裨將跪于庭中，遞奏本加額上進，內殿家臣趨出，接入進呈御覽，表詞先請安，次請以改日進謁，皇上覽奏方纔放心。次日太早，平與整詣萬壽殿庭謁⓮，侍者入奏，皇上於被內披帳引平見御榻，平羅拜地下，行五拜三叩頭禮。上命皇子扶起，延至御榻旁左邊之別榻賜坐，平謙讓不敢當，上再三諭之，平就末席垂膝半坐，上溫存慰諭，平曰：「臣本山西匹夫，乘時掘起，不曾衣陛下之衣，食陛下之食，惟陛下聖德弘遠，臣在蠻貊中素所欽仰，今日復覩龍顏⓯，亦臣葵悃之至誠所感召也！且鄭氏不禮，凌逼君上，皇天假手於臣⓰，滅鄭以伸陛下之威，幸而成功，實賴陛下洪福所致。惟願聖體康强，君臨天下，使臣獲蒙其福。」上曰：「多謝令公相厚之至情，跋涉遠來，煩勞僕御，寡人在位清簡，無以爲贈。」平曰：「臣以尊扶來，豈計功便⓱？此來渾是天意⓲，非人謀所及，若臣之私厚於陛下，即這人兵船艘⓳，臣能驅策。至於潦水哀，南風盛，豈臣力所能⓴？此誠天命，陛下一統寰區，以垂億萬年之基緒，臣願從今陛下立經陳紀，安內養外，用躋斯世於太平，卽臣之受賜多矣！」反顧整曰：「此陛下之故臣也！」整趨御前拜見，上賜之坐。平曰：「此子蒙陛下爵祿，想未甚多，而其忠於陛下之誠，南國無二，臣得至此，皆他贊助之力也。㉑」上曰：「整之能忠亦令公成之也！㉒」整頓首謝曰：「誠如聖諭！」上慰勞久之。平曰：「今聖體少安，應接勞倦，臣請暫回軍次，嗣後請不時朝見㉓，如有顧問，欽候聖旨。」上曰：「寡人有天下而不與，垂衣拱手四十餘年㉔，今且耄荒㉕，國計兵謀，非所素畫，公旣有尊扶㉖，當留敝國以助寡人，幸勿見棄㉗！」平曰：「臣稟王兄命，止取順化㉘，來此爲遂事，不敢久留。然四方未帖，亦須一番蕩平㉙，然後辭去。」上命茶童烹茶賜之，平從容飲茶而退，整亦從之。

整坐朝，見百官散落，皇上家臣無一可備應對，皇親惟清源侯黎維韶、蓋山侯黎維復，亦皆庸常，看看不成朝廷㉚。惟有文屬黎維琳㉛、黎維紹，都是長安遊子，特窮而不奔㉜，依於內殿，因清源侯引見，皇上用之，以備文書。這二人整心亦所不喜，乃思邇來朝廷所素預政而已，平日所素與知者：泗川侯黎維藩、建川侯張登揆、韶堂侯汪士朗㉝、練堂侯陳公燦、添差汝公瑱、完郡公阮完㉝，凡六人，奏請皇上勅召，皇上卽召之。藩瑱久廢在家，完、揆、燦、朗皆避兵走於城外，諸員皆欽召赴京㉞，惟瑱托疾辭㉟，朗見召有詰責㊱，先以所領兵部印納軍輸降㊲，整還其印遣之，於是諸員日日赴朝堂議事，朝官聞之，陸續赴京。皇上命諸員隨事與平酬應，平自以遠邊外方來，未諳本國習俗，凡與朝官酬應，一聽於整。整謂平曰：「公來此以尊扶一統爲名，天下莫不想望㊳，然所以一統者，須軍國事權皆聽專決㊴，方爲尊扶之實，公宜有以實之㊵。昨日萬壽之見，猶爲私謁，其事未公於天下，須擇吉日，朝見成禮，俾天下共知，方爲正大之舉。」平從之㊶，乃擇七月初七日，請皇上設大朝於敬天殿，百官以次侍立，平自率將士從端門入，行五拜三叩頭禮，具本陳滅鄭之功，并將兵民簿籍獻之，請皇上設官分職。皇上受朝畢，命餞平出殿門外㊷而罷朝㊸。翌日，命朝官册平為元帥扶立翊運武威國公，具詔命，即軍次封之，平拜命受封，禮訖，遣使進謝，禮意周至。既而私謂整曰：「吾提數萬兵來一舉而定天下㊹，南國一土尺民㊺，莫非我有！縱我稱帝稱王，有何不可？所以讓而不居者，厚於黎家耳！元帥、國公於我何加，毋乃南國以空名籠罩我耶㊻？我若不受，恐皇上謂我驕矜，受而不言，則國人謂我蠻貊，故因言及而言之耳。」整知平意不滿，矯為皇上私語漏於平曰：「皇上嘗私語臣曰：『皇家清儉㊼，無物可贈，極知區區名爵不足以益其貴，祇是國俗好禮，聊以敬公之誠。』皇上初意，自以年高，恐公歸後，無以倚重，欲聯二姓之親，世結婚誼，未知公意如何？故不敢顯言耳。」平曰：「自古征夫閨情最切，皇上亦燭此意耶！以西王弟為南國帝甥，如此門當戶對，想亦人不多有。」舉坐大笑，既而曰：「直戲耳！皇上此意可謂老謀，欲成兩國之和㊽。」整知平意可，乃入奏皇上，且述其事㊾，且問帝女未嫁公主還有幾位？

原來上晚生女，未嫁有五六人，惟一位公主字玉炘，姿色冠絕，德行俱優，上最所鍾愛，平日常曰：「此女他日當嫁為王妃，不當嫁尋常駙馬。」至是，上聞整言，心許之。謂整曰：「朕室女尚多，惟玉炘稍有姿色，但人情愛子尚偏㊿，未知外人眼上何如？卿第留此，聽朕召來一看，卿自擇其可者，贊成之。」乃命侍者宣召，有頃齊出御前(51)，整一見曰：「諸矣！這好姻緣，臣請牽緣，當十分停當。(52)」乃歸語於平曰：「昨日私漏上公語(53)，見上奏的話，上意大悅，謂臣曰：既得尊公的意如此，亦是天緣排來。上有第九公主，年十六歲，請承寵後庭，以奉巾櫛，俾兩國成親，世修和好(54)。」平戲答曰：「以勘亂出，以娶婦歸，奈群兒輩嗤笑何？雖然我但慣南河女，未知北河女？今須一試，看看好否？」滿坐皆笑(55)。整回平曰(56)：「我遙拜皇上陛下萬歲

(57)，山谷遼僻遠來(58)，豈敢唐突如此？何幸得附于金玉牒譜，實千載奇緣，山谷不勝欣慰之至(59)！」至整回奏，上乃以公主嫁平，平遂擇本月初十日(60)，具黃金二百兩白金二千兩綵緞二千端，陳設兵仗旗幟，使其文臣刑部侍郎捧奏本詣萬壽殿(61)，上使皇子崇讓公接受，告於太廟(62)，以次日送婚，命皇親妃主諸位與文武諸臣，各具車馬，至日候殿門外，送公主歸平府(63)。翌日大早，平差官具奏本請迎婚，使兵衞立街衢兩邊，自殿門至府門，京中士女觀者如墻，咸以爲古今曠事(64)。公主車至府門(65)，平乘金龍轎出迎，一如人家禮(66)。公主入宮，平設外宴，宴諸皇親妃主與文武諸臣，照次而坐。宴畢，別具白金二百兩設贈，差官致辭敬讓，送出府門。諸臣歸會於禮部公堂，咸曰：「天子得佳壻！我安南從今有婚姻國(67)。」公主初歸，猶懷羞惡，既而安之，與平進謁太廟列先皇帝，禮畢，聯駕而歸。平性驕矜，謂公主曰：「皇家子女諸位，幾似公主如此榮華！」公主曰：「皇家祿簡，諸皇子女一味清貧，單妾有分得配令公，譬之雨水玉屑飛空，其得墜入樓臺者，妾之幸耳！」平大悅。

十四日皇上病篤，平欲及上在受一統朝賀，顯示中外以完已尊扶之功(68)，乃擇以十五日設大朝禮，具本奏請皇上。至日設大樂于丹墀東西，禮官大陳鹵簿儀衞，奏請上出，諸皇子擁帝升御座，發號令火砲三聲(69)，百官以次朝賀，禮畢，頒下一統詔書(70)，揭於大興門外。天下臣民咸稱皇上福祿壽考，可謂完美。翌日，上疾大漸，公主請平侍疾，平曰：「今我於皇上義同父子，誠欲及上在時，瞻覲清光敍其戀慕之情，第我初自遠來，國人未必盡信！昨日皇上出朝，孰知聖體有恙，使我來而宮車晏駕(71)，毋乃遺我以無窮之諺謗耶！主第歸侍，對諸兄弟說，俾各諒我此意！」公主乃辭歸。是夕皇上神氣清爽，召皇嗣孫，囑以國家大事。又召公主教以婦道，丁寧周至，十七日卯時帝崩于正寢殿，時年七十，在御之四十七年也。帝龍髯龍準，鶴髮鳳瞳；行如水，坐如山；性慈和簡易[72]。爲皇子時，緣皇子維密反逆事[73]，爲王家所疑，監於內侍洪郡公家。庚申年毅祖初立[74]，洪郡公鎭山南，王命移監於王舅炳郡公家。炳郡初不覺王已有命，夜夢見天子幸其家，旌旗雅樂，燦然太平儀衞。旦日見洪郡送皇子囚來，炳郡大驚，想夜間得夢定非偶然，乃入告于王。時四方擾亂，國勢傾危，王見得此吉兆，欲藉其福德以平定天下，乃迎皇子卽皇帝位，建元景興[75]。帝旣立，四方漸定，天下寖平，王知帝福不淺，敬尊愈盡，帝亦謙冲孚信於王。王不時獻奉，御用豐餘，帝垂拱無爲，肆情遊樂，又多逞巧技藝，宮調樂府，自製新聲，極其清逸。常按三國圖，使宮人被戎服執戈矛，分蜀魏吳三陣，教之坐作擊刺，以供閒興。晚年爲聖祖所裁抑[76]，常人忿懣不堪，而帝戲樂自如[77]，未嘗少沮。左右咸諫，帝曰：「爾等但知其一，未知其二，皇家於王，勢在相疑，朕若以失權爲憤悶，王家必陰見異圖，故托興自娛以遠害爾！」又常謂宮人曰：「及吾之身，必見一統之事[78]，然非吾所樂。」宮人曰：「王家淩逼如是，王敗，皇家之福也！陛下何爲不樂？」上曰：「天命王家扶我[79]，王當其憂，我享其樂，王敗憂反在我，我何樂焉？」端南王初立，驕兵每有尊扶一統之謀，陰請於帝，左右咸勸帝從之，帝曰：「吾誠實以聽天[80]，得至于此，人謀施設[81]，朕所不爲，敢復言者，朕送王按法治之！」其謀遂止[82]。至是平爲尊扶之舉，上外喜而內憂，凡所應酬皆不得已。及病篤，謂皇嗣孫曰：「吾旦夕且釋重負，憂在爾躬，爾其念之！」臨崩曰：「吾瞑目後，傳繼大事，須一一禀他，不可輕率。」言訖，遂崩。皇嗣孫卽位。先是公主歸平，平遍問諸皇子之賢，公主一一實告，又問皇嗣孫人品何如？公主未脫婦人常情，自以兄親於姪，恐嗣孫奪崇讓公之位，乃曰：「嗣孫人品庸常。」由是平意不悅嗣孫。至是，上病大漸，朝議立皇嗣孫，使人告於平，平不許。使者回，朝議紛紜未決，忽坐中一人大聲曰[83]：「嗣孫不立，天下必亂，黎氏必亡，咎在公主。」公主實誤社稷大計，當去其屬籍，任公主歸西山安享富貴，吾族中不乏此一人。」覩之，則皇親旺郡公也[84]。公主懼，乃歸請於平，平許之。及帝崩，百官乃扶嗣孫卽位[85]。是日平在府中，聞先帝崩，傳侍衞諸軍整飭鹵簿輿轎，以待皇孫立後，皇族或呈來治喪，卽身臨喪次，嗣皇不喻此意，不敢煩請[86]，但入歛後，始啓於平[87]。平怒其不先請，以爲嗣皇見外，使人緩登極之禮，欲有所別立，至則登極禮訖，朝以成事告平，平急召公主回，罵曰：「先帝者，先天下之帝；非族之所得私也！我哀慕先帝，昨日避嫌不敢入見，今日欲及未歛時一覩玉顏，以致翁婿之情[88]，我突來非禮，族如何外我而不請，如無我，成何朝廷？成何政事？安敢如此其略，我棄而去[89]，看料理如何！」乃傳水步諸軍整裝，翌日旋師歸國[90]。公主號泣挽留，又密使人具奏嗣皇如此如此。嗣皇乃使人致謝請留，乃止[91]。

及成服日，上命官請平臨祭，平素服立於祭殿，察視禮儀，極致周悉，有左番吏當祭時有笑容，平命推出斬之，其禮意致謹類此。平密有去意，謂朝臣曰：「小名受命王兄，提兵居外，去留未卜其期，小名以尊扶來，幸而完幹，今便是女壻欲致孝於婦翁，要及未歸之前完此葬祭之禮，使忠孝兩全，某之願也！」朝臣曰：「敢不惟命！」乃擇日下船。平日夜治喪[92]，雖儀物草略，而禮數靡有所遺。至日發引，平以兵三千人親騎象頭，送至河津，看奉梓宮登船禮畢而返，及公主歸，平揚揚德色謂公主曰：「先帝有皇子三十餘人，今報孝還一女子，看誰人助得公主分毫，古人謂『女作門楣』信然！」公主謝曰：「賴上公功德，妾得致孝於皇考，開顏於兄弟。俗語云：『男不丐婦，女丐夫』，此之謂也。」下船後，忽報西山主出，平命整揭曉于京，稱天王巡省觀風，旬日且至，布告中外，俾各知會。又使人奏知嗣皇[93]，請差文武百官出郊迎謁，八月初五日西山主入城，皇上親迎于南郊門，使欽命官立于道左，致辭而還[94]，西山主使人答話命駕趨去，這西山主不辭萬里，行色忙遽，不知緣何故來？正是：

長鯨躍海揚鱗去　猛虎離林假翼來(95)

未知意下云何，且聽後回分解。

【校勘記】

❶此句丁本作「倘數世脇制為有過」。

❷此句下，丁本有注作「不可以人而廢，然一言而可定國，是惜整亦徒大言以欺龍耳，經常二字豈適賊者能識，究竟整在綱常中之罪人耳。」

❸此句下，丁本有注作「此一段說話，可作聲罪討賊鵬檄。」

❹此句丁本作「整聞龍言，怒甚，切齒，然改容曰：」。

❺此句下，丙本有注作「這等語，噫！龍亦休矣。」

❻「西山元師」，丁本作「文惠」。

❼此句下，丁本有「賊兵逼都城」。

❽此句丁本作「宗室大臣與科目人員，凡有車馬衣服」。

❾「隻」，丁本作「赤」。

❿此二句丁本作「民笑曰：『大如此縣尹腹，信然！』乃縱之去。」

⓫「軍」，原作「臣」，據各本改。

⓬「及」，原作「不」，據甲、乙、戊三本改。

⓭「環衛宮殿……環立如牆」，丁本作「走入城衛殿庭。適皇上不豫，皇子諸公子侍疾殿內，四望見紅色軍環立牆。」

⑭「平」，丙本作「元帥」，以下皆同。丁本作「惠」，以下皆同。

⑮「得」下，丁本有「覲金闕」。

⑯「臣」下，丁本有注作「自負亦大」。

⑰「便」，丙、丁二本作「利」。

⑱「來此」，丁本作「今日之事」。

⑲「人」，丁本作「幾箇」。

⑳「能」，丙本作「能辦」，丁本作「及」，下並有注作「此言亦英明甚，亦奸猾甚。」

㉑此句下，丁本有注作「非說有鼇，誇己善用之長耳。他目下全然無人矣。一則歸功於下，一則自侈能容，奸雄之極。」

㉒此句下，丁本有注作「皇上一言，亦洞燭奸猾」。

㉓「嗣後」，丙本作「來日以後」，丁本作「明日以後」。

㉔此句下，丁本有注作「自占地步，亦不淺，所以四十年之尊安，非偶然也。」

㉕「今且」，原作「且今」，據甲、乙、戊三本改。

㉖此句下，丁本有注作「孰謂耄荒」。

㉗此二句，丁本作「幸得留輔數年所乎」。

㉘此句丁本作「只取瀘河以南，至海雲地。」

㉙「須」下，丁本有「為國家」。

㉚「惟清源侯……不成朝廷」，原脫，據各本補。

㉛「琳」，原作「跡」，據各本改。

㉜「特」，丙本作「時」，甲、乙、丁、戊四本作「恃」。

㉝「朗」，丁本作「腆」，下並有注作「一作士朗」。

㉝「完郡公阮完」，丙、丁二本作「院郡公阮俒」。

㉞此句丁本作「一齊應命而至」。

㉟此句丁本作「惟公瑱以癲疾不赴」。

㊱此句丁本作「腆得召疑懼」。

㊲此句丁本作「先以所領部兵印，獻整軍門請降。俒亦使輸銀子請降，人有為詩曰：『正卿恐後兵曹印，者老須先禮部銀；貴國上公今日事，本朝元師舊辰人。』」。

㊳「天下」，丁本作「通國臣民」。

㊴「皆聽專決」，丁本作「皆歸皇上聽斷」。

㊵此句下，丁本有注作「亦善調停，又善別算」。

㊶「平」，丙、丁二本作「上公」，以下皆同。

㊷「請皇上設官……出殿門外」，丁本作「仍請皇上差官分治，朝賀禮成，惠辭退，上命百官送至門外」。

㊸此句下，丁本有附評作「阮文惠此辰尊扶，亦料三百年之國，未易剪除，十三道豈無忠義者，而已無宿謀，孤軍深入客地，惴惴然惟恐進退無路，姑為假意，不是真心，然在我誠能自强，當此視聽惟新之日，覃布恩宥，總攝人心，以固根本；廣求英賢，以為耳目；招募義勇，以為爪牙。選名將，練精兵，拒守沿邊要害，朝廷振整，邊備完固。使西人慕德畏義，不敢正目北視，豈不是中興一好機會。惠與整亦終作南藩之臣矣。惟不能自立，徒然制鄭以激碩、壞諸將

之紛紜。內自宰相紀綱不立，使整以一亡虜，又再得志，遂啓文惠僭竊之心，腥膻異類，占亂華夏，荼毒生民，十有餘年，國俗為之一變，嗚呼，天耶？人耶？」。
㊹「定天下」，丁本作「河北定」。
㊺「南國一土尺民」，甲、乙、戊三本作「南國尺土一民」，丁本作「尺土寸民」。
㊻「空名」，原作「空言」，丁本作「官名」，據甲、乙、丙、戊四本改。
㊼「清儉」，各本並作「儉薄」。
㊽「和」下，丁本有「為萬國之利也」。
㊾「其事」，丙本作「元師有不滿處」。
㊿「尚」，甲、乙、丁、戊四本並作「多」。
51「前」下，丁本有「上手指之」。
52此句下，丁本有注作「好些便宜，媒人問名，相相一齊都做了。」
53「昨日」，甲、乙、丙、戊四本作「昨臣」，丁本作「頃者」。
54「好」下，丁本有「上之願也」。
55「坐」，原作「笑」，據各本改。
56此句丁本作「整卽入奏，上公附耳曰」。
57「我」，丁本作「小名」。
58「山谷」，丁本作「小名」，下同。
59「至」下，丁本有注作「亦是一小禮」。
60此句丁本作「是月初十日，上公命幕司」。

61 「侍郎」，原脫，據各本補。

62 「太廟」下，丁本有注作「納采請期合一禮，男家急遽，姑且從宜。」

63 此句下，丁本有注作「此回有帝女嫁阮文惠，第一回有王女嫁茂麟作引，然鄭王徇艷妃情而勉强，黎帝為社稷計而欣然，美人局自不同。」

64 此句下，丁本有「有曰：『漢有公主嫁匈奴，陳有公主嫁占城，』未足為異也。」

65 「門」下，丁本有「數百步外」。

66 「一如家禮」，甲、乙、丁、戊四本並作「一一如家人禮」，其下丁本有注作「好些南河知禮客，絕勝北河强暴男。」

67 「國」下，丁本有「可保無虞矣」，下並有注作「幸哉！幸哉！未必！未必」。

68 「功」下，丁本有「卽具奏請皇上」。

69 此句下，丁本有「雅樂齊奏」。

70 此句下，丁本有「布誥天下」。

71 「宮」，原作「躳來」，據各本改。

72 「易」下，丁本有「喜怒不形於色」。

73 此句丁本作「緣皇子維褣奔鎮寧，入哀牢稱帝，謀伐鄭，諸皇子皆為鄭王所疑。」

74 「毅祖初立」，丁本作「威王楹初襲位」。

75 此二句，丁本作「會懿宗崩，乃迎帝卽位」。其下並有注作「是辰有䂸先生者，能為析字，斷言人禍如神，有官船遭風沈于海，軍人妻驚疑，就問之。一人曰斜來畫井字，伊曰：無憂也。追暮，又一人來以畫井字，伊曰：死矣！已而果然。或問之，伊曰：日斜乃人汲水辰也，入井則有救，故無憂。暮則無人知而救之，故死也。辰帝在監，手寫景字，使人持問之，伊曰：君象又在京上，為帝無疑。及帝即位，因元景興，後靖王森未立，畫一字於地，問之，伊曰：一土為王也。」

(76)「聖祖」，丁本作「盛王」。又此句下，丁本有注作「非禮於君，輕改其父，不忠不孝，於森兼而有之，不亡何待？」

(77)此句丁本作「帝亦使之晏然，遊觀戲樂。」

(78)此句下，丁本有注作「至誠之道，可以前知」。

(79)此句下，丁本有「天寔命之」。

(80)此句丁本作「吾只此誠寔，以聽天命」。

(81)此句丙本作「匪逆之謀」，丁本作「匪謀逆天」。

(82)此句丙、丁二本並作「遂不敢復言」。

(83)「乃曰：嗣孫人品……忽坐中一人大聲曰」，丁本作「因以此小不好一二事答之，由是嗣孫不為上公所喜，欲緩登極之禮，朝廷諸臣相視憂懼，一日會于乾壽殿，諸皇親中有一人正色言曰」。丙本作「由是嗣孫不為上公所喜，欲緩登極之禮，朝廷相與憂懼乾壽殿皇子中，一人正色言曰」。

(84)此句下，丁本有注作「國家大計，專責一女，斯亦危矣，亦大可哀也。」

(85)「乃」下，丁本有「備衰冕」。

(86)此句下，丁本有注作「族固不情，壻亦無味。詩云：『凡民有喪，匍匐救之。』況於婦翁乎。」

(87)此二句，丁本作「治喪既畢，有告于上公者」。

㉘此句下，丁本有注作「何有於翁壻」。
㉙「棄而去」，丁本作「我試捨之而去」。
㉚此句下，丁本有注作「第一回有鄧蕙以入廣南嚇其夫，此回有阮文惠以歸西山怵其妻，誅心可笑。」
㉛此句下，丁本有「族以夫誤國責，夫以族屬己責，公主一身，百責所萃，可謂兩難。」
㉜此句丁本作「上公飭整喪祭諸儀」。
㉝此句丁本作「又命幕僚詣殿庭奏知上皇」。
㉞「致辭而還」，丁本作「致辭，西山王輒過郊門，趨而不答，使從官答曰：『寡君以為嗣皇過禮，恐駕遲或勞貴體辱顧，反以失禮遺寡君，故趨去，請御駕還宮，來日閒暇，請與相見，遂匆匆而去」。
㉟此句下，丁本有「鑾弟未還兄再到，主人有禮客無情。」

第六回

西山主潛師返國❶ 東洋侯倡義扶王❷

却說西山主於順化初潰時❸，得平捷書❹，言「臣等遵奉廟謨，肅將明威，順化底平，天下振動，今北河將惰兵驕，勢有可取，臣謹便宜先委右軍阮整提前部舟師直趨山南，臣現當收拾沿海各處人民❺，打點丁壯以益兵勢，刻日蕩定北河❻，其順化城關已奉留臣弟東定公鎮守❼，伏乞頒下詔旨欽行」。西山主見書，喜其成功，惡其專輒，知平頑狡，恐他定了北河歸來必驕，勢難復制，自念世生南河，得順化舊疆足矣！不欲併取大國，縱然取之，亦不可守，萬一蹉跌，所失不細。急使人持書止平勿前❽，至則平已親提大兵乘南風北向去了❾。西山滋不悅，越六月二十六日，京師潰，平具捷書馳入西山報捷❿，書內言「臣前欽奉便宜蕩定北河，伏賴王兄威聲⓫，一舉而捷⓬。鄭氏既滅，天下為一，臣曲徇國人之願，扶立黎氏，以安衆心。今國內初定，臣請休息軍士，權留其國都，綏集百姓，措置控制便宜，待秋冬順風，臣謹奉旋師歸國」。其書七月十四日至西山，西山主大驚，沉思平屢立戰功，已長其驕傲，他手握重兵，專制萬里，文任與整皆勇智之將，已為他所驅策，縱他翺翔居外，久後必惹出許多不好事來，他如此勢頭，不可以紙書召，除非身來逼他回，是「縱虎出圈，終非可馴之物」。卽日自帶侍衞兵五百人直趨富春⓭，增調富春兵二千餘人⓮，倍道而行，直望京師進發⓯，軍行造次，兵色蕭條，人不知是某軍官名邑

⑯。至乂安會統海門，有村民⑰以海物入謁，言小民見大官經過，有不腆微物聊表寸誠。西山主性樸實，言辭無文飾，曰：「臣非是大官，臣是南河王，外族慣呼為卞吏岳的。諸君厚情見臣遠行，乾餱素食，以甘旨餽，多荷多荷！」復匆匆而去。忽見數十人只着腰袴，各執竹筒擔子，赤身立於道旁候西山主過，呼曰：「臣等歸南⑱，被掌進索買路錢，盡掠了財貨⑲！」西山主曰：「他在那裏？」曰：「他得財忙遽入山間去！」西山主使人追之，纔入險中，那數十人各拔筒中藏刀，大呼曰：「爾識得我輩麼？我輩是掌進手下的名目，故來斫爾輩紅毛頭！」且呼且斫，衆刀亂起，南兵走散，西主大驚。自是途間不敢宿於民家⑳，只就曠野外張幕而臥，其軍皆露宿㉑，比及至京師，盡是一團鳩形鵠面，不是王者容儀。天下傳言西山城為阮家所破，失守而來；或言平用詭計，詐取一人假作王兄以益其勢，天下豪傑與擁帶州域，潛畜兵馬者，各欲究其虛實，以圖取之，而莫知其情。西山主初至京，平出郊迎謁，謝其專輒之罪。西山主曰：「將在外，苟有益於國家，專之可也！北河可取而公能取之，此乃用兵之神妙處。公跋涉萬里㉒，闢土廣地，如此英雄手段，誠非兄之所及！第伐人之國，懸軍深入，一朝革舊㉓，萬姓為仇，兄有意外之虞，故匆忙遠來與公分念耳！」乃聯輿入城㉔。及至府中，平携其婦公主來謁，且以實對，西山主曰：「緊西山主弟為南國帝甥，門戶相稱，好哉姻緣！」又謂公主曰：「如此貴人，眞不忝吾家弟婦！」溫存問答一如人家兄弟。久之公主辭退，平具帷帳於正寢宮㉕，請兄居之，而己自退居麟閣。平所領諸軍各隊伍已一番更換，至是亦將兵符納于其兄，西山主操得兵柄，仍舊布置隊伍，而其始更換者佯若不知㉖，官軍又惟大君之命是聽，於是密與平定歸計，平只得順從，諸將惟武文任得知，整不與聞也。

　　却說整初入京與文任同居五龍樓，任在樓前，整在樓後，整素是本國人，多所諳識，國人亦惟知有整，官吏士庶有來謁者皆入整門，樓後如市，而任所居樓前沒有一人來者㉗，任意不悅，整使其初附之吏居任門，延客於任，而客亦不來；整不得已，凡客來見整者，應酬訖，整使人要其客并贄禮送至任門，而任終不悅。整乃遷居于仙跡寺。任譖整於平曰：「彼以逋臣投我，欲假我之力而復其師之讐，以甘心於故國，我萬里馳驅送彼歸國㉘，爲彼畫眉畫面，彼既得志而爲國人之趨附者，或探阮家天姥寺浮屠對聯云：『虎自西山出，龍從東海來』。以公爲虎，以彼爲龍；虎離山而失勢，龍出海而飛騰。彼不惟不爲我用，且有不逞之志，今我糜數萬人坐食於此㉙，衞彼以成其勢，此不智之甚也！臣聞國人怨彼太深，所以未起事者，徒畏我耳！我如舍彼而歸，國人必爭噉彼之肉，且彼常言，北河人才惟彼一人，彼死我取北河更爲帖泰。」平信之，雖待整外貌不衰，而心中疑之。南兵亦以遠行怨整，日夜望平殺之，知平必置整於死，侮整形於口頭，國人有附整者，或帶整兵符而越禁地㉚，南兵詰之，應曰：「某有右軍官符信在此！」南兵曰：「右軍是誰？毋乃阮整耶！須半月後，看爾右軍。」整聞之，遂貳於平，且知平早晚必去㉛，已不能獨居京師，潛有割據乂安之志。密言於帝曰㉜：「臣帶他來只爲尊扶，今事既成，臣決不復從他，料他必歸㉝，他歸後，乂安便是豺狼藩屏，願陛下假臣鎮守南河一面㉞，臣請自當。」及聞西山主出㉟，整意西山主必奪帝位而據其國，將靠西山主以自全，乃預請帝以璽符迎降，促朝臣急修降表，朝議連日不決，莫敢先下筆者，及西山主至，皇上親迎於南郊，皇上立門闕內，使皇親清派侯跪于道左，代致辭，西山主駕過郊門，趨而不答，還使，使答曰：「寡君以爲嗣皇過禮，恐駕遲，或勞貴體跪拜，反以失禮寡君，故趨而去，請御駕還宮，改日閒暇然後相見。」上知西山主猶有優假之意㊱，既還宮，不復議降。次日西山主設坐於府堂，西山坐榻在正中，皇上坐几在左，平座几在右，侍衞甲士兩行嚴整，爲兩君相見之禮，不拜，皇上御駕至府門，西山使從官出迎，皇上步至陛前，西山主起立于榻側爲敬，使平降階迎之，延至几坐，坐定。問曰：「嗣皇春秋幾何？」從臣代答之，因言曰：「敝國君黎氏遭鄭氏僭奪，冠履倒置㊲，幸賴聖上至仁大義，命將出師，爲敝國君整頓皇圖，現今南國土地人民皆聖上再造，聖上若收幾個郡國以爲犒賞，敝國君一惟所命！」西山主曰：「臣聞太祖開拓南越功德如天，臣僻在南海，亦在太祖開拓宇內㊳，臣念强臣脅制，故爲尊扶之舉，若是鄭家土地一寸不留，至如黎家土地一寸不敢取，臣以中國初定，尚煩經理，故來相助，四方平定之後，臣兄弟復歸本國。惟願嗣皇奮發乾綱，保安宇宙，與臣國世睦鄰交，此乃兩國之福！」從臣復代言曰：「聖上念及先皇帝功德，幸爲續統㊴，使臣列先皇帝基緒不絕㊵，實惟聖上之賜，功德無窮，敝國君臣請世睦鄰好，不敢違越。」西山主乃命烹茶㊶，分進從容，皇上辭歸，西山主起立作別，平送至階下，西山主從之，欠身却步而返，使從官扈皇上出府門外，皇上登轎還宮，命朝臣入謁，西山主徧問官職姓名，諸員對訖㊷。西山主曰：「臣聞安南國進士最貴㊸，諸公得非進士耶？臣將言于嗣皇，請數員帶歸本國以敎國人，諸公肯相從否？」諸朝官對曰：「臣等惟敝國君所命，東西南北敢辭㊹！」西山主曰：「諸公初見臣突如其來，曾疑臣否？」對曰：「聖上既命上公扶立黎家，此事已明白㊺，臣等復何敢疑？」西山主曰：「疑臣者愚也。鄭王勤師萬里，兼併順化，以大害小，致有今日之禍，鑒豈在遠，臣若利南國，以小害大，其能久乎？縱及臣之身能保之，子孫亦未必能保？臣豈愚而養此禍胎耶！臣兄弟不久且回，諸公當輔佐皇家以安天下，兩國睦鄰，永堅和好，以共享太平之福㊻。」諸臣咸稱曰：「傳云：『聖人不勤遠略。』聖上慮及此，越出有常萬萬，第臣國君年少，未堪多事，臣等亦皆庸才㊼，聖上既爲存其國，幸姑留此，俾臣國君臣藉其威力，待四方既平，紀綱再造，御駕凱還未晚。」西山主曰：「縱歸也亦在年月，豈在旬日耶？諸公勿慮。」朝臣拜謝而退，私相議論，或以為他言是眞；或以為他言是假，大約算他留與去二事，虛虛實實，莫能探得的情。

然國人識破不識破，他都不管，單整是他黨中人，又多狡詐，他每多方駕馭之，時西山主歸意正忙，而外示以閒暇，命整擇吉日，具禮謁告太廟，整請以中秋後，西山主許之。又因說及平婚娶事[48]，謂整曰：「七郎來卿媒得佳婦，偏我獨無？」整曰：「恐聖上陋北河女耳！若聖上包荒，定不難事[49]。」西山主笑曰：「然則卿尚債我，須早償之。」整見其辭意閒暇，由是放心，乃辭西山主而退[50]。十七日西山主密令水步諸軍[51]，各各暗行裝束[52]，平恐整在外見形生疑，召整入侍，從旦至昏，外從不得入，外信不得通[53]，整茫然無知，入漏始放出，及整回家，人或以語整，整且疑且信，曰：「吾終日對語閒暇，怎有如此狼狽？」迨夜二更，西山主密使人叩殿闈辭奏皇上，改日旋師，整不得知。先是十餘日，每夜金鼓喧天，入漏初二更，金鼓聲猶點點，三更以後寂然無聲，京中每至夜半，疑西兵暗去，及早見軍營宛然[54]，是後日以為常，驗更鼓亦無所準[55]。西山兵法，夜禁最嚴，整探子夜不得出，是夜五更初，整探子夜冒禁而行，經斥候數店，且行且聽，不聞人聲[56]，轉步至府，四顧無人，只見殘杓破罾[57]，橫斜委棄于路上，急赴河津，一望渺然，惟水與天，百萬樓船不知從何去了？探子回報，整茫然，自料失勢，不敢留，水也無船，陸也無兵，竄也無所容，不知從何取路？其家人皆驚惶[58]，整在死生危懼間[59]，猶作戲語曰：「吾行遍四海九州，及歸竈下時，又被鼠咬足[60]，不怕不怕[61]，吾且留此，看看如何！」於是家人稍定，整乃密使人急往箕舍津覓舟，平明覓得得商船一艘，整與手下數十人，行至西龍塢門，都人四出追之，整單刀返逐，都人四散。整偷得一條路赴津[62]，放舟順流，尾南兵望海門而去，賫裝車馬器械，委棄于仙跡寺不可勝計[63]。平旦有人以事奏聞，上不信，使人驗之，果然。上駭愕，命召衆官入朝，謂曰：「他兄弟盡掠我國而去，以空國而遺我，倘有警急何以制之？」衆官相顧未知所言[64]，左右奏曰[65]：「昨日欽傳，今日設朝，今乘輿已駕敢奏聞[66]。」上問衆官曰：「朝將輟耶？」衆官曰：「皇上出朝，下詔改元，此是大禮，何故而輟？」上乃出朝，取勅書頒布播告改元，以明年丁未爲昭統元年。勅書內所言，一則曰賴貴國王；二則曰賴貴國上公，語脈皆爲西山主尚在之文，又多數鄭家之咎。或云：「他既歸去，宜盡改之，然倉卒不及，宜仍用之不改[67]。」朝罷，上命衆官會朝堂議事，原來上性英果，久厭王家脅制，又與鄭王有不共戴天之讐[68]，得西山滅鄭甚喜[69]。端王薨，時上爲嗣孫，先帝命上率諸皇子詣平作賀，上謂平曰：「孤有父讐，而公爲復之，此生更無餘願，縱此身沒於貴國，亦無所憾！況公又爲扶立，使得長奉宗社[70]，功德何可名言？」平曰：「天道好還，先太子遇害，皇孫固宜享太平一統之福。」及先帝崩，上卽位，慨然以一統自任，欲因南兵會扶，自起威勢，南兵未歸，已陰蓄儲翼，使諸皇親各歸外貫，招集兵馬，以備調用，又招延士類，引致帷幄，得文屬吳爲貴[71]、武楨、阮倆等，日夜與之籌畫，凡所以備倉卒之計者，靡不算及。時天下名將碩郡公黃馮基、璉郡公丁錫壤，文臣有勇力者有楊仲濟[72]。

且說黃馮基自翠靄之敗，走歸山西，隱晦未出，壤潰師山南歸錦江，盡起其族，據海陽鎮，其鎮初未受兵，城中尚有公粟五囷，壤散以養兵[73]，招得勇士千人，聲勢大振，水匪名僉蓮亦以兵屬，有衆至數萬。整入京時，以京書招之，原來整與壤同居嘩郡門下，素相得[74]，壤爲書答整，推托不來[75]，整亦不暇問，壤因得專制一路，日夜治兵[76]，仲濟文臣原不知兵，有其兄子楊雲性素凶悍，常聚無賴子弟，橫行鄉邑，人皆畏之。及南兵出，雲陰召鐵匠繕治兵器，平使人求鐵匠，并捕雲黨，雲閉里門盡殺之，濟懼，不得已，乃起兵揭旗，據嘉林縣[77]，旬日得衆萬餘，西山遊兵擊之不下，西山在京時，京中咸言東西兩道會兵，不日且至城下，及西山潛師而去，城內虛空，衆官議召豪傑保衛皇城[78]，凡有所諳識，皆請旨召之，發旨傳一日至十餘道，壤與濟亦皆被召，上以濟文臣，聞命必來，惟壤武人，頗有名望，不重其命，未必能致，乃爲勅書召之[79]，辭極溫慰，且許以元勳同休等字，使人賫敕至壤，壤讀而泣曰：「臣家十八代郡公[80]，國恩不薄，戴覆天地，豈敢背恩？臣今尚有三五人相隨，亦是蒙我皇家威德。臣奉詔旨，合當卽日赴闕[81]，但臣方打點兵馬，整束行裝，請假臣三五日，謹當趨朝。」乃具奏本，使人隨使者至京上進。壤未至京，京中沸騰，言壤以水師襲南兵後，擒獲無算；又言壤擒得整，斷其手足爲人彘形，旦夕且送至京；又或言已至京師，人爭走觀之；一日四五鬧，如是者連日，凡聞壤名，莫不震服，想望。上得壤奏，見壤忠愛溢於言表，大喜，以爲壤必可恃，心下少寬。

却說王家被虜挾其主師而去，其故家遺臣，或惜端王之不善藏匿，而其心未嘗絕望於鄭也。端王元子尚幼，王親卿郡公鄭橋已老，惟琨郡公鄭槰、瑞郡公鄭棣[82]，皆年外四十，琨郡裕祖之子[83]，爲人慈和寬厚，爲衆所屬，聖祖晚年[84]，嫡庶紛紜，嘗欲使鄧氏養爲子，奠都王病或不起卽立之[85]，更不果，及端王時，驕兵累欲立逼迎於家，琨郡逃入王府，自白於王，而後歸第[86]。瑞郡毅祖之子[87]，聖祖之弟[88]，爲人明慧機智。毅祖時，嘗有奪嫡之志，毅祖薨，聖祖立，瑞郡公與其家臣，丁丑科進士范輝基謀爲篡逆事，爲楊仲濟所發覺[89]，聖祖以至親減死罪囚之[90]。端王立，以其姨母之親赦之[91]，及驕兵怨端王，瑞郡又使驕兵謀奪端王之位而自立，其事又發，太妃以娣子請於王[92]，王曲赦之[93]，琨郡時避居彰德縣，一婢一僕沉於民伍，爲久隱計[94]，瑞郡時避居文江，與辰忠侯[95]，潛招兵馬，侯釁而起。這辰忠侯乃瓊瑛太長公主之子[96]，於瑞郡爲舅姑之親，初中進士，歷典禁兵，又鎮京北[97]。至是起兵以「勤王」二字揭旗，擁瑞郡渡河，從青池津而上，至西龍宮，時仲濟兵應上召適渡河而來[98]，恰與瑞郡兵相遇，仲濟初舉進士[99]，以贓罷官十餘年，及發瑞郡之逆事，乃得復職[100]，至是仲濟見瑞郡大懼，乃以其兵降求贖前過，瑞郡命二人駐兵城外，鳴金擊鼓[101]，聲勢大振。上聞辰忠來，翺翔于外，使人召之，辰忠入見，上謂曰：「卿家世名將，起兵入衞，朕已稱其忠，卿將兵入城，朕隨事任之[102]。」辰跪奏曰：「四海之內莫非帝臣，陛下垂拱無爲，何事兵衞，王家不幸，爲蠻兵所戕，正急於兵衞也[103]。」言訖，拜謝而出。上命鎮殿將兵追斬之[104]，左右固諫，乃止[105]。辰自語仲濟曰：「從來王家傳繼，何曾先稟命皇家，往事定然後奏聞，其敕諭與册封，亦皆夙成[106]，進皇上御覽乃遞歸王府宣行之，便是成命。何事紛紜祈請乎？乃急整軍伍迎瑞郡入城，時日已暮，迨漏下二更始至府，張燭府堂[107]，鳴鼓三通九點，扶瑞郡登坐，兩員自分兩班拜賀訖[108]，使諸軍歡聲[109]，乃分兵諸門，及畿內提領斥候諸店，更直一如舊例。旦日使人召文武諸臣[110]，文臣完郡公泗川侯韜忠侯建川侯練堂侯與進士二三員[111]，方在朝堂，聞名相謂曰：「瑞郡生來已三舉事而不成[112]，其人心志如此，定非令器。辰忠膏紈子弟，平生只是厭厭夜飲[113]，醉倒一覺紅日含山，一日剩得幾時應天下事[114]，而更欲爲大臣，仲濟昔反瑞郡[115]，今復扶瑞郡，亦豈廟堂之君耶[116]？如此大事，而不上稟帝命，下合衆謀，乃俯首瞑目而獨行之，豈有成事之理？皇上英睿剛斷，料他輩必不能脅制[117]，不可輕赴，後悔難追！」乃使吏復辭于辰忠，仲濟曰：「朝臣未得命於皇上[118]，未敢擅詣，請二位長官啓王，修本請命，朝臣謹當欽奉皇上命，入侍拜賀[119]。」濟乃擅奏本曰[120]：「臣鄭棣謹奏：臣家世嗣王基，尊扶帝室，頃因蠻兵入寇，宗祀顛倒，幸賴忠臣義士一心翊扶，蠻貊聞風潛遁[121]，臣已於本月初十日入居政府，伏乞頒下勅諭[122]，俾臣得嗣王位，世世尊扶，以保萬年，惟帝惟王之業[123]。」上覽奏大怒曰：「鄭家以下凌上，自取敗亡，今復蹈其覆轍，將欺朕年少耶！」時皇上所招兵衞，現至闕下者數千，左右咸勸上曰：「他不過張大聲勢而已，我但嚇得他恐，可從而乘之耳！他有手下二萬[124]，我不下數千，兩下相攻，直欲吞也未易下咽[125]，大凡國內之民，雖所在各隨其豪目唱率而起，固有彼此之分，然遵帝之心也，若抗帝以爲事，決無一人敢從。今瑞郡不肯入朝拜謁而偃然居府，未得上命而遽請敕諭，若容易許之，將來勢頭不堪，請且責以一拜便立，料他必不敢來，事遲勢解，辰忠仲濟二人虛坐府中，作排優文武戲，畢竟不得多時[126]。」上從之，乃命爲旨傳諭仲濟，曉以故事，立王當親受命，後隆以不拜不名之禮，使內翰黎有諧賚傳至府[127]，仲濟看訖，對使者裂之曰[128]：「怪哉！吾不見何朝何代立王而帝敢牽阻如此，必幾個拜鑾的狂漢，恐立王後，王問彼罪，故爲帝唆爾[129]，吾何事祈請，只好提兵來捕盡唆者，單存木位，看帝立也不立[130]！」又謂使者曰：「使者歸奏皇上，曰：『王還爲王，帝何所損？』請且立之，後謹當拜[131]。」使者歸奏，上大怒曰：「他侮我太甚[132]！又何以吾命爲，任他自爲之，饒他一拜。」朝臣聞之，莫不震慴[133]。會有琨郡奏本上進，言：「臣先祖佐先帝中興，蒙天子策勳厚答，錫以王位，近代專久生弄，悖理反常[134]，以墜祖宗之業，今聖天子一統天下，包含覆戴，以天地爲心，不忍絕臣家宗祀，臣忝以鄭氏嫡派避難居民家，眷懷宗廟[135]，夜夙輾轉，第未奉詔旨，未敢入城[136]，冒瀆宸衷，伏候進覽。」上見表大悅曰：「吾聞琨郡爲人極有禮讓，信然！」乃付下朝議，朝臣諸員聞琨郡在彰德，蹶然有興之勢[137]，乃勸上傳旨召之，琨郡得旨，乃分部曲士馬刻日而出，官軍吏士爭往迎之。辰忠仲濟聞之，心鼻已奪，衆心頗搖，乃自卑屈，使人奉請以瑞郡進拜，上許之。使者出，上乃命伏兵於近壋橋邊[138]，俟瑞郡與辰忠仲濟來，分道捕往問罪，瑞郡卒不敢來，仲濟知事不濟，言於瑞郡請與辰忠分道禦琨郡，濟兵禦射場塢門，辰忠兵禦社壇塢門，濟密使阮茂倆領兵請降[139]，倆行至仁睦社，遇琨郡前兵，使其徒倒戈於地，合手加額，立於道左，琨郡轎至，倆遂跪下述仲濟意，琨郡納之，使倆爲前部選鋒。行至博舉試場樓下遇辰忠軍，辰忠軍直向射之，倆軍皆坐以避彈，辰忠趁至，倆軍齊起，向前直趨辰忠軍，辰忠見濟已降，皆棄戈而走，倆軍與琨郡軍乘勢追至南同寨[140]，斬獲數百人，辰忠敗走入城，諸軍皆潰[141]，瑞郡與辰忠仲濟不復相顧，各隻身而走，望翁聖塢門而出[142]。琨郡入城[143]，濟兵在射場塢門內，外爲琨郡兵所扼，內爲內殿衞卒所截，濟兵無走路，乃死鬪[144]，刺皇親墜[145]馬而死，上命將兵圍捕盡殺之，流血沒踝[146]。時九月十四日也。

却說琨郡來勢亦甚峥嶸，上但信其恭順，將撫循而陰揉之[147]，至是入城，上命於萬壽殿引見，琨郡入見，行五拜三叩頭禮訖，上賜坐謂曰：「王家二百年尊扶，功在皇家不淺，朕思厚之！王親無如公賢，又爲嫡長，承邑之任[148]，朕本待公。」琨郡奏曰：「臣本凡庸，性喜恬寂，遭家否運，自分幽廢，披緇投禪，以全餘生，幸皇上聖謨默運，國難隨清，臣復得覩天日[149]，皇上復念臣家先祖，不忍絕臣，臣請歸朝俟命，此生陶鑄惟上之恩！」上曰：「善！」因問曰：「然則已擇何地止其趨從否？」對曰：「有府亮猶可以蒙蔽風雨，臣請居之。」上意不欲其居府，乃曰：「公舊第宅無恙否？」對曰：「臣家窮僻，烽火不及，又但被市人抄掠，殘破無餘。」上曰：「端王太妃與諸王子何在？」對曰：「倉卒之際，人各東西，及稍定始訪知，今在山西彥嶺之家[150]，聞王子三人，其二已殤，惟元子在爾。」上曰：「端王昔厚於朕，朕深爲軫念，嘗使人省其墳墓，具禮吊慰，常訪太妃與王子音信，今始得其詳，可使人迎回，朕將有以厚之！」琨郡曰：「唯。」從容拜謝而退，過府門入省宮廟，慟哭久之，復命駕將歸亮府。其臣下曰：「天下臣庶迎公來此，誠願公居府爲王，以希咫尺之功，今公遜府而不居[151]，衆將謂王子乃還王子耳，人情解體[152]，大兵一散不可復合，僻居亮府，不若久居彰德，爲清閒人，何苦調許多人來此爲耶？」琨郡乃留府中，居于澤閣，爲奏本曰[153]：「臣謁家廟，見其香火冷落，光景蕭條，徘徊不忍捨去，臣請權擇廟旁一屋居之，庶得朝夕瞻拜[154]，以萃祖考之靈。」封奏，上知其情其勢未可禁，謂左右曰：「若欲居府便得爲王，瑞郡又不除矣！這既破之巢，彼去此來，囂塵汚人，恨不及西山初去時，一炬以了之。」次日上命朝臣廷議册封，上意欲封以國公爵，而祿則厚之而已[155]。朝臣見其擁兵居府，必不肯虛坐，且看天下所趨之勢，想抑之使勿大也不得，莫敢自先議，或請上曰：「王家文祖初受封爲節制水步諸營平章軍國重事國公爵，請按此故事則有所據。」上乃命以國史頒下，令省節制等字，廷臣未敢決[156]，會璉忠丁錫壤應勅而來，步兵三千駐鉢場[157]，號三萬，水船三百艘，軍誌以東江爲號[158]，凡聞璉聲勢多歸附之，至是帶輕騎數百人入城，揚揚有渺視天下之色，上以璉來與琨郡來適相值，恐璉懷不平[159]，引璉入見，慰諭溫存，璉亦陳自己忠愛之誠。上謂璉曰：「卿既來此，可畢衆入城以衞京師。」璉拜謝而出。上命璉出朝與衆官議事，衆官以國史故事語璉，璉曰：「臣武人不識文學，不知皇上待王家是厚耶？薄耶？」衆官未敢答。阮翰曰[160]：「王家不能守其宗廟，皇上存之如此亦可謂厚。」璉熟視之曰：「公是進士耶？」曰：「是。」曰：「某科？」曰：「巳亥盛科[161]。」璉默然而出，衆官各各並退。

是日琨郡手下欲藉璉聲勢以速成事，請琨郡召璉來相托，璉辭曰：「臣爲黎鄭臣，惟知黎鄭，豈有他心？公來此封爵未定，臣握兵適來，今若見公，或公得爲王，來日定議於朝，或微有異同，人將謂臣於公有私，請俟成命，拜見未晚。」次日，上命封璉郡公爵，使內翰黎有語諭璉以一心皇家成一統之事，璉曰：「臣受詔而來，惟願聖天子居上攬權，一統四海，天下之福[162]，臣敢不竭力以効愚忠，但前日失律喪師，以致國事至此，陛下既赦臣罪，已爲萬幸，今王嗣未定，而臣又先受封爵，公議謂何？臣事陛下日長，且請進還封命。」語因以國公之議問壤以窺其意，壤曰：「聖天子不乏智慮，第稱王家功德而酬之可也。」語歸述壤意，請依文祖故事，乃命朝臣議封琨郡公爲節制水步諸營軍國重事，琨國公，給兵三千人，田五千畝，民二百社，以奉王祀。朝臣以上誠意語壤，壤無異辭，乃上進御覽[163]。上以文祖初受封如此，後又進爲王，恐不先明白，久後更生議論，國公爵之議既成，上命朝臣爲勅諭，顯言從今以後世襲公爵，朝臣依命行之。此等字壤所不預知也。明日命官賚勅就府，授琨郡訖，乃命揭勅書于大興門外，以示天下。壤見世襲公爵等字，忽言曰：「以公爵爲初命猶爲有理，今以公爵畫定，敎王家子孫永世繼述其祖宗[164]，豈有此理？此回賊來，帝得尊扶，文武諸臣無一人失其爵位，王家獨何辜[165]？看坐朝幾個面目，誰不受王家深恩，而以巧文迎合乃爾，殊太輕薄，他以巧文名，我還以巧文鬪，看看孰勝？」乃爲曉揭示曰：「邯江丁錫壤肅達于文武諸貴台：今奉勅旨，立國公以奉王嗣，如衆情已妥，應各詣府拜賀，或念王家功德別有奏請如何？當共會于西龍宮與某商議，修表上奏，伏候聖裁，以副天下之望。」初國公命下，衆咸以爲此事聲口未息[166]，至是壤先衆爲此會，以奪頭功，而戒濟等粗莽敗事，亦不敢以勢脅，朝臣之從帝者，朝臣初見壤，只坐觀其左右，以卜其輕重，見壤爲此會，不敢從壤，而心畏之，亦懶於從帝，帝雖決執前命，不肯加減半字，而心腹獨運贊助無人。時文班赴壤會者，有吳仲珪、阮文歷[167]、阮宗腆[168]、阮輝炤[169]、阮廷韶、潘輝益等六七人，衆官在會，壤大設酬宴。宴畢，謂之曰：「國公之命，諸公以爲何如？」仲珪曰：「二百年有帝有王，王家功德未應一敗而絕，帝年少思慮未周，附和帝意，爲此無理之事者，吾黨之過也！這回整頓非公不了[170]！」壤曰：「僕會諸公[171]，亦正爲此，僕欲奏請行之，諸公叶否？」衆咸曰：「不叶者不來，來者自無不叶。」壤曰：「諸公既叶，可修奏本，令臣上進，上雖欲不許，臣彊請要得成命始休。」武班阮嘉權[172]曰：「濟等未嘗無奏本，只待得請，故卒敗事，今文武在會，如此直入府中，便成朝廷，朝廷成，自然大勢歸，看看左右店空還空，到此復何待請？」壤曰：「僕爲此誠不難，但念王不受於帝，順則未順焉！且諺曰：『誰能穿衣而越於頭。』故欲以正道順之，臣不比濟等烏合，爲人所棄，若奏請時，想坐朝中的諸老師撓臣也不得[173]。」乃修奏本曰：「今欽奉皇上陛下軫念王家，存其宗祀，賜以公爵，世守蒸嘗，臣民莫不感慨！第王家自太王以後，蒙天子賜以王爵[174]，頃遭國變，先主端王既以身殉國，國難清夷，奉皇上聖德包含，諸臣皆不失官爵，獨王家更被降封，臣庶心且不安，伏乞賜琨國公加封王爵，以慰臣民之望。」上覽奏怒曰：「必要王以脅制我，然後快耶！若安於臣道，公與王何擇？且命纔下而遽欲改之，天子不是兒戲[175]！」朝臣自思扶王無與，贊帝不成能，各欲捧身而去[176]，泗川侯入奏曰：「以王脅帝，亂根所生，亂已至此，彼猶蹈而行之，亦是天心使然！壤武夫，不可以義理曉，請奉旨詣琨郡，使自降心遜讓，國事猶或可爲。不然，此回一亂，非臣等所能回斡[177]，皇上幸赦臣罪。」上許之。泗川侯乃往說琨國公曰：「臣受王家深恩，非不欲厚於公[178]，但此回國變，乃乾坤開闔一大機，凡事不可膠固，今以繼傳而立，强天子所不欲而行之，無道莫此爲甚！臣等義當言，故爲公言之，公若忽略臣言，後回之亂，將不可救。傳曰：『國有道則仕，無道則隱。』臣等從此去矣！」琨國公曰：「僕自知庸常，何敢至望？這是壤等唱率，僕本不與，惟上裁斷之，諸公可爲僕奏聞，皇上燭照此心！」泗川侯見其言推托，歸奏曰：「此事臣不能斡旋，用臣無益[179]！」乃辭去。壤聞之曰：「深眼長鬚卽去矣！省一老唆。」至是兩店一空，在會幾個來坐朝一般人，皆壤之黨。上謂家臣曰：「吾無助矣！雖然彼亦豈能將衆脅我，我不聽，看他奈何？」時泗川侯已去，亦依前命，凡兵民皆無所增益，內翰文屬在左右者，恐壤見罪[180]，多勸帝許之，帝皆不聽，壤亦惶恐爲密奏，請假以王號而權歸皇家，表內辭極婉媚，壤復面請，上始回心許之，封琨郡爲元帥輔國政晏都王。命朝官阮瑜賚諸晏都王[181]，王受命親上拜謝，歸府使人打府堂鼓三通九點，卽王位，時九月十九日也。

王既立後，其左右勸王照故事，置參從、陪從、掌府、置署府諸員[182]，以做朝廷，看前日會西龍諸員面上，請某人爲某職，分布已定，壤自以前日奏言如此，而驟自翻覆，恐爲罔上太過[183]，遲回未敢出命，上亦執前命改參從爲平章，陪從爲參知，添差爲簽封[184]，而左右店爲議事堂，責壞以急擇官[185]，請旨刻日會議事分設，但壞意未定，於是逡巡不決者累日[186]，忽報碩郡公自山西鎭盡發諸縣兵，有衆數萬，兼帶興化藩目丁公相、丁公貞等土兵來[187]，正是

彊中更有彊中手　意外須防意外虞[188]

未知碩郡來意如何，且看下回分解。

【校勘記】

❶「主」，丙本作「王」，丁本作「寇」。

❷「江」，丁本作「洋」。

❸「主」，丁本有「居歸仁城」。

❹「平」，丙、丁二本作「上公」，下同。

❺「沿海各處人民」，丙本作「海內」，丁本作「諸海門船艦」。

❻「日」下，丁本作有「啓行」；「北河」，丙、丁二本作「河北」。

❼此句丙本作「臣已差人留守」。「公」下，丁本有「哲」。

❽「急使人持書」，丙本作「遣將馳書」，丁本作「卽遣使馳書」。

❾此句下，丁本有「使者還報」。

❿此句丁本作「上公具書復遣使馳回歸仁城奏捷」。

⓫此句丙、丁二本作「仰仗王兄威靈」。

⓬此句丙本作「蕩定河北」。

⑬「富春」，丁本作「順化」。

⑭「人」下，丁本有「刻日北出」。

⑮此句丁本作「不拘雨夜」。

⑯「人」上，丁本有「所至處」。

⑰「會統海門」，丁本作「渡青龍江」。

⑱「歸南」，丁本作「行商」。

⑲此句下，丁本有「願官軍救之」。

⑳「大呼曰：『爾識得我輩麼……不敢宿於民家』」，丁本作「大呼：『爾輩識我是掌進的黨徒麼？』乃舞刀亂斫。西兵不意，大敗而走。原來掌進乂安人，平生挾氣，武藝稍精熟，不事產業，鄉里號為無賴子。及西兵北侵，乂安受害，甚於他處，進不勝忿憤，專以誅西山兵為事，乘機設詐，用奇無窮。常詐為橫渡舟子，船艤于岸，候西兵行，滿載掉至中流，卽破船尾所鑿大孔水入船覆，己自挾棹浮江奪岸而去，西山兵多被溺死。又聚其徒數百人，詐為送葬禮，西山聚而觀之，因以酒食款接，乘其半醉，盡縛而斬之。或詐為輸糧，擔負夕至，未及料量，乞假宿屯內，夜起以火焚其屯，殺其將士而去。進名震州邑，西山聞之股慄。西山王初出，未知端的，是以中了他計，自是益懷驚疑，途次行坐，不敢入宿民家。」

㉑「宿」下，丁本有「飲食亦不如常」。

㉒「萬里」，丁本作「關河」。

㉓此句丙本作「一番搶掠」，丁本作「一番搶攘」。

㉔「聯輿」，甲、乙、戊三本作「聯轡」，丁本作「相與」。

㉕「具」上，丙、丁二本有「供」。

㉖「伴」，原作「陽」，據丙本改。

㉗「沒有一人來」，丙、丁二本作「寂然」。

㉘「欲假我之力……送彼歸國」，丙本作「欲甘心於故國，假我之力，聚糧萬里，送彼歸國」；丁本作「欲甘心於故國，假我之力，以成之，我裹糧萬里，送他歸國。」

㉙「我靡」，丁本作「又聚」。

㉚「符」，原脫，據甲、乙、丁、戊四本補。

㉛「且」上，丁本有「而輸情于皇上」。

㉜「密」上，丁本有「乘間」。

㉝「必歸」，丁本作「處此不久」。

㉞「鎮守南河一面」，丁本作「以鎮守之命，南陲戒務」。

㉟「及」上，丁本有「帝領之再四」。

㊱「及西山主至……上知西山主猶有優假之意」，丁本作「及西山王至，帝匆忙出迎，西山王約以明日相見，帝知西人猶有優假之意。」

㊲此句下，丁本有「歷閱教傳」。

㊳此句丁本作「亦是疆域中人」。

㊴「幸為」，丙、丁二本作「固存」。

㊵此句丁本作「使宗祊不絕」。

㊶「命」下，甲、乙、戊三本有「茶童」，丁本有「從官」。

㊷此句丁本作「列員逐次詳對」。
㊸「臣」，丙本作「我」，「臣」下，丁本有「在南河」。
㊹此句丁本作「安敢有辭」。
㊺「事」下，丁本有「通國所見聞，亦」。
㊻「兩國睦鄰……共享太平之福」，丙本作「兩國睦鄰，他日好相見。」丁本作「兩國相親，他日好相見。」
㊼「庸才」，丁本作「碌碌微才」，又「庸才」下，丙本有注作「可謂知己」。
㊽「又多狡詐……及平婚娶事」，丙本作「知其真假，王從容」。
㊾「定不難事」，丁本作「此事誠不難」。
㊿「由是放心，乃辭西山主而退」，丙本作「不虞王去」，丁本作「猶是不虞其去。」
51「十七日」，丙本作「初七日」，丁本作「八月十七日」。
52「西山王密令水步諸軍，各各暗行裝束」，丙本作「王密令諸軍，各各結束」，丁本作「西山王密令將吏飭諸軍，各各結束，水步一齊，以待傳發。」
53「外從不得入，外信不得通」，丁本作「僕皆不得出入，內外不通。」
54「軍營宛然」，丙本作「軍容宛然」，丁本作「軍營寂然」。
55「無所」，丁本作「不足」。
56「不聞」，丁本作「沒無」。
57「罾」下，丁本有注作「魚網有機」。
58「惶」，丙、丁二本作「懼」，丁本其下有「失措」。

59「危懼間」，丁本作「危急間」，其下並有注作「快哉！引到亦有悔否？」

60「被鼠咬足」，甲、乙、戊三本作「被鼷鼠咬足」；丙本作「被鼷鼠嚙脚」；丁本作「被鼷鼠嚙足」。

61此句下，丁本有注「大言，可笑！可笑！」

62此句丙本作「輸得一箇奪路赴河」，丁本作「斬得一丁，奪路而去，至河津」。

63此句下，丁本有「都民爭取之」。

64此句下，丙本有注作「可謂一團蹶鴨」。

65此句丙本作「侍臣因奏曰」。

66此句丙本作「他已去，伏候聖旨」。

67「然倉卒不及，宜仍用之不改。」，丁本作「而倉卒之頃，卒用之。」，其下並有注作「朝廷無人，可嘆！可嘆！」

68「又」，丁本作「嘗曰：我」。

69「西山」，丁本作「南河」。

70此句丁本作「使國為一」。

71「貴」下，丁本有「裴揚瀝」。

72「濟」下，丁本有注作「卽仲謙」。

73「兵」，原作「民」，據各本改。

74「素」上，丁本有「二人」。

75「推」上，丁本有「至是復書于整」。

(76)「兵」，丁本有「據守鎮城」。

(77)此句丁本作「據嘉林地分，諸豪目皆應之。」

(78)「衆官議」，丙本作「帝使」。

(79)「勅書」，丁本作「空色」。

(80)「八」，原脫，據各本補。

(81)「合」，原作「命」，據甲、乙、丙、戊四本改。又此句丁本作「卽宜不日就道」。

(82)「瑞」，丁本作「端」，下同。

(83)「裕祖」，丁本作「順王」。又「子」下，丁本有「為端南王之堂伯，初封桂郡公」。

(84)「聖祖」，丁本作「盛王」，下同。

(85)「嘗欲使鄧氏養為子……卽立之」，丁本作「常欲立之」。

(86)「歸第」，丁本作「逃去」。

(87)「毅祖」，丁本作「恩王」。

(88)「弟」下，丁本有「端南王之叔父」。

(89)此句下，丁本有「遂得罪」。

(90)此句丁本作「盛王以至親，不忍致之死，乃奪爵囚之」。

(91)「赦之」，丁本作「使得復位」，其下並有注作「楊太妃姊生端郡」。

(92)「請於王」，丁本作「謀庇護之，為言於王」。

(93)「之」下，丁本有「及京師潰」。

(94)「久隱」，丁本作「自全」。

95 此句丙本作「如瓊外戚辰忠侯家」，丁本作「依外戚辰忠侯家」。

96 此句下，丁本有注作「瓊瑛仁王之長子，端郡之姑。」

97 此句丙本作「又還鎮宣光」。

98 此句丁本作「仲濟鷹召亦引兵渡菩提津而來」。

99 「仲」上，丁本有「原來」，又「進士」下，丁本有注作「嘉林嘉道人，景興甲戌科進士」。

100 「職」下，丁本有「為御史臺官」。

101 「嗚」上，丙本有「光使人入府，曬掃府庭，排設榻席，而自督諸軍開宮于城外」，丁本作「使人先入宮，洒掃庭除，陳設榻席，而自督諸軍開郡入城外」。「金」，丙、丁二本作「鉦」。

102 「任之」，丁本作「授以職位」。

103 「為蠻兵所戕……正急於兵衞也」，丙本作「為蠻兵所戕，三軍無主帥，使陛下孤立，臣請立鄭氏，嗣王家業，尊扶王家，臣愚以為保衞京城，莫善於此。」，丁本作「賊危來侵，主帥喪亡，三軍失怙，臣等請立端郡，嗣守王基，尊扶帝室，臣愚以為保衞京城，莫急於此。」

104 「上」下，丁本有「怒甚」。

105 「乃」上，丁本有「曰：今宿衞兵少，而彼所帶來者，不下千萬，若殺其將，則軍士驚駭，相聚為變，震動宮闕，何以禦之，請且留為後圖，那狂賊定不難殺也，上」。

106 「夙」上，丁本有「王府」。

107 「張燭」，丁本作「二人命張燈燭」。

108 此句丁本作「二人率将校分兩班拜賀」。

109 此句丁本作「禮畢，隨令諸軍羅拜歡呼」。

110 「使人召」，丁本作「使軍吏大召」。又「諸臣」，丙本作「畢至」，丁本「臣」下有「期以悉至」。

111 「完」，丙本作「院」，丁本作「俔」，下同。又「川」，丁本作「義」。

112 此句，丁本作「端郡生來已三舉矣，而迄於無成」。

113 「厭厭」，丙本作「淹淹」。

114 此句丁本作「一日又剩得其回，思天下事」。

115 「昔反」，丁本作「曾告」。

116 此句丁本作「此子殆非廊廟令器」。

117 「能」，丁本有「恐嚇」。

118 「朝臣」，丁本作「朝廷諸員」。

119 「入侍拜賀」，丁本作「入侍王府，一齊拜賀」。

120 此句丁本作「端郡作奏曰」。

121 此句甲、乙、丙、戊四本作「蠻寇聞風宵遁」，丁本作「狂賊聞風，水陸宵遁」。

122 「頒」，原作「班」，據各本改。

123 「業」下，丁本有「臣之願也」。

124 「二萬」，丁本作「不過萬人」。

125 「兩下相攻，直欲吞也未易下咽」，丁本作「他以逆犯順，縱使直吞，未易下咽」。

126 「畢竟」，丙本作「料」，丁本作「想亦」。

127「詰」，原作「語」，丙、丁二本作「浩」；據甲、乙、戊三本改。
128「之」下，丁本有「勵聲」。
129此句下，丙本有注作「帝亦有訟師」。
130此句下，丙本有注作「噫！讀書人如何說出這等語」。
131「拜」下，丁本有「未晚也」。
132「他」，丁本作「此輩何」。
133「朝臣聞之，莫不震慴」，丙本作「朝臣聞其赫怒，莫不震懼」，丁本作「朝臣聞濟裂旨恐嚇，亦為之震慴」。
134「悖理反常」，丙本作「抑于天人」，丁本作「拂于天人」。
135「眷懷」，丙本作「倦懷」，丁本作「睠睠」。
136「未殺入城」，甲、乙、丙、戊四本作「未敢擅便入城」，丁本作「未敢擅自歸城」。
137「勢」下，各本並有「各潛輸款忱」。
138此句丁本作「上命一將提兵伏於玩蟾橋邊」。
139此句丁本作「濟兵使阮茂僩領之，又密使僩迎降」。
140「僩軍皆坐……追至南同寨」，丁本作「僩令軍士皆坐，辰兵至，知僩已降，大驚，即棄戈而走，琨郡命追斬，至南同寨」。
141「諸軍皆潰」，丙本作「餘衆畢潰」，丁本作「諸軍聞之皆潰」。
142「翁聖」，丁本作「洪德」。
143「琨郡入城」，丁本作「琨郡擁兵入城」。

144 「乃死門」，丙本作「因死而戰」。
145 「墜」，原作「避」，據各本改。
146 此句丁本作「是役也，僵屍滿郊，流血赤路」。
147 「揉」，丙、丁二本作「操」。
148 「承璽之任」，丙本作「承壐之任」，丁本作「宗祊之寄」。
149 此句丁本作「臣始得以重瞻天日」。
150 「嶺」，丙本作「領」，丁本作「顏」。
151 「遜」，丁本作「避」。
152 「體」，原脫，據甲、乙、戊三本補。丙本此句作「各各解體」，丁本作「各各退休」。
153 「居于澤閣，為奏本曰」，丙本作「擇吉為奏本曰」，丁本作「居于擇閣，上奏曰」。
154 此句甲、乙、丙、戊四本作「俾得朝夕瞻掃」，丁本作「俾得朝夕洒掃」。
155 「祿則厚之」，各本並作「厚其祿」。
156 此句下，丁本有「亦莫敢自草議者」。
157 「鉢」，丁本作「射」。
158 「號三萬……以東江為號」，丙本作「號三萬，水兵三百艘，住翠藹津次，號三千艘，軍誌東江為號」，丁本作「水兵船三百艘，住翠靄口，各整肅以俟命，本道兵以東江為號，步兵號三萬，水船號三千艘。」
159 「懷不平」，丙、丁二本作「分心」。
160 「曰」下，丁本有注作「嘉林富市人」。

⑯「盛」，丁本作「正」。

⑯「一統四海，天下之福」，原作「一統天下，四海之福」，據甲、乙、戊三本改。丙、丁二本作「一統海內，天下之福也」。

⑯「乃上進御覽」，丁本作「及册成進覽」。

⑯「其祖宗」，丁本作「祖父之期」。

⑯「王家獨何幸」，丁本作「王家何獨寃屈耶」。

⑯「聲」，原作「清」，據各本改。

⑯「文」，各本並作「嘉」。

⑯「腆」，丙、丁二本作「琠」。

⑯「炤」，甲、乙、丙、戊四本作「玿」。

⑰此句丁本作「當今整頓，非公不可」。

⑰此句丁本作「今日之事」。

⑰「權」，各本並作「琯」。又「曰」下，丁本有注作「以臣脅君，無禮不忠，琯可斬也」。

⑰此句丙本作「料坐朝涼中卿老諸師，撓臣不得」。

⑰此句丁本作「世襲王爵」。

⑰「戲」下，丁本有「遂不許」。

⑰「捧」，丙本作「擧」，丁本作「引」。

⑰「幹」，原本及各本並作「幹」，依文義當作「斡」。下同。

⑰此句丁本作「並無別意」。

⑰「臣」，丁本作「兵」。

⑱此句丙、丁二本作「恐璉以中阻歸罪」。

⑱「賚諸晏都王」，丙本作「授晏都王」，丁本作「賚敕授之」。

⑱「署府」下，丙、丁二本有「權府」。

⑱「罔」，丁本作「忽」。

⑱「添」，丁本作「簽」，「封」，各本並作「書」。

⑱「責」上，丁本有「傳旨」。

⑱「逡巡」，丙本作「爭持」，丁本作「殿府爭持」。

⑱「興化」下，丙本有「嵬磦」，丁本有「磈磦」。「相」，丙本作「胡」，丁本作「湖」。

⑱此句下，丁本有「中朝只做相爭局，外郡空提不戰兵」。

第七回

翊皇家武成出師　焚鄭府晏都去國❶

却說碩郡自翠靄之敗，走歸興化，依于藩目丁公胡之家，及聞西兵歸，乃歸山西鎭，收兵入衞。上常使人與碩往復，最爲相得❷。至是，命碩將兵入射場塢門以衞皇城，碩入城謁帝後乃謁王，京中恟恟言碩黨於帝，壤黨於王❸，二人將不日交兵相攻，兩下皆强將，未知孰勝❹？亦或以爲帝王勢力均敵❺，而帝較强。王每使人慰碩，責以扶持王家，壤亦使人投贈往復，與碩要結❻。碩手下阮連見天下大勢趨於王❼，自思壤附王之局勢固難轉，欲使碩與壤合，勸碩舍帝從王，碩曰：「他人勞苦做得美饌來，我直來挿箸便食，成何顏面？」連曰：「今王爵雖立，王權未定❽，壤業與帝約，大權歸皇家，不敢復啓齒，王兀坐府中❾，政府無人，衆靡適從，此事非公不定，古人謂『作事易，成事難』公當其難，勳業不在壤下。」碩曰：「爲之奈何？」連曰：「他能會，如何公肯獨無？須集衆議定官名❿，以衆議請於帝，帝那得不從！」碩善其言，乃爲曉示文武：言阮整引兵入寇⓫，其受命討賊，失律喪師，以致京城失守，自甘萬罪，幸天心悔禍，賊衆潛逃，今山河宛然，帝王如舊，但紀綱一壞，朝政紛如，武將文臣豈應一向緘然，請以本月日會于禮部堂，相與商議，奏請皇上，啓知王上，付下施行，以正朝廷體統。衆見此，咸以爲碩爲帝作會，以報西龍宮之役⓬。至日，碩提兵自皇城出，壤提兵自王府來⓭，人或以爲兩將交鋒，有逃而去者，及見兩人相接無恙；又以為碩賺壤於坐取之，稚將必墜老將計⑭，終莫能知其意者。及文武赴會，相敘禮畢，碩問在會者曰：「王立已逾時，而朝廷政事未成頭緒，諸公有所見者，各各開展，共擇所當行者，以請于上⑮。」衆未知所言，寧遜獨多狡智，欲以雙頭說探碩意？曰：「創業以後⑯，權在皇家，中興以來，政歸王府。」方纔開說，壤詰之曰：「今是創業前歟？是中興後歟？如何帶說創業來，看伊員官某說得訥甚乃爾！」，遜有急辨才，曰：「某只援引以明中興後如此爾。」壤曰：「如此，公可草議！」遜議以為帝王相為一統，今官名從帝始定⑰，亦宜並存舊名，請以平章兼參從、參知兼陪從、簽書省事兼添差、都給事中兼六番知番、武臣掌府署府、兼加五軍都督府、左右都督等字，議事堂在府門外，耳目慣習，請仍舊。政事議成，先啓於王，而取裁於皇上。壤看議案，見文藏巧意⑱，雖名為從帝而實則歸重於王，反喜曰：「人稱公老於詞翰，果然。頃者僕適失口，幸勿見罪！」乃使遜修奏本以進。本成，壤自以前言抵牾，不敢見上⑲，辭歸。武人諸員皆隨壤散，碩與衆官入殿請旨，上初以碩必順旨，喜令引見，及覽奏，怒曰：「參從便參從，何必帶平章參知？掌署便掌署，何必帶五軍都督？卿等以虛文欺朕，若狙詐然，此豈事君之禮⑳？」碩思從來與帝有深底意思，一旦無故換改，慚怍不敢出言，叩頭謝罪而已。寧遜跪奏曰：「今城外皆為戰場，天下大亂，而朝廷政事紛錯，臣等冒干天威，不勝震慄，惟皇上燭照！」上曰：「城外皆為戰場，是誰家所致？何者罪在朕躬，不須多言。卿等自量黨衆，足以脅制，輒自為之，何必苦請。」碩等皆惶恐，汗出沾背，不敢固請，乃相率長伏於庭，入漏不起。上以為人懷異心，既不可恃，堅執無益，乃允其奏。碩等得請，拜謝而出。

翌日，入府擇官，衆議以為王初得位，皇上所信用人，如泗川侯未可驟去㉑，乃以泗川侯為平章事兼參從，繼烈侯奎峰侯為同平章事兼行參從，碩郡為中軍都督府左都督掌府事加爵碩武公，壞爲東軍都督府左都督署府事加爵璉郡公，吳仲珪寧遜等，並爲參知政事兼知陪從，阮輝昭、潘輝益等六人[22]，並爲六科都給中兼添差知番。命下，泗川辭不拜，繼烈侯自愧無狀，曰[23]：「吾爲相不吉，前事可鑒，一生又幾回誤人國耶？」亦不拜，惟奎峰侯獨任事，而國柄則在壞手，碩武公老訥不知政事，亦備員而已。政府官僚既備，日謀裁抑皇家，兵民事權盡歸王府，而別議皇上祿，略加前朝。皇上亦每事牽持，兵民政事，紛然無定，皇上益招兵馬自衞，潛有制王之謀故事。內殿有輔佐官，王使皇親之附王者爲皇上輔佐，上曰：「吾始許爲王，坐榻猶戰慄[24]，驟欲使人窺伺，作承平規模，公歸語晏都王，既欲使公爲朕輔佐，朕還使公來輔佐王[25]。」皇親出，上曰[26]：「左右記之，如那人再來，刖其足。」於是帝王相仇[27]。

王初入城時[28]，濟逃歸嘉林，王重濟爲人，使人召之[29]。濟至，謂曰：「蠻寇畿甸[30]，文武或奔歸或投降，卿以儒臣，敢於環畿對壘拒戰，義聲震薄，狂寇逋逃，亦卿威風所懾，此壞碩所不及也[31]！卿初入城，先以立王爲第一義，雖瑞郡事不成，而王家聲勢，亦自此始。我初得位，皇王未睦，天下紛紜，卿勉留輔我[32]！」乃以濟掌財賦事，而扳其門人阮俌爲進朝[33]。濟素怨帝，乃言曰：「一統之說出於整賊，殊無義理！從來帝委王以權[34]，而王扶帝以位統[35]，何嘗[36]二？皇家不與王家共難，反利王家之失守，泗川之徒，屈身虜廷，附帝而不知有王者，此皆天理人事之所不容！昨王來遲，臣不得已扶瑞郡公，王若來早，臣豈容降輩，至今尙得逃刑。皇家宗室尙多，別求垂拱一位，想亦不乏其人，紅毛帝從紅毛賊去也，亦久矣！[37]」乃爲王謀以兵圍殿，盡捕帝家臣誅之，廢帝別立[38]。謀定，使阮俌將兵逼其前，而密令潤澤侯從東華門襲其後。帝聞變，令皇親畢將所募兵守禦，俌騎象至大興門外，勢頭甚猛，殿內惶恐將潰，忽見碩武公騎象從殿後東華門來，止俌不得進[39]，曰：「你欲全生，速收軍回！不然我先斬汝頭號令，然後盡捕逆黨誅之。」原來碩素忌濟名，且這大逆事，心亦不許。碩時爲提領正號保守皇城，恐殿內有變，均蒙罪名，故急止其事，。儞畏碩乃退㊵，潤澤侯亦不敢入㊶，於是殿內無事。帝大怒，謂左右曰：「惡黨既繁，禍根難拔，除是右軍再來，事何由濟㊷。」乃謀召整出師入衞。

却說整自南兵潛歸時，以孤舟尾南兵後，至海外㊸，阻風累日，旬餘始抵會統海門。舟次東海津下，適西山兄弟從陸路回，至永營。平聞整脫歸㊹，大驚曰：「殺漢巧覓生，譬如十五叉鬼輪廻作殤㊺，割不可斷。」乃慰而撫之。整請從歸，平曰：「今碩壞未除，安南非公不可治㊻，公姑留此！」乃與整分所俘獲銅鐵諸銃與軍器諸物件，送至東海，整辭不受，再送整黃金二百兩、白金二百兩，留兵一百人爲整衞。整自知留兵無用，乃受金而還其兵，曰：「臣請自調用所在土人，或力不及，馳封告急，那時請別差兵將爲援。」平許之，乃歸富春㊼，留招遠侯戍奇華㊽，與整緊應。平歸後，招遠戍奇華以內，不復與整相及，整在舟師中單有手下三十人㊾，不敢舍舟登岸㊿。乂安人知整孤窮，共謀起兵刻期取整，整急請其婿兄阮奎與謀[51]，謂奎曰：「今天下大亂，弟將割據本州以圖天下，兄意以爲何如？計將安出？」這阮奎眞福鄧田人，歷受知縣，其人宿學有智[52]，爲整謀曰：「公有名，人莫不畏，以公起事，取乂安如反掌耳！今雖知公勢孤窮，而未知虛實[53]，所在傳檄，只是互相推托，未敢有出頭的人，公先發制之，他便措手不及。今公手下一千，可以橫行天下矣！」整曰：「兄言正合我意。」乃爲羽檄徵兵。自所在居邑始，勒一刻，遲緩者斬，其旁邑有仍轎老兵二人，素武斷鄉曲，止其邑勿受，整夜使手下刼其邑，刺那老兵二人斬首爲令[54]，於是眞福一縣，莫不聽命。旬日，得兵千餘[55]。其旁縣豪目，見整起兵，急謀圖之，推舊鎭守瑠忠侯爲首，而各起兵以應瑠忠侯。整四面受敵，勢正岌岌。奎峰侯乂安人[56]，常得其邑人傳言整易守之狀，乃啓王，請命瑠仍鎭守，使其益爲督視[57]，仍召乂安散兵與所在豪目土民，以擊整，王許之。益領命而行，謂人曰：「且立看我取乂安，致整頭來，奪郡公印！」又使其手下作軍鼓曰[58]：「要大可容人，敎我鼓前軍趨取得整時，鎖鼓納整致之闕下。」益出軍之日，人以爲功可待。整在乂安，初聞晏都王立，戲作翻語曰：「晏都還是姤安」，姤安蓋俗語也，謂欲安不得也！及聞在京諸散兵畢集，奇伍如故[59]，又聞王使潘輝益來征，乃馳封入富春[60]，言碩壤再立鄭，據國以謀復讐，請援兵以禦之。平得書，使其左軍提兵直出[61]。整又馳封於壤[62]，歷述一段情誼，且言今整既與西山相絕，乂安界接順化，南兵不時兵來，請留整以當一面，向平後，如能爲整保全，整亦早歸朝廷[63]。壤得封，召整婿超武謂曰：「吾兄與叔，同居先公之門，先公待之如子，兄能爲先公復讐，叔獨無狀，愧兄多矣！第兄義則盡矣，而忠則未至也。今叔挾王室，整基圖，兄既請留鎭乂安，叔敢不相徇，但兄不可欺叔，翻然突來，雖然有叔在此，縱兄欲來也，叔亦不聽，君歸可致此意[64]。」由是整之事，壤不以爲意。時王日謀專權，或謂壤曰：「今大敵始去，邊境未寧，整賊在乂安，勢日彊大，及今人心思奮，請王親御征之，滅右軍，驅遠邊，復乂安舊界，此亦不下先王中興之功。立功而歸，大權自然到手，何必區區爭陳朽之迹，而置寇於度外。萬一整軍再來，將何以禦之？」壤亦默然。整又使其兄監生阮班見帝[65]，密請鎭守乂安之命，帝問班以整以軍情[66]，班大張聲勢以奏之，帝喜曰：「此事右軍曾面請於朕，朕亦已面許之。今又再請，當付下行勅，爾可留以俟命。」左右勸帝曰：「右軍遠王近，未知後頭勝負如何？若出此命，而右軍事敗，則王有辭矣！」帝從之[67]，未敢出命。班忙歸，矯稱有帝詔敕，以整爲乂安鎭守開中權軍營加爵鵬嶺侯，將兵入衞。整拜命爲檄，號召豪目，收集散卒。於是豪目更相語曰[68]：「彼誠可惡而實受帝命，吾若拒之，是與朝廷拒命，彼執以爲言，何能逃罪？」乃捨瑞忠而從整。旬日，得兵數萬。以其親眷阮奎爲視師，置四突四成軍號，以奉勅保衞爲名，刻日進發，部伍齊整，號令嚴肅。帝方恨壞脅制[69]，日望整來，密下手詔，趣令卽日就道，整大會師，而告之曰：「丁錫壞楊仲濟等擁兵居京，陰謀不軌，忝受密旨歸朝，以清君側之賊，尙其同心戮力，以共捍帝于艱[70]。」師渡瓊瑠之黃枚津，遇參領滿忠侯，督視潘輝益受晏都王命，募清華土兵以擊整，整使鐵騎鐵突迎戰之，戰于玉山，滿忠兵敗鬪死[71]，益爲其所獲，整數其黨壞叛帝之罪，且曰：「聞君造鼓甚大[72]，鎖之可容人否？」益惶恐謝罪，阮奎與益有故，力爲救解，整笑曰：「儒生大言[73]，殺益亦無益也。」乃赦之，挾之偕行。整既得勝，聲勢大振，報至京，晏都王召壞謀之。時帝降密旨，令海陽諸豪攻破邯江，丁錫，壞不得已，力求領海陽廣安二鎭，自率部兵東歸，兩洪荆策[74]士民素惡壞殘暴。及得帝旨，大喜，所在團結，移檄數壞之罪惡，四面圍薄鎭城，壞力不能制，夜潰圍走，退保邯江。京中傳言壞被東人殺了，右軍整亦旦夕且至，京城必爲戰場，一日之間[75]，虛驚亂走者數四，人情大駭，城中搬運提挈，爭回鄉邑，不可禁制。碩郡公知事不可爲，私謂部曲曰：「帝王交惡，國事無主，丁壞既去，阮整將來，吾老師在此，非計之得也！不如退守山西，據上游之地，固根本之勢，蓄威養銳，徐觀天下之事，待時而發，將來必有奇功，諸公皆我麾下，鞭弭周旋，勉思奮力，行師之際，務在平定安集，切戒丁壞所至殘暴，自取東人之叛。」衆曰：「敢不惟將令是聽！」乃歛衆西歸。

時壞碩皆去，京城空虛，帝勅皇親揀所募兵日夜戒嚴[76]，防守殿內，在王府者惟權府事裴時潤行參從枚世汪陪從楊仲濟坐府堂中，行文書催督兵糧，州縣卒無應者，所遣軍吏出城，纔過村邑，便爲其所毆褫，赤身奔歸，晏都王大以爲憂，謂仲濟曰：「大事去矣！非少康、臣靡之才，不能挽回，我不自揣量，業已爲王，卿過於忠誠，業已輔我，今聞賊整之來，勢頭猛裂，諺曰：『騎虎之勢，不得下』，欲了事者非卿不可！」乃以濟爲清華鎭守，率兵禦之。濟不得已押命。然聞人說整，氣魄已先奪矣！師出纏橋，駐二日不發，王使人趣之，乃行。纔至平望，聞整已渡青廠江，濟大驚曰：「除非董天王再世，孰能與彼對手？壤、碩可謂知幾，悔我讀書中人，反不若武弁之智，兹已晚矣！」即收衆取路渡青池津，不及見王，直走京北，啓請於王，求領京北鎭守，召募豪目，以圖再舉。王見啓，惶恐無措，如失左右手，召時潤，潤已挈室霄遁；召世汪，汪已謝病歸第；王慟哭[77]曰：「我初不幸生王家，後復爲群小所誤，早知如此，寧作彰德老僧，卓錫沙門之爲愈也！」顧左右曰：「今將安之？」有桂陽族人進曰：「請王且鎭靜，詣宮廟告變，收先王神主，聽臣先去河覓舟，俟夜扈王北渡，歸于臣鄉。臣家世爲將典兵[78]，慈山豪目皆出門廡，臣以忠義唱之，一呼無不應者，丁錫壤在錦江爲左臂，楊仲濟在嘉林爲右臂，黃馮基在山西爲外應，王駐蹕桂陽，號召勤王之師，畫珥河之險以固守，整雖黠[79]，豈敢北渡與我爭鋒？王請勿憂。」王喜曰：「或者天未亡鄭[80]，以子畀我！果如其言，社稷之福也！」迨漏下二鼓，王乃北幸，騶僕纔數十人，清乂散卒、親軍無一人從者。旦日帝始知王夜去[81]，密使人放火，盡焚王府，煙焰衝天，十餘日不滅，二百年樓臺宮闕崇朝一炬，可憐焦土，遠近聞之，莫不憫王而甚帝者！時丙午十二月初八日也[82]。

且說阮有整師渡青廠，先遣黎珏奉表言：「臣欽旨提兵入衞，謹於前月出師，比至玉山，黎忠義潘輝益敢與拒戰，臣麾鐵騎蹂之，斬忠義，獲輝益，遙伏天威，士氣百倍，清華以北，所在士民莫不歡迎。謹奉宣示威德，使之案堵，臣躬親甲胄，夢想鈞韶，下情無任戀闕之至。」上覽表大悅，問以乂安情狀，珏具以實對。上曰：「可謂善權。」以珏爲內翰院供奉使簽書樞密院事營左威奇。整至盛烈，上命廷臣郊迎，整入朝，賜見于中和殿，上慰勞之[83]。整進曰：「近日驕兵起變，大臣蒙難，臣時領兵居外，不爲鄭主所容，至於亡身去國[84]。臣深惟亂本於綱常紊舛，冠履倒置。

庚申、辛酉年間，國人之忠烈者，蓋常以是發憤，或挾皇親而唱義，或據郡邑以召兵，事雖不成，義聲已振，人同此心，非臣徒爲身謀構此釁隙，臣以義動人，重整基圖，欲明君臣之分，順天地之理，其於鄭主何仇，天若悔禍，人能改過，豈非國家之福！先帝憫臣此心，欽蒙溫諭，臣不勝感激，國人不知臣者反以爲罪，復謀蹈於覆轍，必欲甘心於臣，以撓陛下初政，伏惟燭微慮遠，何所不照，臣非敢媒人之孽85，蔽己之過，知臣者君，望賜昭鑒。」上曰：「朕已知之86，今輔朕平亂略，致太平者，惟卿是賴。87」乃加整平章軍國重事，封鵬忠公88，所親阮奎子阮攸並封侯典兵，同屬相府部曲將士，陞職有差。初整之歸乂安也，文臣阮廷簡在朝，極言整援外兵破宗國之罪，請以討整爲己任89，以殄國賊，誓不與之俱生90，公議壯之而不之許。邢簡弘化永治人91，已丑科進士，性質直剛抗，好攻人之過，雖貴近親故，未嘗不面斥其非92，無所回避，人皆以直許之。至是整來，簡奉命往山西招諭未還，衆私相議曰：「簡聞之必不歸，歸必不屈，將與黃馮基合謀以圖整，簡若歸朝，整必不容，將陰陷以事殺之而後已。二者未知如何？」阮奎聞之，以問整曰：「簡何如人？」整曰：「狂直93。」奎曰：「可用否？」整曰：「非但可用亦可重其人也94！」奎曰：「公不怒簡，果其情與？」整曰：「君不見完郡公彼之婦翁也？明言於朝95，數其屈膝虜庭之罪，況於人乎！我苟有過，彼言爲直，縱無之，於我何損？彼固不須怒，怒亦無奈彼何，徒使人得以窺我淺深。」奎因勸整召用簡，以收人望，整從之，使人致書，辭極婉美。簡既至，適朝廷方議設官，以潘藩平章事、張登揆陳功燦同平章事、阮輝濯范廷琠參知政事、阮廷簡副都御史。

且說整營治第宅於亮府居之，五日一朝，朝退坐正堂議事，餘日凡有軍民庶務，百官皆就整請決，權侔人主，勢傾天下。時錢幣多爲富室所斂藏，貨泉不通96，物價騰踊，整請大括天下寺觀銅像銅鐘，悉運來京，起冶鑄錢，縱其麾下四出擄掠村邑，敢有藏匿，拷掠驗治，獨城北鎮武觀神像不敢毀焉，百姓怨讟，有作一對，夜粘于大興門曰：「天下失寺鐘，鐘失而鼎安在？皇上焚王府，府焚卽殿亦空。」整聞而惡之，且自料己之所行，不爲公論所與，益用起勢立威，以鉗衆口。有武班黃廷倬者，於整奔亡時，奉詔率其手下保衞京城，遇整家人帶劍馳走，詰之，其人請以劍納，倬受而釋之。及整來，倬管兵按京北鎮，謫整納劍，整卽收捕下獄，聞倬家多奇貨，盡索取之，乃得免。其所爲殘暴無復忌憚類此。整又置其軍曰「武成道」，道分五營，內軍曰鐵騎、鐵突二衞，衞各五隊，其軍色戎服，並法清朝體樣，以自別於衆軍者。所居之亮府，邸第門樓車輿衣服，無不新定制度，以僭擬於上。內典兵樞，外領鎮節，凡樞密要劇之地，悉用其黨羽，分布衆職[97]。事皆專輒，先行而後奏，至有在朝處決，而帝不得聞者，威權太重，形迹盡露，物論沸騰，皆謂整必爲王，將來脅制皇家，更甚於鄭王者！上頗疑之[98]，一日盡屏左右，密謂內翰吳爲貴黎春洽曰：「整雖有保衞之功，而漸見凌逼之狀，能制之於始，使不得肆，使不失養鷹之術，若他勢既成[99]，圖後爲難，恐至有遺養虎之患，可爲朕熟思之！」二人對曰：「臣觀整之爲人，造意太險，操心太急，藏機太深，假名太譎，應變太敏，未必爲治世之能臣，而實爲亂世之奸雄[100]，譬之豺狼，非可馴之物，鬼蜮無可制之機[101]，惟有殺耳！然殺之亦須有術，陛下委之以心腹，隆之以禮貌，出入內禁[102]，都不見其他，宣召入內殿議事，因設宴飲，醉之以酒，如此者數次，習見爲常[103]，然後以鴆殺之[104]，形迹不露，變故何生，臣愚以爲此計之善者也。[105]」上曰：「出口入耳[106]，無容得屬于垣。易曰：『君不密則失臣，臣不密則失身。』爾其戒之！機有可投，朕當以告。[107]」正是

海上馴鷗宜莫詫[108]　罝中獲兎更安逃[109]

未知底事如何，且聽下回分解[110]。

【校勘記】

❶「鄭」，丙、丁二本作「王」。

❷此句丁本作「上聞之，遣使輿之往，恩義相合。乃命之入衞，上聞之碩引兵至入射場門內。」

❸「壤」，各本並作「璉」，下同。

❹此句下，丁本有注作「有帝有王，既是大變，帝王有黨，又是大奇。當此只以强弱分勝負，不顧名分，世道至此，可慨可嘆，将亡之兆，識者當為之寒心。」

❺「以」上，丙本有「於是人復改望」，丁本有「於是人情改望」。

❻「要」，丁本作「買」。

❼「連」，丁本作「璉」，下同。「天下」，丁本作「人情」。

❽「未」，丁本作「已」。

❾此句丁本作「王終日虛坐」。

❿「須」下，各本並有「訂日」。

⓫此句丁本作「言去夏西賊入寇」。

⓬此句下，丁本有注作「碩曰：辰濟粗莽，固是敗事，無悔，今日碩、璉仔細，亦不成事，又何悔焉。」

⓭此句下，丁本有「衆言沸騰」。

⓮「稚将」，原作「椎桴」，據各本改。

⑮ 此句丁本作「入殿奏請施行，以正體統」。

⑯ 「後」，丙、丁二本作「前」。

⑰ 「始定」，丙本作「初命」，丁本作「敕命」。

⑱ 此句丁本作「知文武官職，皆藏巧意」。

⑲ 「不敢見上」，丙本作「赧見於上」，丁本作「赧顏見上」。

⑳ 「禮」下，丁本有「安得如此」。

㉑ 「未可驟去」，丙本作「輩亦未可驟去」。

㉒ 「玿」，丁本作「昭」，「潘輝益」，丙本作「阮輝溫」。

㉓ 「曰」，丁本作「謂所親曰」。

㉔ 此句丁本作「坐席未溫」。

㉕ 此句原脫，據各本補。

㉖ 「皇親出，上曰」，丁本作「皇親懼而退，上目左右曰」。

㉗ 此句下，丁本有注作「左傳曰：周、鄭交惡，先正已斥其非，此志又云：帝王相仇，的是千古絕筆。」

㉘ 「王」上，丁本有「却說」。

㉙ 「使人召之」，丁本作「使人以書召之」。

㉚ 此句丁本作「西山狂寇，侵逼郊畿」。

㉛ 「碩、壤」，丁本作「黃、丁强將」。

㉜ 此句丁本作「卿當早來輔我」，又其下丁本有「濟得書大喜，即日來京，入府堂拜謁王」。

㉝「阮侮」，甲、乙、丙、戊四本作「阮茂儞」，丁本作「茂儞」。其下丁本有「儞，嘉林金山人，濟門生也。」

㉞「榷」下，丁本有「而已」。

㉟此句丁本作「郊天享廟，帝自主之」。

㊱「嘗」，原作「常」，據各本改。

㊲此句下，丁本有注作「逆賊大甚，千古罪人，如此文臣，真一楚磨相同。」

㊳此句丁本作「因廢帝，别立皇親之可制者」。

㊴此句丁本作「揮劍指儞」。

㊵此句丁本作「儞見碩郡手顫汗出，卽揮兵引退。

㊶「亦」上，丁本有「在安華門」。又「入」下，丁本有「各各散還」。

㊷「事何由濟」，丙本作「不能了也」，丁本作「誰除此禍耶」。

㊸「整自南兵潛歸時……至海外」，丁本作「有整自八月十八日，以孤舟尾西山兵，追至海門外」。

㊹「適西山兄弟……聞整脱歸」，丁本作「聞西山王已與上公登陸，還駐乂安鎮營，急往拜謁，上公聞整追及。」又「平」，丙、丁二本作「上公」，下同。

㊺「殤」，甲、乙、戊三本作「傷」，丙本作「怪」，丁本作「膾」。

㊻「安南」，丙本作「南國」，丁本作「河北」。

㊼「乃歸富春」，丁本作「遂南歸」。

㊽此句丁本作「留其將睿德侯與招遠侯以兵戍奇華之河中營」。

㊾「單有」，原作「軍中」，據甲、乙、丁、戊四本改。

㊿「下」上，丁本有「日夜在舟中」。

(51) 此句丁本作「整聞之，驚駭，計無所出，使人請其壻兄監生阮奎與謀」。

(52) 此句丁本作「經史淹博，智辨有餘」。

(53)「今雖知公勢孤窮，而未知虛實」，丁本作「今人將圖公」。

(54) 此句下，甲、乙、戊三本有「傳首諸邑」。

(55) 此句下，丁本有「分置隊伍，日夜操演」。

(56)「奎」上，丁本有「却說陪從」。

(57) 此句丁本作「而使其子潘輝益為督視」。又其下各本有「加差清化鎮守滿忠侯為參領，先召清化散兵，入乂安。」

(58)「下」，原脫，據各本補。

(59) 此句丁本作「部伍漸漸依舊」。

(60) 此句丁本作「乃使人南行報上公曰」。

(61) 此句丁本作「復遣武文壬提兵而出，以觀其變。」

(62) 此句丁本作「整又差所親馳書如京見壤」。

(63)「歸」，原脫，據各本補。又此句下，丁本有「一聽指使」。

(64) 此句丁本作「君歸請叔致此意於兄可也，超武拜辭而去」。

(65) 此句丁本作「且說整既起 安兵豎屯徵糧，報書止文壬勿出，而又使南塘監生黎珪如京，乘間見帝。」

66「班」，丁本作「珪」。

67 此句下，丁本有「遲回數日」。

68「將兵入衛，整拜命為檄，號召豪目，收集散卒，於是豪目更相語曰」，丙、丁二本作「原來整是謀詐的人，料班此行，未卜定奪，陰教班以倘不得命，須詐行敕書帶回，以壯聲勢。班依計而行，歸即宣言於中外。整亦設儀仗，會將吏，拜領宣讀，人皆信之。於是日夜與參佐籌辦，號召豪傑，收集散卒，傳檄諸縣，以扶黎為言，驩演功臣子孫，及諸土豪更相語曰」。

69 此句丙、丁二本作「師至京城，無奈他何，其部下將吏亦議論紛紜，甲可乙否，旨日不能決，只得強與整挑戰，為整所敗，一敗而潰。且說，帝以壤、碩諸將紛紜，群心不一，王雖素稱恭順，而蛟龍佐以黑雨，亦屬難馴。頃者王號之稱，諉之璉郡，右軍之伐聽於奎，似此情形，不可不預為防制，亦欲倚整以抗王」。

70「以清君側之賊……以共扞帝于艱」，丁本作「以清內難，部將黃曰選、阮如泰、黎適、阮景鑠等，分領諸軍，望北進登」。又「捍帝於艱」下，丙本有「竹帛功名，可立致也。乃命其子有攸，部將黃曰選、阮如泰、黎適、阮景爍，分領諸軍，望北進發」。

71 此句丙、蝦二本作「滿忠兵大敗，滿忠與麾下將士力鬥而死」。

72 此句丙、丁二本作「聞公造大鼓，今何在乎」。

73 此句丙、丁二本作「書生之口，每好大言」。

74「策」下，丙、丁二本有「四府」。

75「之間」，原脱，據各本補。

76「揀」，原脱，據甲、乙、戊三本補，丙、丁二本作「各以」。

77 此句丙、丁二本作「王左右無助，五內如焚，乃慟哭曰」。

78 「為將」，原脫，據各本補。

79 「黠」，原作「然」，丙本作「彊賊」，丁本作「黠賊」，據甲、乙、戊三本改。

80 「或」上，丙、丁二本有「甚善甚善」。

81 此句丙、丁二本作「迨明人有以王夜去入奏，帝始知之」。

82 此句下，丙、丁二本有「王既至桂塢，倚族人為衞，築壘豎柵，為久駐計，且傳令旨，遍諭鎮目土豪，以討賊立功為勸焉。」

83 此句丙、丁二本作「受整朝謁，溫存慰勞之」。

84 此句丙、丁二本作「至於離鄉去國，不勝懷想」。

85 「媒」，丁本作「謀」；「孽」，丙、丁二本作「短」。

86 「之」下，丙、丁二本有「不待卿言」。

87 此句下，丙、丁二本有「整拜謝而退。翌日，帝御西龍津」。

88 「封鵬忠公」，丙、丁二本作「大司徒加爵鵬忠公」。

89 此句丙、丁二本作「請興師討之」。

90 此句下，丁本有注作「忠烈已露于此」。

91 「簡」，丙、丁二本作「廷簡」。又「人」下，丁本有「擧景興」。

92 「非」下，丁本有注作「自古英雄無有欺人面目」。

93 「直」下，丙、丁二本有「人也」；丁本其下有注作「妄指為狂，整之愚也」。

94 此句下，丁本有注作「暴慢者起敬」。

95 此句下，丁本有注作「有些氣魄，所以後來之忠烈」。

96 此句下，丙、丁二本有「人苦於饑荒」。

97 此句下，丙、丁二本有「封拜處置」。

98 此句丙、丁二本作「朝臣皆側目視整，而帝亦疑之」。

99 此句丙、丁二本作「若遲之歲月，使惡日繁，他勢既成」。

100 此句下，丙、丁二本有「自整得政以來，渺視朝中文武，以為智謀力才，皆出己之下，故凡軍國大事，亦皆率意專決，改更，不須僉同會辦，至有不以上聞者，臣等竊料彼對不利於國。」

101 此句下，丙、丁二本有「聖明洞察，請當早圖，為今之計」。

102 「內禁」，丙、丁二本作「禁闈」。

103 「習」上，丙本有「使他」。

104 「酖殺之」，丙、丁二本作「毒酒殺之」。

105 此句下，丙、丁二本有「無出於此，不然鄭氏雖亡，此亦一鄭也。」

106 「上曰：『出口入耳』」，丙、丁二本作「帝頷之數回，曰：『出朕之口，入卿等耳；出卿等口，入朕之耳。』」

107 此句下，丙、丁二本有「二人再拜而出」。

108 「詑」，丙本作「記」。

109 「更」，丙本作「是」。

110 此下，丙本附有「整文國音一道」，全文如下：

又附整檄文國音一道、整在乂安時所作、

又附登檄文國音一道、登在文妄時所作、
𠱊𦖻浪、生民沛𢵋民𠂎𢴑、咥皇天𢶢𠊚君師、退乱停擤亂買安、意王者固畨
兵棄、𠃣順逆勢𫢩時渚、役征誅意呵悶𠱋、些𢧚構氣南天本洞戶阮𢚸禄浩
沛惱役渃、决番張子若思韓咹𠹾𤍶竹者義、𢧚安底曾瞞昭護漢悼𠁀剆𪦆
𢖵背上、𠠩西山引𠋥勤王、𢴑羅𢴿掇破𢤞洞、嬌逆究算謀猜、䏧羅洒濇𣶊
𣋇早、𢢯窮民沙𣋇淋炭、杏丕群壞𢀭富春、吏坦𡌽丕圖有、𡗉芇朋浪𠫾𢸐固
乱、賊戶阮㐌變逆旬、𠊚吹鉞𠯿渃𠂎㐌、碎戶項匡王卦邑、勢蚌蠣群當對𢪀、
退𨁪𡥵半吝𢚸𢗖、外𤁘制散撩𠂎召、民思治㗂𠁑吊伐、𨔍𠀧𡗐危底脃坦
承平央浽流離、宮臺城庯破凌凌、𩀿𩉏船艘洸汰汰、千急曲乍傷意外族色
窮棱𨀈𥋸時催、哂騎嬈群隊德先君、吏㳥塘𢬣𢴑𤇊、𢚸𨖲悉煝爕過項、謹
𢖵得渃㳥細劉、𢧚𢢯形武飛旗義衛、𢬣譴𨖲𢧚𡢼艾、民饑饉底意仁㵋古誠
兵戈强𩵜强涂、廣南㐌扳㵋沿涂、順化吏𢧚衛坦𡌽、南艾𦀎㳥蘇罕𣷭機太
平𡗶札色斯、北𨁪域潭𠊚色沧、意拯牧𢀭昭𣶇安、想功𡗐𢧚𢤞𢀨𨚜貼𢬭衛乍鄭
𢬣𦖻、𢀭皇帝𢶢空、役渚仍𠁀㐌繩、鄭罪𢢀君乍国、𢥈意𢢀統編𠃩刑𢭮端南
它之志無君、謀篡位吏停意背義、長宮不㐌終羅嫡、命妃𢬣背𧿭䀡𠊚、意鄭
𠻴路擬羅淫、命妃立爭𢪀窮沛、𢀭乍𠸗跪制頭𡀮、相芇𣎏𠠩准梓宫、底艾彈
𢪀𢭲彈娶、𢗖𡗐孝安招𨕭坦、謹𡌽仇碎𨅸𠊚端、𠯿𠻀究色動𢶢丕、杳等扶𢴾

立庄謀𥿗、詩敖令𧿆錢浪待奴、逵撓夕斬、義理吊歪坦群容、卑孚特官、政事
意智𢭸拱還、𠃅學立問銘朱盎、底傾危夕滋沛憹、𢜠𠄼𢭸臣侯主、晉𦑃平治
𢚸蓮𨀈憫吏𨀈會𢧚驕民𢚁、挨𦰤經才奇買𥉬、研蒿全宅𡐙𢀦横山、兵四克
吏於帆汜、海過波丕、㨂族同𢧚、怒𦓿阻正搽亂、卧坦閣𢧲取漢、皇决志祕仁
𢧚𢞂、𡽫浪感、萬𧺀𣎏然然、𡘯𠳨𠲖𦀊𢥈𢚁𢚁、埃𢀨別窮𡎝沛、罕𠇍𢚸𡗶家
𠊚蘇𡑝之安貞民、黎𨑮界紓秋毫𠀲𢩽、背根本渚𣳔情如𢲣、福之平調享吏自
𢧲渃朝宗杳汢、𦰟頃洞、𡋿自𧡊𡍣揭𠰘𠻀、熿炷𠸍吊㖸之鄧玉、𥚄賢恩可𡐙𨂝
丕、恩貢感𠳒告恒例、頃買逆𡎝常沛料、𨤰𣳔𠇍緐急吏𧼋車、𢪀徹。

第八回

楊御史獻俘太廟　黃郡公賜死西城

且說帝既定議誅整，一日內翰武楨燕見，帝密以告楨，楨大驚曰：「誰爲陛下畫此計？臣竊危之。今强敵在外，邊報正急，朝廷未睦，衆情相疑，陛下倚整以爲爪牙，當推心置之腹中，使之悅服。御得其道，則亂臣可以爲良，何乃道其詐而億不信❶？形迹未露，疑忌已生。整之親黨，握重兵，居要地者，內外星布，一旦有變❷，在京城者，將不利于社稷；在鎭戍者必奔附于敵人❸。是自剪其羽翼，以資寇讐也。」帝勃然曰：「微爾言，朕幾誤矣！」乃召讓貴、洽，急令止其事。後整知之，深怨帝厭薄，且欲暗破其造謀者，謂部將阮如泰曰：「我遍走海內，無一人敢正目視我，何物書生，敢爾斗大❹！須俟我出師期，將他等試劍利否？送下冥府，許造惡于十殿王❺。」泰問爲誰？整曰：「是帝親貴之臣吳爲貴黎春洽的。」自是居於邸第，不復朝謁，軍國庶務皆使人奏聞，帝有所可否，復委大臣潘維藩陳功燦❻，與內翰武楨就整第辨明。適一日苦寒，藩等同在朝堂，使楨詣整，楨良才春蓮人，以才敏見知，整亦頗愛重❼，帝密囑楨乘便與整辨解。是日，楨覆咨戎事，坐鈴閣上，不久得入，閣下行走人曰：「上公正在中堂小酌，非見客時也❽，官人且還。」楨大聲曰：「戎務緊急，報不容遲，上公燕坐，只隔兩片門扇，而壅不得通❾，遠於千里何耶❿？某以公事來，非以私謁⓫，還也不得！」整聞之，急令導入。楨語事畢，請退。

整曰：「那已有泰郡神將等候，便發兵符，毋勞內使復命。」可陪筵一飲，因酌一大斗與之。楨辭，整曰：「內翰得無猜我耶？」楨起謝請飲之，曰：「某以不才，過蒙收錄，造命全憑君相，懸弓落影，安敢癡猜⑫？」整默然。席罷，楨出，謂整親師阮奎曰：「近來多有造僞虛傳，百無一實，奸徒緣此，織爲無根之謗，以煽惑內外，尋常思議，頗能勘破，我公之明，想不容底話入耳，第於形迹之間，未免錯認，某恐增滋多口，雖市虎必誣之事，而言出三人，有無莫辨。竊欲明正其情，杜絕於微，使君臣之間，兩情洞達，上下相安不亦善乎？」奎應之曰：「諾。」公第還。旦日奎乘間言於整。整曰：「人言固不盡信，亦不盡無。吾熟觀上，忍而多疑，底事須有。雖然，無無有有，其奈我何！四郊多壘，姑擱過勿道。」

却說楊仲濟自平望斂衆走，至京北與某姪楊雲、門人阮茂你謀起兵於嘉林，築壘自守。會王奔桂塢，使人召濟，濟曰：「昨者清化之行，裴辰潤武將枚世汪土官，王不之命，而先以我試，是欲以我與敵也。待人不誠，故至於此！今與王圖大事，已有桂塢武弁，何召我爲？」固辭以戎事正緊不赴。役所募丁幾千人⑬，築壘自如京至富市，竪三屯，分兵自守，署雲平敵將軍、茂你參贊軍務，移檄傍郡，數帝依整逐王之過。其辭曰：「僞莫之辰，黎氏已無天下，賴有鄭太王翊運中興⑭，功烈格于上下，福慶貽于子孫。二百年來，黎皇垂拱，鄭王總政，中外臣民，共戴同尊，莫敢有異心者。彼賊臣阮整亡命不死，妄圖匪謀，引外敵以破尊國，戕故主而賊人民，唱爲滅鄭之言，假以扶黎之義。昭統帝者，南兵與整所立也，德其立已⑮，忘八世師父之恩⑯；焚府逐王，倚一團亂賊之援，實不宜帝，何以表邦？忝以先朝臺臣，義不容已，將興師誅整，求皇親王孫之賢者，而立之以嗣，惟帝惟王之業，約以月朔師渡珥河，四方豪傑有與忝同志者，宜各應期會師，協力進攻，早完復正之功⑰，永紀同休之約。」

於是慈、順土豪見其指斥乘輿[18]，辭意悖戾，轉相告曰：「名不正，言不順，則事不成。吾輩共惟帝臣，不可從他，自貽伊慼。」由是卒無應者，其已集者，亦漸漸散還，助之益寡。雲又素性殘猛，暴掠小民；茂你又是庸猥，無所知識，衆皆惡之。辰有文江監生得濟檄，奔告于京[19]。帝見之大怒，急召整謂[20]曰：「仲濟出身進士，何得無君！昨以紅毛帝目我[21]，對使裂旨；今又著之檄文，無所忌憚。此賊不誅，何以示警？當亟發兵討之。」整再拜奉命而出，遣阮如泰黃曰選等，領兵擊之。臨行，整戒之曰：「仲濟竊據私邑，猶老狐依子故邱，自點鄉兵，若群羊牧于曠野，執鞭驅之便走，何事於戰？諸公可鳴鼓開旗，直抵壘下，料他只有二策：不降則走，降則直送來，無得暴掠村邑，走則不必窮追，所至恐生荆棘，我聞京北之人，怨他入骨，奔投之地，必不見容，早晚將送軍前，受之而已[22]。」泰選引兵渡河[23]，濟聞之[24]，召雲你等謀拒戰。雲曰：「使整自來，亦非你對手，況碌碌偏裨輩，亦何能爲？可聽自來送死，先斷兩箇頭，長驅過河，擒整定國在此一舉，叔大人無煩掛慮。」濟大喜以爲然，笑曰：「沙門自有護法善神，普三千世界，十五類鬼，自當退聽，世尊可合手蓮花座上，受茲供養而已。」茂你亦自請「先具牛酒，待到京開筵痛飲，此回師大人爲南越生世尊、百千羅漢，悉現眞身，聽我點化耳。」叔姪師生相期自許，不復以兵事爲意。忽報泰選軍已至，乃以劍授雲曰：「書云：『乃言底可績。』識之！識之！」雲再拜而出，引衆登壘，徘徊瞻望，見泰、選師勢甚盛[25]，始有懼色。其所募兵，又皆爲烏合，未經戰陣，金鼓旗幟，耳目未嘗閒習[26]，妄想鄉村中迎神奉佛一般[27]。雲依壘而陣，泰、選分兩道夾擊，銃口火虎齊發，響振遠近，烟焰蔽野[28]。雲衆驚潰不可復制，雲倉皇失措，不知所爲，亦脫戎服遁走[29]。濟在樂道中屯，使人來偵，則雲已不在。只見兩道軍登壘，四下縱殺。偵人惶駭，奔還告急。濟聞變即起，方寸正亂[30]，未知作何區處，衆亦隨之四散。前後瞻望莫如之何[31]，仰天呼曰：「惟天不佑王家，故至於此㉜。」遂率手下數人，越壘而走。㉝暮抵玉舍，雲追及之。是夜叔姪相謀，投宿民家㉞。雲請先就桂塢謁王「王素所信重，見叔必喜。此處皆是武人，得叔文臣，爲之謀主，有所指揮，料必聽從。因此收集潰軍，以圖再舉㉟，不出旬日，聲勢復振，可以得志。」濟曰：「不可。前日王命召，我辭而不赴，今困敗而來，將何辭以告世？成何面目？桂塢族人謂我爲何如？我與壤同功共事，最相得。今聞據有邯江，號召安廣之兵，衆合數萬，舟船蔽江㊱，阿公又能兵之將，我當速赴邯江，與之圖回，啓請于王，移駕於此，桂塢不得不屣躧赴會㊲。因使他從北路起㊳，汝領一支兵與之俱，壤郡從東路起，我奉王督戰，約日同舉，大事可成，不比向時孤軍爲賊所刼奪也。」雲曰：「甚善！但自玉舍抵邯江，道頗曠遠，匆匆五六人㊴，狼狽而來，行色凄涼，看不入眼。且萬一有變，途間空手何以禦之？姪請募戰士五六十人，器械精銳，鳴鼓而行，晨發夕到，壤郡見之，亦不卑我。」濟曰：「亦善。汝可急往招之，期以日暮必至。」不覺一回談論㊵，耳屬于垣，盡被民人竊聞識破㊶。彼於中夜，具以告其邑長。迨曉，雲旣去，那邑長率其徒數十人，各持器械，擡一檻來，謂濟曰：「請官人入此，已有選郡公兵等在邇，護送如京，謁見鵬忠也好。」濟佯驚曰㊷：「諸公誤矣！某是海陽生徒，借館如京㊸，偶遭兵火，故復東歸，何事與中朝貴人參謁？」邑長笑曰㊹：「官人休以口舌欺人，前此翺翔昇龍，叱咤京北，自以爲南國一人，海陽生徒，安得有此氣勢？今只要速入此檻中，及早擡去，請毋多言，空自勞耳。」卽攜入檻中，解送選軍。所過士民，夾道觀之，或呼曰：「進士何至是耶！猶恨無賴刼兒，如何却得漏網。」蓋指雲也。

先是選等出軍，面受整誡，至是獲濟回軍㊺，悉如所料。朝臣詣整賀捷，莫不嘖嘖嘆服。陳公燦獨曰：「非公料敵之神，只濟無謀之誤，物傷其類㊻，尤是可憫！㊼」無謀，指檄文一事也。

帝令罪狀濟以正典刑。整奏曰：「請拽出北門斬之，死便足，無汚筆紙爲也。」維藩曰㊽：「他賊固然，若仲濟者讀書次科，出身朝士㊾，而敢行叛逆㊿，此實名教中罪人，安得死若是恝(51)？宜遵奉聖旨，明着大惡，使他人以濟爲戒，則不逞者可戢也。」即援筆草論進呈云(52)：「以臣叛君，無所容於天地，其名爲賊，得共誅于國人，當革去進士(53)，獻俘太學(54)，明見絕於士類，無使汚夫儒流。」詔曰：「可。」即命選等戎服執送濟詣太學門伏質，然後就武試場斬之。加選泰等軍功，及頒賞將士銀錢有差。於是朝臣議奏進整爵一字公，開武城軍府(55)，鑄武城軍之印，樞密院屬焉。整因奏請以其子有攸爲營將，領其軍，帝許之。自是凡關軍務，悉聽攸調度。整開府于邸第之東，高堂甲第，窮極奢侈，使攸居之，效鄭王世子出府故事。其部曲倚勢，恣行非法，不問某衙某事，一切行下文書，押用武城軍印，無敢違異者。朝臣無復紀綱，衆情乖離，識者知其必亂，或有謝病去官，尋山海閒淨之地，以避之者。整亦知不爲公論所與，欲借科目正途，收採人材，以買國人之心，而圖善後之策。因謀於平章維藩，奏請倣宋朝十科取士法(56)，特開制科，命文臣三品以上，各擧所知，徵詣殿廷對策。於是通國名士，莫不精白承庥，已在官使者，亦皆奮勉應召。昭統元年丁未春正月也，時有憲副吳蔣熹以廷擧賢良方正(57)，上表固辭曰：「今承蠱壞之後，天下之事，可爲感嘆者，何可勝數？豈但一痛二涕三太息而已耶？非有命世之才，誰能幹運？然奇才奇遇，豈盡由科目出來？世若有人，陛下以禮徵之，如聘莘訪渭，庶幾可致！至如忝叨一職(58)，猶恐不勝，何敢玷斯盛擧，以傷聖朝拔用之明乎！」維藩聞之，曰：「何必要異人爲？」熹私謂功燦曰：「何謂『何必要異人爲？』敵國在外(59)，不日有警，釋此不圖，却欲開科取士，虛飾太平制度，恐南兵再來，不知當用何策，此正目前之憂也。」是時殿試對策者凡二百餘人(60)。整欲拔茅連茹(61)，以盡收天下名士，及臚傳取合格，惟陳伯覽、阮嘉吉二名(62)。整意不悅，故是歲多復請試于五龍樓，取裴楊櫪等進士出身凡十五名(63)。整所親阮奎名在第四(64)，中外頗有樹私之誚。

且說整初自乂安歸朝，爲帝所倚重，舊臣故相無出於右者(65)。是以動輒得志，不暇以敵國邊事爲念(66)。時擁兵居外，與整對敵者，西有碩郡東有壞郡，整皆閒視之，每對人輒云：「壞雖胄出將門，然其人粗鹵，不閑將略。昔在先公門廡，嘗以兄事我(67)，中間所遇勢殊，遂成參商，壞必不敢爭我，我亦不忍取壞，且當置之度外。至如碩是武將，他只是健鬪，而臨機應變非其所長，今年老力衰，亦不足畏也。」會有整所親麗武從山西來，言於整曰：「碩郡前往興化，招撫藩臣，起治鑄兵，今已回鎭(68)。師徒數萬，傳檄山西土目，各率手下從軍，刻日進京。又聞先使人帶密表來上，相公知之乎？」整曰：「知道了！碩表自陳言：『前失律喪師，後復保衞無狀，過蒙涵容，再假鎭節，使人得補前過，今者小心戀闕，又懼此意不明，不與臣者得以指議，加之惡名，所以躊躇未敢即就。』帝以表示我，我今暗揣碩意，必不敢抵拒，只欲和解，在外久，則情分日隔(69)，惟恐上之見疎，突然來則恐我在朝，禍福亦未可卜(70)，故先以此觀朝廷意耳。我欲奏請降旨召之(71)，因致書與之喩意。第此行猶難其人(72)，汝既明知情形，當與中使齎書偕往。」麗武曰：「惟命。」整乃爲書遺之。書曰：「將軍前往上游，注措邊事，浮深履險，跋涉良苦，果欲專制一面，爲西陲保障，忝當爲題達，聽其自便。若以久服戎行，膂力既愆，欲解樞務，忝敢不與之周旋，爲將軍擇一善地以處之，保全功名，爲先朝宿將，大丈夫處世，惟行止二者，擇之不可不早，將軍其圖之！」碩初聞召命，下堂拜受，下令將佐點檢兵馬以待啓行。及發整書，大怒，謂麗武曰：「爾是整私人耶？」中使曰：「那書鵬公已進呈，經奉御覽，使是上所使(73)，非私人也。」碩曰：「諺云：『初生之犢，不畏于虎』整之謂也。某是武人(74)，不會矯飭，凡事直情徑行，有不可意者，惟有劍耳！請與諸公說過[75]，整始背尊國而援西人，復貳西人而據本州，及不爲西人所與，本州所容，然後投忱于帝。南衙文臣，被整瞞過，使得挾天子之命以驅策國人。獨仲濟敢與之抗，却於大義不明，故整得以執言。壞郡又與整有故，只得翺翔邯江，不敢越一步，以向京畿而問叛賊之罪。方今誓以討整爲己責者，單某一人。諸公好歸，語整『他慣以譎詐賣弄國人，如何賣弄得某！某今奉旨歸朝，問整之罪，整能與某戰，當出城數里，以便對手，無使震驚宮闕；否則面縛待罪于大興門外，自有朝廷處分[76]』」。乃遣中使復命，先具出師表，略曰：「臣前奉命出鎭，適阮有整自乂安來朝，陛下以整有尊扶之功，委以國政，小人得志，漸蓄異謀，臣愚以爲整非純臣，乃是國賊[77]。觀彼行事之迹，殆如鬼魅；察彼操心之毒，甚於虎狼。伏惟聖明洞燭，許臣制之於始，無使得肆其惡於終，實社稷無疆之休[78]。」於是碩郡移檄廣國諸路，聲整罪惡，目爲君側之賊，期卽誅整，以清朝廷。整聞碩引軍來，怒曰：「老賊可殺，不要做世間功名人[79]，要從仲濟做亂道鬼。」乃入奏，請命部將黎遜帥師拒之，而己自督大軍接戰。遜至大馮，碩兵適到，纔一交鋒，遜軍不能抵敵，棄甲曳兵而走。碩子嘉武請乘勝追之，使整後軍驚懾，可保全勝。碩不聽曰：「軍令晨傳，日中抵大馮會食，諸軍，羸飯待歇，而賊奄至，我一麾却之，因此傳餐可也。若復鼓之前驅，日暮抵城，彼畢兵死戰[80]，我軍饑疲，何以應之？兵法曰：『百里趨利，蹶上將，危道也。』且休兵會食，食畢，鼓行而前，逢賊便戰，食飽氣銳，何患不克？且吾擒整如捕小兒，何可急用人力，而使軍令不信乎？」乃命鳴金暫止。遜走至半路，回顧，知碩郡不追，又恐整至，卽收軍結陣，復進挑戰。碩軍方坐而食，失伍離次，見遜軍殺來[81]，不及以應，驚潰四散。碩方坐大馮亭，倉卒上象，手下僅十人[82]，衞象力戰，碩在棚上飛鎗，殺遜數百人，遜不敢近。頃之，見整督大軍繼至，遜卽揮軍環碩郡隊，以長竿搠刺之，碩鈎象却走沙中，下象上馬，揮刀亂斫，往返如飛。嘉武在陣後，躍馬大呼，突前奮擊，殺傷甚衆。偏將黃登集得散軍數百，復來合戰。整望見之，恐碩得援，飛馬逸走，急揮鐵突軍四面合圍，向碩郡馬射之。馬躓，碩郡為遜所獲，武登度不能支，俱從上協退走。是役也，碩郡親率興化藩臣山西土目，大會兩鎮之兵，甲仗犀利，一敗之後，盡為俘獲，無復孑遺，而整之威，振天下矣。捷至，朝臣入賀，帝勉彊而出，私謂吳為翼曰[83]：「碩郡非朕叛臣，碩在，奸雄猶有所畏，不幸死，朕甚悼焉！何賀之有？」已而整班師送碩郡回京，奏議當斬，帝諭之曰：「碩郡義分多而理分少，故名實不副，形迹難明，今戰敗成擒，法固當死[84]，第念公未來時[85]，仲濟縱兵，圍逼京城，朕孤立殿中，幾有不測之變，若無碩郡，安有今日？準古八議同一死也，使之殊異，朕心誠有不忍，可改議以存追軫之恩。」整與碩郡本無宿嫌，一戰而勝，忿氣亦平，復聞宣諭，因請下覆議。御史吳仲珪改議有曰：「專兵拒命，罪固當刑，以功準過，死亦有禮[86]。」遂命於西城外，賜之仰藥。碩郡再拜，飲之而卒。始碩郡被擒，都中士民，相聚觀之，碩曰：「故老將黃馮基的一家父子，死國事者六人[87]，是非自有公論，成敗天也！吾不能殺整，西山必殺之，天道好還，惜不及見耳。」碩死，歸葬在山西，軍民皆為之墜淚。

却說整自專執國柄，事權皆自己出，縱肆日甚，衆心離叛，文武臣僚，莫不解體。奉公守法者，為武城道將士所撓；鯁概言事者[88]，多為整所中傷[89]，禍出不測，往往以言為諱，或謝病解印而去官。閭里强豪，所在團結，交相刼掠，城外數里，皆為盜藪。帝深以為憂，命召故參從裴輝璧問以天下事[90]。璧畏整，一無所言，但謝曰：「臣幸竊一第，經濟非才[91]，故鄭王擢居政府，兵驕民怨，敵人侵伐，臣無一策匡救，誤國之罪[92]，誠無所逃。今海宇一統，初政清明，須別求一番人，臣何敢復玷朝廷，以再誤天下？伏乞放歸田[93]。」既退，謂所親曰：「天下亂矣！吾亦從此去。」乃挈室而東。乂安督同范搗謙亦棄官去，就清漳上游謀舉兵勤王，移檄數有整罪，事未集而卒。當途之士，別有一等功名，以撥亂扶衰爲己責者，糾合同志，招募義勇，四方豪傑，受旨書赴召者，在在有之。高平督鎮劉睫，受王密旨，督同阮翰受帝密旨，各諭本鎮藩目，使之効力，給兵符，治器械，以待徵發。一鎮分爲二黨，受節制於督鎮者，不知有督同；聽約束於督同者，不知有督鎮。二人各居本營94，不肯公會，名爲同僚95，實則對敵，睫陰使藩屬詐叛96，率衆歸翰，又使人請和以求叛者，翰不之覺，納降藩而拒睫請，睫遂率衆圍擊翰營，叛者內應，翰兵大亂，倉皇出走。睫追殺之，其妻子在官舍者皆遇害97。於是高平大亂，諸藩目各保私邑，治兵相攻，睫亦不能制也。諒山何國驥、太原趙文姜、宣光黃文相、興化丁公湖、扶床、西嶺諸酋98，亦各効尤，所在阻兵，旅拒朝命，鎮臣或有爲其所逐者，四封之內，了無乾淨處矣。正是

不怕烏狐分赤黑99　却驚龍虎鬭玄黃

未知大勢如何所趨，且看下回分解100。

【校勘記】

❶「億」，丙本作「抑」，丁本作「臆其」。

❷「旦」，甲、乙、丙三本作「日」。

❸「附」，甲、乙、丙三本作「走」。

❹「斗」，甲、乙、丙三本作「膽」。

❺「十殿王」，甲、乙、丙三本作「閻王」。

⑥「維」，原作「惟」，據各本改。「功」，丙本作「公」，下同。

⑦「愛重」，原作「重愛」，據各本改。

⑧「時」，原作「辰」，據甲、乙、丙、丁四本改。

⑨「道」，甲、乙、丙三本作「達」。

⑩「遠」上，甲、乙、丙三本有「堂下」。

⑪「以」，甲、乙、丙、丁四本作「是」。

⑫「癡猜」，甲、乙、丙三本無，丁本作「忌猜」。

⑬「丁」下，甲、乙、丙、丁四本有「壯」。

⑭「運」，甲、乙、丙三本作「助」。

⑮「其」，甲、乙、丙三本作「人」。

⑯「師父」，甲、乙、丙三本作「主帥」。

⑰「復正」，甲、乙、丙三本作「收復」。

⑱「慈、順」下，丁本有注作「二府名」。

⑲「京」，甲、乙、丙、戊四本作「帝」。

⑳「急」，原作「忽」，據各本改。

㉑「我」，甲、乙、丙、丁四本作「朕」。

㉒「之」，甲、乙、丙三本作「首」。

㉓「引」上，甲、乙、丙、丁四本有「領命」。

㉔「濟」，原作「漸」，據各本改。

㉕「師」，甲、乙、丙、丁四本作「軍」，戊本作「兵」。

㉖「未嘗」，甲、乙、丙三本作「皆未」。

㉗「鄉」上，甲、乙、丙三本有「如」。

㉘「野」，甲、乙、丙三本作「天」。

㉙「走」，丁本作「去」，下有注作「護法走矣」。

㉚「方」上，原有「變卽起」，衍，據各本刪。

㉛「瞻」，甲、乙、丙、丁四本作「顧」。

㉜「此」下，甲、乙二本有「夫曷故馬」，丙、丁二本有「天曷故馬」。

㉝「走」，甲、乙、丙三本作「去」，丁本「走」下有注作「世尊走矣」。

㉞「投」上，原有「於」，衍，據各本刪。

㉟「以圖再舉」，甲、乙、丙三本作「以俟後圖」。

㊱「號召安廣之兵，衆合數萬，舟船蔽江」，甲、乙、丙三本作「號召海安人，合數萬舟船濟江」。

㊲「蹕」，甲、乙、丙三本作「駕」。

㊳「路」，甲、乙、丙三本作「地」。

㊴「匆匆」，甲、乙、丙三本作「驕從」。

㊵「回」，甲、乙、丙三本作「夜」。

㊶此句甲、乙、丙三本作「盡被舍人聞破」。

㊷「佯」，原作「洋」，據各本改。

㊸「京」下，丁本有注作「社名」。又此句甲、乙、丙三本作「如京借館」。
㊹「長」，甲、乙、丙三本作「人」。
㊺「回軍」，甲、乙、丙三本作「凱還」。
㊻「物」，原作「勿」，據各本改。
㊼「憫」，原作「閔」，據各本改。
㊽「維藩」，甲、乙、丙三本作「黎藩」，下同。
㊾「朝」，甲、乙、丙三本作「進」。
㊿「叛」，甲、乙、丙三本作「悖」。
51此句，甲、乙、丙三本作「安得死之若是恝然」。
52「進」上，丙本有「罪狀」。
53「士」下，甲、乙、丙三本有「碑名」。
54「太」上，甲、乙、丙三本有「國子」。
55「城」，各本作「成」，下同。
56「朝」下，甲、乙、丙、丁四本有「司馬光」。
57「吳將燾」，甲、乙、丙三本作「吳樊壽」。
58「如」下，甲、乙、丙、丁四本有「臣」。
59「敵」上，丁、戊二本有「亦何必要人同為」。
60「辰」，甲、乙、丙三本作「歲」。
61「茅」，丁本作「毛」。

62 「覽」下，丁本有注作「慈廉雲耕人」；「阮嘉吉」，丁本作「阮某」，其下並有注作「文江華梂人」。

63 「櫪」，甲、乙、丙三本作「瀝」，丁本此下有注作「又安羅山安全人」。

64 「四」上，甲、乙、丙三本有「十」。

65 「尊」，甲、乙、丙三本作「親」；「相」，丁本作「將」；「於」，丙、戊二本作「其」。

66 「敵國邊事」，甲、乙、丙三本作「敵情邊謀」。

67 「嘗」，甲、乙、丙三本作「常」。

68 「今已回鎮」，甲、乙、丙三本作「今四鎮」。

69 「情分日隔」，甲、乙、丙三本作「情疑勢隔」。

70 此二句，甲、乙、丙三本作「突然來則誰聽，且聞我在朝，禍福未可卜」。

71 「請」，原無，據甲、乙、丙、丁四本補。

72 「猶」，甲、乙、丙三本作「第」，丁本作「獨」。

73 「使」，甲、乙、丙三本作「便」，丁本作「他」。

74 「某」，甲、乙、丙三本作「我」。

75 此句甲、乙、丙三本作「與爾說過」，戊本作「今我與諸公說過」。

76 「處分」，原作「分處」，據各本改。

77 「乃是國賊」，甲、乙、丙三本作「乃自圖利」。

78 「社稷無疆之休」，甲、乙、丙三本作「社稷之福」。

79 「做」，原脫，據各本補。

⑧⓪此句甲、乙、丙三本作「彼必悉軍死戰」。
⑧①「殺」，甲、乙、丙三本作「大」，丁本作「忽」。
⑧②「僅十人」，甲、乙、丙三本作「僅數十人」，丁本作「纔數十人」。
⑧③「翼」，甲、乙、丙三本作「貴」。
⑧④「法」上，甲、乙、丙三本有「於」。
⑧⑤此句甲、乙、丙三本作「第念昔」。
⑧⑥此句甲、乙、丙三本作「禮亦有死」。
⑧⑦「者」，甲、乙、丙、丁四本作「已」。
⑧⑧「鯁」，原作「鯾」，甲、乙二本作「慷」，丙本作「鯁」，丁本作「梗」，依文義據丙本改。
⑧⑨「多」，原脫，據各本補。
⑨⓪「壁」下，丁本有注作「清池定功屋盛烈景興三十年己丑二甲進士」。
⑨①「經」上，甲、乙、丙三本有「匡救」。
⑨②此句上，甲、乙、丙三本有「京師見陷，主帥蒙難」，丁本有「京城已陷，主帥蒙難」。
⑨③「田」下，各本並有「里」。
⑨④「本」，甲、乙、丙三本作「同」。
⑨⑤「同僚」，原作「僚」，丁本作「僚友」，據甲、乙、丙、戊四本作「同僚」。
⑨⑥「睫」，丁本作「琨」，其下並有注作「原名劉睫」。
⑨⑦「其」，原作「在」，據各本改。
⑨⑧「嶺」下，甲、乙、丙、丁四本有「等」。

99 「赤黑」，丁本作「黑白」。

100 「看」，甲、乙、丙三本作「聽」。

第九回

武文任提兵掠境❶　陳公燦奉使議疆❷

且說高平搆兵之始❸，劉琨、阮翰並發驛書❹，來京告變。琨指翰爲叛，翰指琨爲叛，言琨當勒兵追捕❺，旬日之間，罪人斯得。平章維藩見書大駭曰：「二臣皆以朝士清流，出膺閫寄❻，所當公爾忘私，何不降心相從，却乃倡爲亂首，同類相傷，此亦一大變也。可怪可愕！」會諒、太、宣、興四路鎮臣，亦次第馳書告警❼，帝與鵬公整謀之，對曰：「諸鎮兵爭，本亦邊酋故態，降一紙書，告示禍福，料必帖從❽，安之亦無難也。獨高平之變，造惡出自鎮臣❾，邊酋無足責也❿。專兵專殺之罪，朝廷自有處分，請下公議。」同平章張登揆⓫、參知阮耀曰：「請急別擇督鎮督同幹員代領鎮務，而降旨琨翰回朝，庶幾亂乃可弭⓬。」維藩曰：「是也！槃根錯節⓭，必須銳器，那鎮閫臣⓮，非容易可使。」同平章功燦⓯曰：「昔日高平之亂，先臣義成王奉命招撫⓰，在鎮七年，民夷懷服，後卒于官，地方爲之罷市，立祠以祀之。今樞密阮廷俵其嗣也⓱，爲人宏曠有度，應事亦敏，請急使之。」乃以廷俵爲高平督鎮，進朝阮輝宿副之，命下促令之官。素曰：「臣父主高平，卒高平⓲，臣亦生于此，今復再來，事可知也，請假以十日，規措家事⓳。」及行至諒山界，聞故督同阮翰已遇害，俵驚曰：「哀哉！亡之命矣⓴！亦吾遲之過也。」卽督驛往前。驛報新督鎮阮廷俵來，諸苗聞之㉑，歡喜迎賀。比到鎮，劉琨猶閉城門與翰餘兵拒戰，俵奉宣示威德，令各解兵，從容指揮，一方復定。適一日謁義成王廟，謂督同輝宿曰：「某今其從先人遊乎！邊閫之責㉒，嗣當有難大事㉓。本鎮與內地通，某前經奉使，道路頗諳，只恨不在耳。公尚留此，勉强當之。」又顧諸藩長曰：「若吾去後，惟副督鎮官是聽，毋如近日惹出多事來㉔，必有大禍。」人莫不奇其言，乃以爲問。傣曰：「是難言也。」日晚歸營而卒。輝宿爲之治喪，發書以聞于朝，奉旨領守鎮節㉕，不在話下。

却說自西山王斂衆南還，至乂安留十餘日，委別將阮睿據其地，與都督招遠屯河中鎮營㉖，後而改招遠屯布政州㉗，王婿掌在軍武文任頓重兵于洞海㉘，以爲犄角聲援。那時整尾及之㉙，上公慰勞使留本州，與睿共事，面雖甘言許整，而私囑睿曰：「整本北河人，亡命歸我，觀其爲人，反覆譎詐，不可倚信㉚。且北人怨整太深，我欲棄之，使其自斃，不意復逃死相隨。乂安是彼家鄉，今留汝在此，宜細察人情向背，及整之動靜何如。招遠在此，一呼即來，左軍在此，不甚遠，事有可否，馳書速報，與之商略。敵國客地，所當加意謹防，勿可輕信有整，必墜彼計，愼之愼之！」自西山王上公歸後，整尋得帝召命㉛，舉兵而北，且留其黨黎遜從事於睿。臨別日再三丁寧㉜，以好意期望㉝，睿亦以好意送之。整既得政，常常與睿通書往復，餽遺甚厚。又使人密徵遜來京㉞，探西山國情㉟，揣睿本意，知西王與上公兄弟構兵，繼又得睿書，約以併力南攻，大喜，以爲乂安必可圖。乃具黃金十兩、緞十疋，使遜歸謁睿，以利害禍福怵之。而且誘之。使人據有乂安，絕阻招遠，修築橫山舊壘，畫大灑江以爲界，如前朝故事㊱。於是武文任探子在乂安者，識破其事，忙遞回報。文任即以兵符召睿，睿拒之曰：「將在外，君命有所不受。」上公歸時，委某留鎮此地，不敢擅離也。」任曰：「睿反矣！果然。」遂馳書告變，且言：「昔日用整，是畜虎亭下；今日留睿，是養蜂袖中，請急發兵北伐，先誅睿於乂安，繼擒整於昇龍㊲，討亂定國，在此一舉，不可失也。」會上公與西王有隙，連兵未解，南陲內變，較北河憂更切㊳，不果于行。乃使人報文任，促令前往乂安捕睿，而點兵徵糧，分屯要害，貽書問整與睿通謀之罪㊴，看整如何報復。倘整尚知畏，退托其辭，猶當置為後圖，未可驟舉；若彼分明拒命，用以執言，直可進師㊵。文任聽命，自領大軍倍道疾馳，一日夜抵奇華營，則睿已不在矣。原來自去歲冬，上公聞整帥師入備，恐有他變，卽使阮文德領軍出據演州，與睿並領鎮守印㊶，相為唇齒。及聞南陲交兵㊷，睿、德遂貽書于整㊸，共謀合兵南還，乘釁作亂，克捷之後，來歸橫山以北地。整亦遲回未決，及為任所發㊹，二人乃去。驩演引兵從上道南還，睿歸西王㊺。德是國朝大臣，為西人所獲，勉强從事，亦不樂為之用，至是望西南山路直投還尖羅㊻，去了多時。上公得任飛書，遣兵邀截，亦不之及。

且說任至乂安點兵壯，徵糧餉㊼，治器械，遺書昇龍切責有整。整得書，匿不以聞，為復陳謝言：「僕前去國來歸，蒙置幕府，周旋鞭弭，經四五年。客秋還師㊽，不以告僕，固知上公以是嘗試觀其去就㊾。北人勉留，僕決然以去，想此心不二，當簡知于高明，永營追謁，僕請從軍偕行㊿，蒙諭曰：『碩壤為梗，不可不去，姑留于此，一番圖之。』僕敢不如命？既以身許馳驅，靡敢愛惜，躬冒矢石，以與碩壤爭鋒(51)，惟思去此二梗，隨卽單騎南還。乃於月前戰于山西，始擒碩郡，存壤猖獗海陽(52)，尚勞勦捕(53)，所以未歸朝耳(54)。惡僕者見其北留，以是嫁謗，何不審上公歸後(55)，僕在乂安僅十餘日，亦復北行，何暇與睿思慮？自此一南一北，各事其事，何曾與睿往復？明燭其情，當不待辨。且僕與將軍共事之日，不為不久(56)，果有他心，豈能隱而不露？將軍當為聲達于主公之前(57)，僕受賜多矣！」任得書，知整猶有懼意(58)，姑以善言慰解之，使整自安而已，得以經略乂安(59)。但責以旦夕平壤，振旅南還，以無負成意耳(60)。整不知其意，以為任可賣弄，必寬南顧之憂。時中外傳言，西將左軍任出軍乂安，揀取丁壯刻期進發，西兵不日再來，昇龍將爲戰場[61]。京中喧鬧，遷徙提挈[62]，金吾不能禁，廷臣多以爲言，帝召問整，整對曰：「衆人訛傳不足爲信，臣曾使人往覘，盡得其實，西王自北南還，直抵國城[63]，上公在富春，頓兵晏樂[64]，申明號令，繕修城壘，總北還所獲軍資器甲重寶，盡收貯之[65]，西王使使宣召，不肯回朝，凡封拜處置，皆自專決，西王使人操印封爲北平王。且問所得鄭府貨寶，上公拒命不肯進奉[66]，西王大怒，是以兄弟構兵[67]，蕭牆之中，甚於敵國。彼方救急不暇[68]，何敢越橫山一步，與我爭權[69]。我要內治規模定[70]，自是太平可冀。至若乂安一鎮，特遣介使持國書往，與他議定[71]，一言便了，我與他姻好既成[72]，不須違慮爲也。」御史阮廷簡曰：「古來姻好，盡不可恃，北平王亦是一箇英雄[73]，開視他不得。」整曰：「臣嘗與之共事，豈不相知？他信是英雄，我北河人才亦不多讓。萬一構成兵爭[74]，臣請與之對手，其餘武文任不足算也！今聞任已據乂安，饒他客兵棲寓，不過如往時昭武順義，據有乂安南河七縣，不久復歸于我矣。」帝曰：「人情驚疑，惟視南陲動靜，爲國家事體輕重，卿可熟籌預計，以寬朕懷。」對曰：「此臣職分內事，敢不悉心！」整雖外爲誇大之[75]，以鎮壓國人，而自得任書，內實憂懼。一日趨朝，屏人密言於帝曰：「武文任雖是北平王帥府左將，而本爲西王女婿，年來軍事指揮，亦以國婿自効，一旦見他兄弟有隙，任以此中立，固惟將令是聽，然其心豈能恝然於婦翁？昨有探子言任於洞海，間變，稟請入侍，北平王不許，而使直往乂安，今彼正處危疑之地，必不無內顧之意[76]。臣請乘此閒，說乂安疆事，且專以恩意望他，幣重言甘，外有任爲之游揚[77]，內有公主爲之周旋，北平王縱有何心[78]，亦不得不勉從於我。」帝曰：「善。」翌日晨朝[79]，帝謂群臣曰：「乂安密邇清化爲湯沐輔郡，其子弟補宿直爲國爪牙，此地不可久爲他人竊據，朕將遣使之富春，與北平王一番議定，卿等當擇可使者？」張登揆對曰：「阮廷簡、范廷瑛其人方正，可以辦事。」潘維藩曰：「簡梗直有餘，而柔和不足；瑛持論雖正，而見事頗遲[80]，北平王大諭[81]，好以智術籠罩人，談論之間，一抑一揚，不可測量[82]，恐二臣與之爭辨，必誤國事。」廷舉其人累日不決[83]。整奏以陳公燦往，帝曰：「得之矣。」乃召公燦諭之曰：「卿忠貞體國，簡在朕心。昔富弼使契丹，敵國起敬，功成事濟[84]，此行事亦相類，卿勉為朕將命，亦南國之富弼也。皇親一人，特命維祓，輔行一員，惟卿自擇。」公燦毅然請行，曰：「主憂臣辱，臣何敢擇[85]，與臣共事[86]，臣之所知吳儒可。」帝然之，命下，舉朝咸稱得人。那維祓懿宗第六子，帝之從祖叔，為人謹厚雅實，玉忻公主未嫁時，嘗以尊行事祓，可否必問。及歸北平王，祓嘗以事來見[87]，北平王亦稱其言語進止有度[88]，至是以問安公主，擇皇親可遣者，故以祓行。功燦東安安偉人[89]，景興壬辰科進士，端王親政，燦以工部左侍郎入侍行參從。丙午之難，西兵逼畿甸，碩郡公兵潰，文武諸臣，援迹宵遁，燦獨請王，背城一戰，戎服帶劍，扈駕于五龍樓。及北平王入國，先皇帝令群臣次第參謁，見其神氣英毅，莫不驚慴失色，燦獨進退如常，不失大臣風采。北平王大奇之，數延見，問以北河事，燦隨問隨答，言如湧泉，無所留難。不可意者，北平王詰之，反覆論辨，亦不少屈。北平王謂左軍任曰[90]：「我聞北河人才最多，親來其地，惟見功燦有人色耳。」其見重有素如此。歷授刑部尚書入侍經筵同平章軍國重事，立朝梗概，臨事應變，濟以經術，人皆推之。為整業師[91]，整有心裏事，不可以告人，未嘗不以問燦取決焉[92]，是以請帝遣之[93]。吳儒富川知止人，初燦以臺官知貢舉，擢儒乙未科進士[94]，故儒以師禮事之，嘗詣其門。燦見儒為人慷慨多大節，不附權勢，聲氣相投，燦頗愛重之，因此使之俱。儒初聞命入見，燦謂儒曰：「敵國憑陵，邊報正緊，今卜其行，未卜其歸，某為國大臣，義所當往，死生非所計，公初任，位卑，老母在堂，忠孝不可兼得，試熟思之，不敢强公也。」儒曰：「相公受國厚恩，某受相公雅顧，大臣爲國當事，士爲知己者死[95]，皆義之當然，此外非所知也。」燦喜曰：「壯哉！士如是斯可謂達矣。」乃引儒入見帝，賜拜於內殿，問曰：「汝所抱負經學，綜達世故，自料此行如何？」對曰：「仰賴國家鴻福，廟堂遠算，事之允濟，想亦無難。且此間良臣專對，自當不辱，臣爲輔行，但知盡所職耳。」帝頷之，卽命平章維藩等與鵬公整集議會修國書，略言：「乂安乃是本朝中興根本之地[96]，與淸化爲股肱郡，文臣武將多出於此，宿衞之士，亦揀其兵壯充補。若用其人棄其地[97]，使之鄕里隔阻，親戚離別，求之人情，最爲悖戾。貴國王敦信睦鄰，推心置腹，想亦無微不燭，況此明明者乎。重念貴王初來，本以尊扶爲第一義，先帝在御，延之坐榻，執手共話，玉音在耳，何可頓忘？及其憑几遺囑，諄諄以小子沖年爲憂，心欲邀貴國之福，可爲倚頓[98]。近聞遣將出戍乂安，國人疑阻，或以爲邊臣惹事，非出貴王本意，及接到移文，始知實奉大命，以去秋割地犒師爲辭[99]。小子新膺曆服，未究前因，經飭廷臣，查照割地之約，是指布政明靈二州，不干乂安界者。那時曾蒙貴諭，果屬黎家土地，一寸不取。若犒師以地，不如以幣，請計地域，歲入總數，用爲犒勞之需，年年送至界上，永爲成例，遙惟貴王裁之，以全兩國之好，一國幸甚。」書成進覽，帝命出內藏黃金綵緞土絹土布，充餽贐品物，召公燦面諭，勑令賫往。是日起行，百官送至郊外，獨鵬公整與燦宿于盛烈寺，燦謂整曰：「北平王險詖難測，此行未必肯聽否，但吾旣受命，且委曲辨折，以死爭之。至於防備機宜，吾去後，公可加意勿忽！淸化沿山地面，速當分屯守險，以防步兵；山南海口，亦各橫流植柵[100]，以截舟師。若彼背約來攻，吾先有以制之，不至臨時倉卒。」整曰：「請師第往，無勞過慮，先生辭命，誰不退聽，否則弟子之治軍旅，亦不下人，萬一有變，豈不能一番轟雷掣電，推山倒海，以快吾心，彼雖桀黠，亦何能施[101]？」燦不以爲然。及行至瓊瑠界首，文任所置屯將，接入檢視品物，只許使臣三人，與行价十八人俱，餘皆遣還。比到乂安鎮營，文任置酒款待，從容問燦曰[102]：「北河文武如老爺者幾人[103]？黎君委國於賊整，自謂何如？某今已帶領兵牌，早晚直擣昇龍，先斷整頭，次問黎君何以背德納叛？明告北河士民，使知用兵本意。黎君既不能保其國家[104]，併清化以北諸鎮，我不之取，他人必取之，乂安蕞爾之地，割與不割，何關存亡？遠來祈請，徒苦跋涉，只恐離巢之鳴，到飛歸時，無枝可棲耳。」燦默然，聞者大恐。及出，謂儒曰：「西山人行兵如飛，趨利太急，觀其去來，倏忽神速，禦不可得，追不可及，古來未聞有如此敵者。吾意中遠慮，逆防未然，曾於行間囑鵬公如此如此，不審阿公記否[105]？若少遼緩，不及事耳。」嗟嘆良久乃行。儒又言於燦曰：「看彼主將，密謀圖我，已有定局，年前尊扶，還是假托，豺狼野心，決不可以仁義說。今使軺出境，國城受兵，事勢太迫，宜權變以圖之，不可膠柱。且觀鵬公自得志以來，黃金橫帶，氣體洋洋，不比曩時咬菜根能做事者。竊恐惴惴臨戒[106]，必為文任所獲，吾皇去留亦未可卜。吾輩作何籌算[107]，以默運機括，庶可挽回，求以安國家，專之亦無妨。若徒遵奉原旨，爭辨乂安之事，所謂盜既入室，而猶修其藩籬，非計之得也。請且改易國書以行[108]。」燦曰：「改之如何？」儒曰：「改稱『鄭氏專國，黎君已無天下[109]，幸賴貴王尊扶，天若祚黎，宮車何至晏駕[110]，嗣孫沖齡，深惟不克負荷，以辱社稷。書曰作賓，詩曰有客，皆前代故事，請胙土世襲，以奉尊祧[111]，實順天命以自存，邀昊眷於無疆也』。彼志在取國，無心圖我，見此喜心油生[112]，必放使臣回國，分土居之，我因得奉吾國皇上棲于此地，彼既無疑我心，便不復來窺伺[113]，我繼此徐圖[114]，如少康之綸邑、勾踐之會稽，中興自當有日。不然彼怒而逞殘，吾輩徒為海噬之鬼，固不足言，吾皇羈旅喪亡之餘，無尺土為階[115]，雖有孔明之才，亦難措手矣！」燦曰：「不可。鵬公結髮從戎，老於行陣，設若國城受兵，想亦不甚狼狽。

兩國交爭，得失未決，我輩啣命出疆，遽已易書矯詔，非惟獲罪于國，若敵人勘得欺罔，亦不容我，爲禍更大，貽笑無窮。不如明白行之，事之成敗有天在也，我何憂焉！」儒自是不敢復言。

既至富春，陳其品幣，謁見，燦奉上國事。北平王[116]看了一遍，擲書於地，厲聲曰：「那書是誰人做？說出全無義理，北河諸人慣以口舌啖人[117]，我非兒子可欺也。」燦神色不變，從容言曰：「王且息怒，容臣明言，若欲殺臣，請一言以死。」北平王素重燦，改容謂曰：「昔我駕海北出，破昇龍滅鄭氏，舉國震驚，朝野束手，莫敢誰何。此回使據有其國[118]，稱帝稱王[119]，亦奚不可？惟我遠慕先帝之德，挈土宇而全歸之，一統輿圖，皆我再造。北朝却以上公制册爲報，不知上公是甚名號？於我何加？已而先帝賓天，山陵大禮，我爲周旋；嗣王承統，册立大禮，我爲主張，今不此之德，納我叛人，與我爭衡[120]，謀爭乂安之地，以若所爲，人情忍耐得否？我已派出兵馬二萬，使左軍武文任領之，直抵昇龍，馘賊整父子以獻。自料整聞我軍出，必挾嗣孫以走，不知鋒鏑之下，玉石不分，嗣孫得保無恙否？國人反以歸怨于我！」燦對曰：「昔黎太祖平吳開國，功德如天，聖尊躬致太平，光前裕後。石碑以北，大嶺以南，共惟臣庶，罔不尊親，垂及百年。莫氏僭干，國情咸憤[121]，先王糾合同志，復立黎氏，鄭氏繼之[122]，亦以扶黎爲名[123]，故能號令四方，人皆響應。數世以來，雖云脅制，而正朔所在，鍾虡不遷[124]，天下固黎之天下，大王一駕，直抵京城，雖曰威聲有截，亦惟尊扶大義，人所信服，不然入人之國，安得若是容易？先帝一見王，禮貌極隆，公爵册命，繼而封王，自是本朝故典，非酬答之不加，不可以是見薄。三百餘年之國，上帝享之，人心戴之，大王挈土宇而全歸之，乃所以順天意副人望，未可以是爲德。先帝臨崩，皇上繼立[125]，事事皆先禀白，大王不爲之主而誰主之[126]，理到那裏住不得[127]，臣不敢云云，以譽美而獻諛也。大軍南還，阮有整尾從，大王留之乂安，何以指之爲叛？乂安故轄，本朝守其封土

[128]，何以名之曰爭？王派出兵馬，以聘問來，本朝例有迎接，否則昔人有言『大國有征伐之兵，小國有備禦之固』。臣已越境，事非敢知。臣國嗣皇天旣命之爲君，帝王有眞，鋒鏑亦有所擇，王請勿憂。王順而行之，興衰繼絕，以定黎國，臣民孰不戴之功若德[129]，又何怨焉？不然世變事殊，非愚臣之愚所能逆睹也。」反覆論辨，一無所屈。日向暮，北平王曰：「第出就館，再三思之[130]。」燦曰：「三思反惑，一死便足。」北平王怒，命錮之于獄，分送被儒等[131]，各於別所監之。燦旣就獄，言笑如常。北平王使人偵之，見燦書監所云：「違德有三，縱未能之，願學，小心無二，行其素也何尤。」司馬吳文楚請殺之，北平王猶惜其才，謂中書陳文紀、禮部武文紂曰[132]：「北河人物，燦亦好底，我欲收而用之，而彼必不肯，爾等盍試一開曉之。」於是二人至監所，的見燦木梏仆臥，曰：「老大何自苦乃爾？」燦曰：「命矣夫！」紀曰：「君子有不受命，制之在我，譬之睹然。錢一俯一仰，吾從其勝者而睹之，天下稱爲良博。」燦曰：「此所以爲博徒，非君子之道。吾聞爲臣死忠，古之訓也。」二人知其不可奪，出曰：「漢有蘇子卿，黎有陳公燦，可閔也[133]！亦可憎也[134]！」會西王移書數北平王罪狀，將發兵討之。北平王麾下將士，或有亡去者，北平王謂陳文紀曰：「今我國有疵，人情携二，蕭牆之變，不可使聞於鄰國。北使在此，耳屬于垣，彼遠來覘我，留之則國情被他識破，或緣此投閒，弄出事故，歸之則被他宣泄。北河知之，更生外侮。我欲投之海中，以絕聲迹，當依此計行之。」乃使都督武文月具海船數艘，聲言送北使還，引燦等入拜辭，北平曰：「公等第先回，待我來時召見，別有區處。」又將白金百兩，謂曰：「此公主送好勿辭[135]。」名曰歸之，而密以敎月，人不知之[136]也。丁未春三月，整船自思客海門，開帆而去，不十日抵乂安之丹崖海門。月與使部泊岸登陸，燦故門弟監生阮軒者，直祿人也，聞其師得還，歡喜赴謁。軒見月面目不常，陰揣其情，密以告燦，遂請改從陸道。月曰：

「某奉命送使水行，最爲妥便，不可步行，跋涉殊苦。」於是復登船駕海，纔出洋面，月使舵工漏舟沉之。軒立海岸望之，慟哭良久而還。歲夏四月十一日也。月乃回舟泊岸[137]，以阻風溺水，宣言於中外，蓋不欲居殺使之名也[138]。

且說整、等之南行也，整以爲事必可濟[139]，公言於朝曰：「西山情形，如在目中，彼方幸我之不開釁，得以專意于其國，今內變正慌，何暇外慮？文任孤軍在外，內顧無援，亦何能爲？北平王見我書來，必喜而退聽，請勿以南陲爲憂。」故凡在燦行時所囑備禦等事，整皆不以爲意。但奏以黎遹爲清化鎮守，臨行誡之曰：「只宜鎮守封疆，毋生事以疑敵，待陳平章回後，移鎮乂安，修我橫山舊壘，以固邊圉，爲長久計也。」平章維藩聞之，詣整言曰：「陳公老於世故，見事甚敏，平日有所議論料想，及事之來，無不奇中，公不可等閒視之。」整亦不以爲然。藩出謂同僚登撰曰：「鵬公素號知兵，而愎諫輕敵，恐國都殘破之後，能再堪蹂躪耶！吾曹久當撰席，顛不持，危不扶，又焉用者？」相與嘆息久之。藩曰：「追惟先帝功德，而未有廟號，不及今議定，終爲闕典。」乃共議尊上皇祖金册曰「永皇帝」，廟號「顯宗」，奏帝請行告廟禮。整曰：「禮上廟號，須大祥後入廟方行，何乃急也？」藩曰：「時事未可知，正可及早完先帝美號耳。」整亦默然。

却說整自乂安入京時，晏都王渡河如京北，棲于桂塢。舊武班者號阮廷遂奉王密旨，號召慈順土豪，招募義勇，誅討整以清內難，復前業[140]，又移檄高平、諒山諸藩臣，使各會師勤王。整屢欲攻之，而楊仲濟據有嘉林，築壘與整相拒，尚有一線之梗，路阻不通，是以置之度外。及濟既誅，整慨然以攻王爲第一著，奏請自帥本部兵馬討之。帝以王素恭順，不忍加兵，且心實惡整，不欲使之得志，恐成陵逼之勢，欲止其事，而難爲辭，使內翰武楨宣旨諭之曰：「鄭家歷世，實有大功，子文無後，何以勸善？不如先示文告之辭，開示禍福，若執迹不悟，然後臨之以兵，存我忠厚之意[141]，無容物議，得以置喙於其間，不亦善乎！」整不聽曰：「縱我不提兵來，仲濟輔王之事成，看他與帝厚否！英雄舉事，豈以婦人為仁耶[142]！」卽固請出師，帝不得已許之。整督諸軍渡河，舟楫蔽江，氣勢凜烈可畏。王聞報急令遂率桂塢族為先鋒[143]，安勇土豪阮仲玲為左拒，嘉平土豪陳光珠為右拒，列陣以待。整軍至，兩相對戰，自旦及日中，勝負不分，又各解兵休息。整使人賫帝詔諭王，責以効順，不宜拒命。王笑曰：「有整此來，意欲生擒我，使食得下咽，必不吐出，今又以甘言誘我，那逆賊大譎可惡。雖然，彼既以帝命來，我不可默然不答。」乃自為陳情表，言整之罪惡，臣民切齒，請先誅整而後歸朝，語多激切。正是

野外雌雄猶未決　田中蚌鷸正相持[144]

未知勝負如何，且聽下回分解。

【校勘記】

❶「敵」，丁本作「賊」；「任」，原作「用」，丁本作「壬」，據甲、乙、丙、戊四本改。

❷「公」，甲、乙二本作「功」，下同。

❸「且說」，原作「且却說」，「却」衍，刪。

❹「琨」，甲、乙、丙三本作「睫」，下同。丁本「琨」下有注作「原名睫，清池月盎人，景興三十三年壬辰進士」，戊本有注作「疑卽是睫」。又「翰」下，丁本有注作「嘉林富市人，景興四十年己亥進士」。

❺「追」，甲、乙、丙、丁四本作「攻」。

❻「膌」，甲、乙二本作「應」，丁本作「當」。

❼「警」，甲、乙、丙三本作「變」。

❽「帖」，原作「怗」，據各本改。

❾「惡」，甲、乙、丙三本作「意」。

❿「也」，甲、乙、丙、丁四本作「者」。

⓫「揆」下，丁本有注作「真定青尼人，景興三十三年壬辰進士」。

⓬此句甲、乙、丙三本作「庶可弭亂」。

⓭「鋭」，甲、乙、丙三本作「利」。

⓮「臣」，丁本作「時」。

⓯「燦」下，丁本有注作「東安安偉人，景興三十三年壬辰科進士」。

⓰「王」下，丁本有注作「名阮廷伯，東安平民人，保泰八年丁未科進士，卒後贈僉都，褒封義成王」。

⓱「傣」下，丁本有注作「景興三十年己丑科進士，廷伯之子。」

⓲「生高平，卒高平」，甲、乙、丙三本作「生于高平，卒于高平」。

⓳「規」，甲、乙、丙三本作「歸」。

⓴此句甲、乙、丙三本作「命之亡也夫」。

㉑「酋」，原作「奠」，據各本改。

㉒「邊」上，甲、乙、丙三本有「凡」。

㉓「難」，甲、乙、丙三本作「艱」。

㉔「多」，甲、乙、丙三本作「許多」。
㉕「守」，甲、乙、戊三本作「取」。
㉖「遠」下，甲、乙二本有「青沔縣丹甲社人」。
㉗「後又」，原作「後而」，戊本作「尋」，據甲、乙、丙、丁四本改。
㉘「王婿」，原作「王睿」，戊本作「阮睿」，據甲、乙、丙、丁四本改。
㉙「時」，原作「辰」，據甲、乙、丙、丁四本改，下同。
㉚「倚」，甲、乙二本作「委」。
㉛「帝召命」，甲、乙、丙三本作「命召」。
㉜「三」，甲、乙、丙、丁四本作「四」。
㉝「望」，甲、乙、丙三本作「睿」。
㉞「來」，甲、乙、丙三本作「還」。
㉟「探」，甲、乙、丙三本作「採訪」。
㊱「朝」，甲、乙、丙三本作「黎」。
㊲「繼」，甲、乙、丙三本作「次」。
㊳「憂」，甲、乙、丙、丁四本作「外憂」。
㊴「貽」，甲、乙二本作「移」。
㊵「用以執言，直可進師」，甲、乙、丙三本作「是用進兵聲罪未晚」。
㊶「同」，各本作「並」。
㊷「及」，原作「又」，據各本改。

㊸「貽」，甲、乙、丙三本作「遺」。

㊹此句甲、乙、丙三本作「及見任所發兵」。

㊺「西王」，甲、乙、丙、丁四本作「西山」。

㊻「尖羅」，甲、乙、丙、丁四本作「暹羅」。

㊼「糧餉」，甲、乙、丙三本作「糧草」，丁本作「俟糧」。

㊽「客」，甲、乙二本作「追」。

㊾「上公」，甲、乙、丙三本作「主公」。

㊿「偕行」，甲、乙二本作「皆歸」；丙、丁二本作「偕歸」。

51「爭」，甲、乙、丙、丁四本作「交」。

52「獗」，原作「蹶」丁本作「狂」，據甲、乙、丙、戊四本改。

53「劳」，甲、乙、丙三本作「留」。

54此句甲、乙、丁三本作「所以未還朝廷耳」，丙本作「所以未還朝謁耳」。

55「上公歸後」，甲、乙二本作「主公南歸後」。

56「久」，甲、乙、丙三本作「少」。

57「達于」，甲、乙、丙三本作「辨乎」。

58「意」，甲、乙、丙三本作「心」。

59「略」，甲、乙、丙、丁四本作「理」。

60「成」，甲、乙、丙三本作「盛」。

61「将」，甲、乙、丙三本作「必」。

62 「提挈」，甲、乙二本作「奔走」。

63 「抵」，甲、乙、丙、丁四本作「至」。

64 「上公在富春，頓兵晏樂」，甲、乙、丙三本作「上公頓兵富春燕樂」。

65 「盡」，甲、乙、丙三本作「悉」。

66 「不肯進擧」，甲、乙、丙、丁四本作「不以進」。

67 「是以兄弟」，甲、乙二本作「兄弟由是」，丙本作「兄弟以是」，丁、戊二本作「以是兄弟」。

68 「救急」，甲、乙、丙三本作「內救」。

70 「內」，甲、乙、丙三本作「自」。

71 「議定」，甲、乙、丙三本作「定議」。

72 「我與他」，甲、乙二本作「他與國」。

73 「北」上，甲、乙、丙、丁四本有「顧在我所以自強之策，如何可以固疆圉，杜窺窬，止此為可恃」，又「顧」，甲、乙二本作「固」；「疆」，丁本作「邊」；「止」，丁本作「正」。

74 「爭」，甲、乙、丙三本作「禍」。

75 「辭」，甲、乙、丙、丁四本作「言」。

76 「意」，甲、乙、丙、戊四本作「憂」。

77 「游」，甲、乙、丙三本作「悠」。

78 「縱」，甲、乙、丙三本作「倘」。

79 「晨」，甲、乙、丙三本作「早」。

80 「見」，甲、乙、丙三本作「應」。

81 「大」，甲、乙、丙三本作「太」。

82 「不可測量」，甲、乙、丙三本作「人不可測」。

83 「其」上，丁本有「亦難」。

84 「敵國起敵，功成事濟」，甲、乙、丙三本作「敵人起敵，事濟功成」。

85 「擇」，甲、乙、丙、丁四本作「懌」。

86 「與」，原脫，據丙、丁、戊三本補。

87 「來」，甲、乙、丙三本作「求」。

88 「言語進止」，甲、乙二本作「舉止言語」，丙本作「舉止言行」。

89 「東」，甲、乙、丙三本作「興」。

90 「謂左軍任曰」，甲、乙、丙三本作「謂左右曰」。

91 「整」，甲、乙、丙、丁四本作「鵬公」。

92 「以問」，甲、乙、丙三本作「於」。

93 「是以請」，甲、乙、丙三本作「今奏」。

94 「未」，甲、乙、丙三本作「已」。

95 「死」，甲、乙、丙、丁四本作「屈」。

96 「本」，甲、乙、丙、丁四本作「國」。

97 「人」下，甲、乙、丙、丁四本有「而」。

98 此句甲、乙、丙三本作「為可倚仗」，丁本作「為何倚賴」。

(99)「執」，甲、乙、丙三本作「約」。

(100)「植」，甲、乙、丙、丁四本作「樹」。

(101)「何」，甲、乙、丙三本作「不」。

(102)「燦」，原作「整」，據各本改。

(103)「文武」，甲、乙、丙三本作「人物」。

(104)「保其」，甲、乙、丙三本作「治」。

(105)「識」，甲、乙、丁、戊四本作「審」。

(106)「惴惴」，甲、乙、丙三本作「倉卒」。

(107)「何」，原脱，據各本補。

(108)「行」，甲、乙二本作「圖之」。

(109)「君」，甲、乙、丙、丁四本作「家」。

(110)「天若祚黎，宮車何至宴駕」，甲、乙、丙三本作「天不祚黎，宮車宴駕」。

(111)「尊」，甲、乙、丙三本作「宗」。下同。

(112)「油生」，甲、乙二本作「悠油然」，丙本作「悠然」。

(113)「伺」，原作「問」，據甲、乙、丙、丁四本改。

(114)「繼」，甲、乙、丙三本作「因」。

(115)「尺」，甲、乙、丙、丁四本作「寸」。

(116)「王」下，甲、乙、丙三本有「啓」。

(117)「飫人」，甲、乙、丁三本作「咲人」，丙本作「飫我」。

118 「使」下，甲、乙、丙、丁四本有「我」。

119 「王」，甲、乙、丙三本作「皇」。

120 「爭」，甲、乙、丙、丁四本作「抗」。

121 「國情」，甲、乙、丙三本作「一國」。

122 「氏」，甲、乙、丙、丁四本作「王」。

123 「名」，原作「功」，據各本改。

124 「遷」，甲、乙、丙三本作「移」。

125 「皇上」，甲、乙、丙、丁四本作「嗣皇」。

126 此句甲、乙、丙三本作「非王主之而誰」。

127 「那」，甲、乙、丙三本作「這」。

128 「乂安故轄，本朝取其封土」，甲、乙、丙三本作「乂安本朝故轄，取其舊疆」。

129 此句甲、乙、丙三本作「臣民莫不戴其功德」，丁本作「臣民孰不戴其功德」。

130 「再」，甲、乙、丙、丁四本作「試」。

131 「送」下，甲、乙、丙、丁四本有「維」。

132 「紂」，甲、乙二本作「納」，丙、丁二本作「約」。

133 「閔」，甲、乙、丙、丁四本作「憫」。

134 「憎」，甲、乙、丙三本作「惜」。

135 「送好」，甲、乙、丙、丁四本作「好送」。

136 「知之」，原作「之知」，據各本改。

137「乃回身」，甲、乙、丙作「與同身」，丁本作「與使部回身」。

138此句甲、乙、丙三本作「蓋不欲明其殺之也，有詩云：名留宇宙千秋石，義重綱常萬古洋」。

139「整」上，甲、乙、丙、丁四本有「鵬公」。

140「前」，甲、乙、丁三本作「先」，丙本作「舊」。

141「忠厚之意」，甲、乙二本作「忠孝之道」，丙、丁二本作「忠厚之道」。

142「以」，甲、乙二本作「似」。

143「族」，甲、乙、丙三本作「旅」。

144「蚌蟜」，丙本作「蟜蚌」。

第十回

麟洋侯扶王泛海　鵬公整請帝渡河

且說整見表辭❶，名其爲賊，怒氣勃勃❷，挺劍厲聲曰：「亡國之餘，未知所懼，尙敢弄筆舌以欺國人，吾今日誓與王一生一死❸，爾將士宜聽鼓視旗，奮力陷陣，有進無退，不用命者，有此劍❹，乃戎服上象。」手秉紅旗，揮諸軍前進，阮如泰躍馬大呼殺賊，銃弩齊發，彈矢亂飛如雨，王左拒力不能支，將潰，王命前鋒並兩拒合軍，且戰且却，因退入壘中，分兵固守，整陳兵夾壘四面攻之，半日不拔，迨暮，霖雨霏霏，颷風瑟瑟❺，天地昏黑，咫尺不辨，整下令分軍圍迫王壘，王乃三分其軍，果敢者爲前後翼，遂、珠率之，老弱者中翼，王帥之，人定後，金鼓不鳴，烟火俱滅，壘外射銃連不絕聲❻，而壘內寂然不動，整使軍候潛至壘下聽之，若無人，然亦不測其虛實，迨漏下四更，雷雨大作，王因命大開壘門，使遂、珠先出，各帶勇士五十人，直犯整營，遂攻于左，珠攻于右，中開一路，王驅中翼軍直出向東路走，遂、珠爲殿，其夜整軍不辨誰某，交射混鬬，平旦始覺，追之已無及矣，整驅兵入壘，只見第舍一空，命大索軍需，一無所獲，怏怏不樂，班師回京❼。於是王東走邯江，依丁錫壤，老弱從者，一一放歸，單留遂珠二將並手下一百人，壤別以一寨居王❽，壤爲人浮躁，不閑將略，忠義亦非天植，平日所言所行，亦是假托，出身以來，但習水戰，未嘗帶領步兵，自金洞之敗，舟船盡棄，狼狽東歸，竊據海陽鎭城，幸有軍糧可資，而不善撫循百姓，縱其部曲，暴掠閭里，爲兩洪所埋怨❾，豪目群起而攻之❿，棄城走邯江，及聞西人南還，復擁兵來京，將謀立端郡公以抗帝，比至端郡敗走，故附于王，聞整再來，懼不見容，卽引衆東歸，求領海陽安廣二鎭，以避其害，王奔桂塢，壤翺翔于東，未嘗一唁王所，至是王來又一味閒冷，禮意簡薄，遂、珠二人日夜爲王左右，於遂則忌爲將門子，於珠則鄙爲白屋丁，二人惴其情，慮有不測，皆辭于王，同日請去，王哭而送之，曰：「諺言：『溺水而遇浮漚，靠也不得。』我不久亦去，何辱留卿等爲。」王留十餘日，壤不曾說及軍國機事⓫，忽一夕詣王進曰：「天清月明，秋色最佳，臣已具酒登舟等候，請一幸覽勝，以寫幽懷。」王愀然曰：「風景不殊，舉目有北河之異，吾未能殲仇，不忘坐甲，泛舟浮杯，非吾今日事也，將軍且往遊之。」壤旣去，王隱几悶悶，謂侍者曰：「武人盡不可恃，或者其文臣乎！」乃爲書密使遺平章登揆，書曰：「此生不時，遭國多難，忝以王家嫡嗣⓬，深廟社之憂⓭，奉表陳情，蒙賜歸覲，初來只欲以存先祀爲孝⓮，實無心專輒而據國也⓯。事勢推移，爲諸將所擁迫，取忤於帝。及整入京，宮闕卽以焚燬⓰，焚巢之鳥，盤飛無依，以是飄零江湖，不敢回闕⓱，今朝桂塢，明日邯江，自營棲寓之謀，遂涉抗衡之迹，使惡之者得以執言，本來一片恭順之虔，無由上達，公可曲爲陳白，此回進止，惟上所命⓲。」揆得書以聞，帝憮然曰⓳：「王一片貞衷⓴，朕已面諒，惟不善處變故至於此，果已回心知悔，朕必有以待之，不但宗國可保㉑，富貴亦不失也。」因命揆爲導迎使，接王歸朝。時王在邯江，聞壤與整陰通信息，疑有異圖，嘆曰：「此非善地可居，吾寧浮海入山，毋寧坐以受辱㉒。」卽使侍者密謀借商船，乘夜挈其徒，順風開航，直趨山南，平旦，壤始知之，大驚曰：「王南幸而不告，得無有疑我意㉓耶！若不從王，此心不白，天下其謂我何？亦以師舟尾之。王至眞定，范尊麟謁見于舟次㉔，麟，眞定，博澤人也。其先世尊仕在景興，初爲恩王名將，累立戰功，門閥頗高，素爲郡邑所服。麟又豪俠，門廡食客，嘗有百人㉕，家中所藏器甲具足，爲山南下鎮豪目之最。至是與王論兵事，且畫進取之策，王深嘉悅曰：「我得公晚矣！勉爲我輔㉖，以紹乃祖功德。」麟曰：「臣本無才，幸得憑仗王靈，敢不竭其心力。」於是奉王至其家，自集徒衆爲之守護。次日壤繼至，使人先奉啓云：「臣家累世蒙國厚恩，一心王室㉗，臣今與有整情雖有故，而勢不兩立。通國之人，亦皆知之，敢有何心，以辱先世。願王察之，俾得効其尺寸之功，以補前過。」王問麟，麟曰：「素聞壤重名，推爲東州巨擘，幸得共事，深以爲喜。」力勸王推誠柄用㉘，以益其勢，王許之。麟即親往迎壤，共至入見。由是二人相得，遂移檄太平、建昌、天長等府，約以起兵討整，旬日間，歸附者殆數萬人，刻日齊進，舟楫滿江，聲勢振薄，遠近響應，人皆以爲王業指日可復。故家子弟，如段阮俊、范珅、汝公僚、陶汝瓚諸人，亦各募鄉兵來會，東西處處並起。登揆奉命迎王，行至先興，路阻不得達而還。會有游士從京師來，謁王，具言有整驕弄，衆心離叛，帝亦見忌，勸王急進兵征之。王曰：「我有舊有裴辰潤在京，今領金吾軍，爲四城提領，可使爲內應，潤職在巡徼，誰則疑之，乃使人賚旨密以告潤，潤乃謀諸所親，悉易置塢門巡守更守卒。整子沛川侯廉知其情，即發兵捕潤㉙，而使其將山南鎮守曰選，發兵以攻王，水師至梧桐江，而步兵未渡大黃江口，覘者還報，壤以海艦最著二十艘，橫江作一字陣，列銃船頭，望之如城堞，選兵至，交戰以舟小不能抵敵，爲寶龍銃所射，輒沈于江，選懼，欲退保黃江，以與步兵相猗角，會東南風起，壤令海艦分泊兩岸，維舟登陸，揮軍走上岸，乘風射下選軍船，而所將皆烏合，坐作進退㉚，未嫺號令㉛，又倘佯無鬪志，既登岸，步伍失次，選在江中望見之，大呼曰：「壤軍敗矣！」於是疑驚大潰，奪路爭走㉜，互相踐踏，不可復制，舟艦委棄江邊，盡爲選軍所獲，麟軍在後望見敗兵星散，皆謂壤已被賊殺了。衆皆驚愕股慄，麟亦不能約束，同時俱潰，麟乃扈王乘單舸順走太平，夜半抵東關，忽聞鼓聲點點，如軍行之號㉝。或言選兵追躡，或疑刼夥搶攘，使細作覘之，方知是陳孟匡的，那孟匡，東關豪目，家資富厚，頗有義概，初得檄，卽糾合縣兵應義，約以是日進發，見在沛下屯相去不遠。王聽了，急使召之，匡從使者來謁，王謂曰：「寡人才德譾劣，不自惴量，動輒顚蹶，爲今之計將若之何㉞？」匡曰：「勝負兵家之常，雖累勝之兵，亦有一敗。故古之良將，先視地形，築營壘，儲糧食，備緩急，進足以取，退足以守，此爲萬全之策，何至一敗便北。臣縣有沛下邑，四面沃野，前阻大江，出入只有一路，又有小溪屈曲，外通于江，可運軍餉，前年兵亂，本地方界在東南之衝，臣曾已一番經理，濠塹已固，但連歲不登，穀粟尚未實爾！請移駕權駐，徐爲後圖。」王從之，署麟軍府長史，匡爲行營使，引兵入沛下邑屯，僅得信宿，匡派人徵糧未至，適整再使阮如泰將步兵來，與日選合兵攻之，水陸相接，前後夾擊，屯中據險以守，旬餘不能拔，選乃築長圍以絕糧道，王師食盡，至掘芭蕉樹根以食之，勢益困窘，麟、匡急呼手下告曰：「與其作沛下餓鬼，何如決一死戰，快殺數百人，汝輩誰能共我一乃心力，使我不負王，汝輩亦不負我。縱死不失爲忠義鬼，幸得不死，將來勳業未可量也，」衆皆感激，願從者百餘人，人定後，各乘竹舟從溪道去，乘選、泰不意㉟，放火焚其營，二人倉皇不能拒戰，麟、匡乃潰圍奉王而出，奪舟從海門東去，選引兵追之不及，泰縱兵入沛下大肆屠戮，男婦老幼靡有所遺。自兵興以來，無處不干戈，而殺戮之慘，未有甚於此者也。

且說自梧桐之敗㊱，壤隻身東奔，其戰船軍資遺棄殆盡，及沛下屯潰，王奔還海陽，復與麟等同泛海，往安廣，詐稱商客，分寓于萬寧州民舍，未幾，麟以家事辭歸，從王者獨孟、匡而已，月餘匡病卒，王左右無人，海外覊棲，情況最爲蕭索，自念浮生富貴，都是夢境，昔人有自矢㊲，願世世勿生王家，佛閔一切衆生，沉淪苦海，達人達見，眞爲萬世明鑑，向我寓彰德時，已有此想，乃自解弢塵魔㊳，法號海達禪師，遍遊諒山、高平諸寺。有京北生員武虔，避亂居諒山，遇王于三教寺，談經說法㊴，心知之，以告其藩臣何國驥、阮克陳等㊵，二人乃托爲齋醮事，邀王歸其家㊶，屏人進曰：「臣等世襲藩屏，遠慕朝廷威德，但聞人說黎皇鄭王如在天上，天下無事，臣等何以得見王，不幸國家有難㊷，乘輿遠幸沙塞，臣民孰不痛心，此正忠臣義士，經綸好時節，臣請奉歸團城，倡大義以圖興復，仰賴鴻福，大勳用集，瑣瑣鑾酉，幸得厠雲臺末列，臣等之願也。」王閉眼合手徐答曰：「老僧出家投禪，何預世事，公等勿錯認，却於寂靜中，弄出許多煩惱，天下誰帝誰王，自有眞命，老僧只會一瓶一鉢，卓錫沙門，做如來徒弟耳！」虔亦對曰：「臣雖未得侍王府，而游學京師日，竊常仰盼威顏，國人且有此心，王亦不可推却，臣聞王業艱難，非安坐可做，是以漢光頭髮爲白㊸，先王髀肉皆消，近者桂塢沛下之危，亦是睢水滹沱之役，惟其不沮不挫，卒成大業，未聞堂堂王者，退作閒僧也，請王思之。」王泣下曰：「黍離麥秀，觸目皆感㊹，我非木石，安得不悲，然盡吾之力，不可與天爭㊺，故隱忍以自存，安敢妄圖而再誤。」王既露出本色，遂爲衆所挾，勅下點兵、徵糧，驥陳等皆庸才，不能嚴戢手下，肆行非法，民不堪命，遂作亂，殺驥陳而逐王，王奔右隴，自是晦迹山林，一國之人不復知王所在矣！鄭自太王檢受封，傳至盛王森，凡八葉而肇亂，又端南王楷，晏都王棧而王祀絕，前後合二百四十二年。按發迹祖地記曰：「非帝非覇，權傾天下，八代傳家，蕭牆起禍，」興亡之理，雖屬人事，而自有數云㊻。

却說阮整㊼，自引西人入國之後，國人怨之，深入骨髓，及狼狽而歸，留于乂安，一州之人自甘心焉㊽。幸得帝有召命，遂以起兵入衞而免。帝推心委用，故中外之人敢怨而不敢言，文武故臣奔逃于外，各有起兵以誅整爲名，整挾帝以號令通國，專弄威福，大興軍旅，以去其謀己者。

已而擒仲濟、殺馮基，窮兵以攻晏都王，使之奔播，不敢歸國，其所行率多悖亂之事，而動輒得志，無敢誰何。以是整、虔愈肆，自以爲一世之人皆莫己若㊾，至以兒子視帝，左之右之，無復忌憚，意中尚有難者，獨北平王而已。整常私謂所親曰：「北平王南河雄傑，我亦不讓，他謠勝於我，我智勝於他，年前曾與他共事，今日姑讓一著，俟國中稍定，然後專意南方，此回便可與他一場兵車大會，去了一梗，那橫山以南復歸本國疆土，陳平章南行議疆。乂安之地，縱不得已讓他，亦是璧馬賂虞，關中予羽之故智，所謂將欲取之，必姑與之，非衆人之所能識也。故乂安之事，幣重而言甘，苟求可以無事，一番委曲盡以心事囑陳公，謂此行必弭兵事，不復以邊謀兵務爲意。」不知北平王取整之心，初非一日㊿，但藏機太深，而整不之覺也。人或有言邊境事，亦皆指爲好事臆度，道路訛傳，而不之信也。及使部死于海，朝士多以爲言，此是北平王恐泄南河兵爭事，而陰殺之，內變既寧，必將圖我者，整亦不以爲然，至是北平王與西王講和而歸，大會諸將語之曰：「阮整既以死之人，我再爲之畫出眉目，今彼翱翔北河，扶黎王以號令一國(51)，不思報我之德，又圖反噬，謀爭乂安，設重鎮以效鄭王南侵故事，此賊可殺，不識點檢得幾箇兵馬，能堪與我一戰否！」即命吳文楚、潘文璘等，領軍往乂安與文任同會謀北侵，隨以文任領節制印，諸將皆屬焉。布置已定，促令進兵，丁未冬十一月也。任過土山，清化鎮守黎遜不敢拒戰，斂兵退保貞江，飛馬告急，一日九至，京畿騷然，人情崩潰，爭提挈出城以避之，市廛皆掩扉撤業，衢路亦鮮有人行，臺省之中，獨有職守者在焉。帝命百官同會整第，議戰守之宜，整曰：「秦師壓境，謝安談笑自如；契丹深入，寇準飲博自若。大臣只須鎮靜，不可先自撓亂(52)，徒搖衆心，遜職在守土，見賊不敢不告，然他亦是才將(53)，文任未必生呑得他，且貞江靑厥江深水寒，雖有千兵萬馬，未易急涉，戰守機宜，自有定局，何事倉皇，副都御史阮廷簡曰：「清化湯沐之邑，累朝陵寢所在，今西人來侵，靜嘉全境，已被陷沒，紹天河中，皆爲戰場，社稷危如一髮，公爲國元臣，兵柄在手，定局如何，試一分明說出，卑職等各盡膚淺之見，以與公圖回天下，事非一家之私，何不與人言之，昔元人笑宋曰：『待爾家議論諸，則我已渡河矣！』今不早爲之計，待敵到纏橋塢門，假使謝寇再生，看他得鎮靜否？」寧遜阮伯瀾等皆曰54：「御史言是也。」整平生慣以口舌禦人，人亦畏其勢燄，不敢與之爭辯，至是賊信驟至，方寸正壞55，又爲簡所折，未知所答，平章維藩曰：「不須多言，賊來惟戰耳！公之麾下誰可將者，請奏帝行之，樞密給兵牌，度支給軍餉，即於今日引拜56，明日啓行，不可緩也。」整曰：「本意亦正如是，所謂靜鎮者，亦在是耳。」乃奏以阮如泰爲統領，寧遜參贊軍務，帥師與遹禦賊于清化。且說遹屯貞江，任使人報曰：「明日大軍過河，汝能戰，列陣以待；不能戰，可及早來降。」時任軍貞江之南，先使文楚領兵沿山西行，潛渡漆馬江以襲遹後57，遹不之覺，是夜歛衆宵奔，次日至高隴，已見楚兵在此，衆皆驚潰四散，遹爲亂兵所殺，器械軍需盡爲賊所獲。泰軍至珠林，聞遹敗死58，急呼寧遜共議，遜曰：「兵法曰：『爭山者勝，據險者固。』清化內外，三疊其限界也，天造地設，最爲險要，宜急進兵守之，毋使敵得先占，則長安以北，猶爲我有。若三疊不守，山南一路康莊，平原曠野，恐難與敵爭鋒，國事不可爲耳。」泰然之，卽整軍乘夜兼程而進，黎明渡軍潤口，聞任軍已過三疊。璘將選鋒軍前屯多枚，相去僅數里許耳。泰撫膺大呼，乃阻澗列陣以待之，賊至分道出擊59，泰孤軍無援，力戰自旦至日中，矢彈俱盡，前徒倒戈降于賊，泰度不能支，與其屬數千飛馬北走，賊兵追射盡殺之，寧遜走匿于民家獲免，文任既勝卽引軍前進，報至，整方食，倉皇投箸，起入室中，急召有攸，謂曰：「我戰將只有四人，遹、泰不幸死矣！選在山南，鑠在京北，徵之不及，勢頭甚迫，我不得不自將，汝宜大具兵實，與我偕行，父子之兵，一心庶幾可濟。」攸曰：「語有之，事父能竭其力，事君能致其身，兒請先往，與賊一場大鬭，不敢以賊遺君父，大人第徐行督戰，看兒取武文任頭來。」整將起出，其愛姬牽其裾曰：「妾聞朝廷百官，皆挈其妻子先避，臺省皆空，大官又出討賊，將士偕行，妾獨留此，何以堪處，願得一肩輿隨之。」整曰：「矢石之間，非巾幗所宜往，無徒亂人心曲也。」乃自詣闕奏請出師，帝御勤政殿宣旨，授整以節鉞，諭之曰：「朕倚公長城，此行國家安危所係，切勿輕敵浪戰，相機而動，斂奏膚公[60]，以慰朕懷。」對曰：「臣素知敵情，武文任勇而無謀，爲偏裨則有餘，爲主將則不足，他平日素憚臣，今見臣來，必不敢與之對，臣但以氣壓，不待戰而後勝也。此行不出五日，當有驛書奏捷[61]，請寬聖慮。」拜辭而出，帝親送至端門外，勑皇親百官餞之于郊，師至黃枚，使有攸領五銳奇軍先行，攸至青厥江築土壘，沿江北岸，分屯固守，時天氣寒冽，軍士露宿，團三聚五，燒柴對燎，賊游兵於火光中望見之，還報文任，命分兵乘桴直渡江渚，潛穿壘，引銃射之，視火爲的，發無不中，壘中驚亂，自潰，攸斂軍退守珠橋，所存什之二三，不敢迎戰，亦不敢走還，且退且止，以待後軍。

且說整至平望暫歇，忽見南風飄飄，有黑雲一片，橫亘西南來，整坐橋中，披書占之，繇曰[62]：「國有大敵，元戎敗績。」整意悶悶，正在沉思間，適有狂蜂箇箇飛來，尾螫于喉邊，忽驚起墜下，猛想皆屬凶兆，徘徊不欲進，俄見攸軍敗星散而還，言我軍已潰，賊兵追躡且至矣！整神色俱沮，進退兩難，麾下將士，亦皆喪氣，爭言賊勢甚銳，未可與之爭鋒，京城兵少，難於自守，不如引還，退守京北，畫珥水以爲固，然後徐圖攻取之策爲便，整從之。有頃攸至，即麾兵回京，夜方入城，喚參知政事阮奎使入奏[63]，請以明白駕幸京北，遂直造所居之亮府，結束行裝，使人先護妻子家屬渡河，金吾衞士知之，急走入殿奏曰：「鵬公家眷已行矣！」帝倉卒至整第，整方奔走庭階，分囑行者，帝執其手曰：「事勢至此，將若之何？」整見帝慚愧惶恐，遽拜謝曰：

「陛下委國於臣，臣不副所職，以誤國事，罪不敢辭，京師西南二面，無復可憑，城池亦未浚築，單有塢門而已。賊乘勝長驅，無藩籬之限，戰則不勝，守則不固，將何以自全乎64！今當移駕北幸，以圖後舉，敵遠來勞頓，又阻大河，必不敢追我，旬日之間，稍得暇豫，深圖遠算，豈無恢復好機會，陛下且還宮，奏知陛皇太后，請奉慈駕先行，臣親率兵象于河津等候。」整言已，復顧左右而去，帝卽徒步走歸，經街衢間，已見輿人扶携奔走，不遑乘而攘之，呼喚之聲相聞65，有一人止帝，索腰中無所有，乃舍之，帝急向朱雀門去，及左曲天門入，聞皇太后及祀嬪尋帝不見連呼乘輿安在。帝急應之曰：「在此在此。」卽召侍護之士，僅得十七八人，餘皆逃匿不至，急以竹杠輿奉皇太后及元子以行，尊室嬪御皆步行，擡遁御器，只有四函，餘皆委棄殿中，內侍有所私挈衣裝寶貝66，亦皆遺棄于衢路上，至河爭舟，不問貴賤，强者先渡，在沙中自踐踏，有顚仆致死者，舟大掉不及67，或有重載以致溺者，啼哭之聲震驚天地，京城大亂，無賴之徒，混入宮府，大肆抄掠，凡有所得，不敢搬運出城，只得分藏諸庯。薄暮武文任至，引兵入城宮殿，倉庫只存空舍而已。任曰：「入市尙得一金68，況于國乎，吾聞北河富厚，安得如此乾乾淨淨，我遠來沒得一錢歸，兒子聽也不得。」明日乃縱兵大索塲庯民舍，所得寶物甚多，并私財盡取之，民有詣門叫稱，古之行師，秋毫無犯，有取民笠以覆官鎧，亦所不容，何今民家受害至此？任大聲曰：「我軍所索皆是黎家官府之物，此豈民家所有，不過爾等乘亂相爭竊取，大軍繼至，未及埋藏耳！那是棍桄黨夥，盡不可留。」卽令拽出斬之，由是京城大駭，無敢言者。

却說整父子並文臣從帝北走，行間造次，惟懼賊軍追及，連袂而行，無復部伍69，暮抵京北鎭營70，會署鎭守阮璟鑠謀反，稱病不朝71。整至，切責之，始黽勉而出，時軍士在道，逃亡者太半，整憂之，悉閱其數，優兵一兵，僅得四百三十餘人，馬六十餘匹，整率之先渡如月江，屯于三層山，親督軍士築壘植柵，而命鑠扈駕後渡。整既去，帝與太后等待江次，久之無船，命召鑠問之，對曰：「諸船皆不在，陛下急欲渡江，請賜臣多少金帛，方可賃得，否則到來早，畢竟在此。若賊兵追逼，臣請以木嬰護渡，但御用之物不可保耳！」帝曰：「朕有天下尚不能保，又何愛，命開函以示之，止有傳國璽及黃金四十兩而已。帝曰：「惟汝所取。」鑠曰：「聖恩所及，請分其半。」帝盡以與之，鑠卽喚舟子艤船江頭渡之[72]。既岸，又使人追褫帝御袍，帝垂涙解而授之，遂奔如鐵山，帝請于太后曰：「臣才庸劣不足，以主神器，又暗於知人，爲阮整所誤，致都城失守，播越于外，以貽聖母憂，今崎嶇山谷遷徙靡常，勢未能團聚一處，而往來提挈許多人，又恐爲賊所知，變生不測，反覆思之，獨高平督同阮輝宿，忠厚可托，請權幸，高平地頗遙隔，賊兵未能卒至，此間可否事宜，臣請以手書付宿，至於晨昏起居，臣第可以代臣，願且寬懷，容臣在此，潛圖恢復之計，庶幾可贖罪過。」太后曰：「皇天不佑社稷，老婦生不如死，請以此山隙地爲藏骸之所，毋徒苦山溪跋涉爲也。」帝叩頭流血，伏地不起，諸臣亦多勸解，太后乃許之，於是皇弟桄及侍臣黎侗與尊室三十餘人[73]，俱從太后駕之高平。翌日，帝乃如安勇，文臣從者阮廷簡、阮廷璵[74]、朱允勵[75]、武楨、張登揆五六人而已。會武文任使部將阮文和追整，及之，戰于三層山，有攸揮刀力鬪，殺賊數十人，和分奇繞山後襲之，整兵亂自潰，攸力不能拒，陣前鬪死，參知政事阮奎亦爲賊所殺。整上馬北走，仆馬爲賊所及，爭刺之，整呼曰：「請生擒以獻。」賊衆共縛之，檻送還京。整求見，願得一言，文任不許，使人數之曰：「汝是鄭臣，叛而投我，以謀滅鄭。既又叛我北還，欺黎王以取大位，擅作威福，陰謀僭竊，以與吾王爭衡，究汝一生，皆蹈亂賊之故智，須剖汝心腸[76]，去其穢惡[77]，使北人以汝爲戒。」遂命屍解，縱犬食之。是役也，西賊擒整而未獲帝，和因縱兵大索，不得。密令人蹤迹帝所在[78]，帝懼，奔保祿山中。

却說麟洋侯范文麟初從晏都王，北走廣安，以事辭歸，因圖招諭，後失王處，依於安勇士目阮仲玲，至是聞帝在保祿，卽以告玲，共往迎帝，從安勇七總之民，築壘月德江北，與和相拒，使和攻之不克，任自督大軍來，日夜大戰，玲軍敗績，挾帝走，免。玲弟瓏爲任所獲，任不之殺，爲持書以諭玲，責令獻帝，其略曰：「奉命北征，只誅賊整，不干黎嗣皇事，嗣皇乃主上所立，爲整所挾，與之俱奔，狐執疑心[79]，迷而不復，螳敢拒轍，遂及於師，苟能悔以先來，猶可追夫前過，不然別求監國，主邑有人，卽嗣皇無返駕之期，併汝等有延林之禍？」玲得書，猶豫未決，復使瓏往告任曰：「一敗星散，人各東西，實未知黎皇所在，請假以旬日，搜尋卽當自詣。」廷、簡知之。乃密告帝曰：「玲兄弟二心不可信，延瑍、允勵、武楨皆京北人，宜亟遣分行招諭，以兵自衞，移駕順安[80]。登瑛、文璘皆山南人，宜使回本土召募，以待徵發，帝從之。分命而行。獨留簡扈從，潛歸嘉平，召進士陳名案[81]，問以本方事。案對曰：「北方土豪有陳光珠，舊是涇灘社長，勇敢有力，頃因兵亂糾合丁壯，自守鄉邑，縣中刼發者，珠率衆往救之，盜賊不能犯，一縣晏然，衆共推爲張縣，常自操田器作農夫野樣，遇西兵輒鬬而殺之，西兵累被其害，相戒不入縣界。文任聞之大怒，謀率衆捕珠，珠亡入至靈鳳眼間，招募勇士相賊相抗，東北之人，歸附者日衆，當密探西賊所在，夜疾馳至，掩而殺之，出沒如神，動輒得志，西人沒奈他何，他本欲唱義而未有所主，請奉咫尺之書，招之卽來，帝曰：「卿第使人先往。」珠聞之大喜，謂衆曰：「吾師今有名矣！」乃引兵迎駕，相見甚歡。帝曰：「聞爾勇於行軍，今敵衆在寶龕，約二百人，爾能攻破之，當以爾爲京北鎭守。」珠對曰：「此甚易事，但彼畢衆而來，臣兵寡無援，不能與之相拒，又恐不能斂迹以避，臣近來屢已行之，僅可少洩其怒，然未能自立，亦職此之故也，幸賴陛下威靈，諸將叶力，臣請自當一面，逢賊便戰，有死不走。」帝曰：「壯哉！眞將軍。」乃拜珠署鎭守

爵瑤郡公，珠郎耀武于萬刧山，建大將旗鼓于山上，使人奏請帝御觀兵。正是

成旅崎嶇謀復物，澤袍慷慨誓殲仇。

未知底局如何，且聽下回分解。

【校勘記】

❶「表」上，甲、乙、丁三本有「王」。

❷「氣」，甲、乙、丙三本作「色」。

❸「誓與王」，甲、乙、丙三本作「誓與晏都王」，丁本作「請與晏都王」。

❹「此」，甲、乙、丙三本作「如此」。

❺「颱」，甲、乙、丙三本作「淡」。

❻「不絕聲」，甲、乙、丙三本作「聲不絕」。

❼「班」上，甲、乙、丙三本有「於是」。

❽「以」，甲、乙、丙三本作「營」。

❾「洪」下，丁本有注作「上洪、下洪，今之平江、寧江。」戊本有注作「上洪下洪」。

❿此句甲、乙、丙三本作「豪傑蜂起而謀之」。

⓫「機事」，甲、乙、丙三本作「事機」，戊本作「機務」。

⓬「王」，甲、乙、丙三本作「國」。

⓭「深」下，甲、乙、丙三本有「惟」，此句丁本作「深為社稷之憂」。

⓮此句甲、乙、丙三本作「初來只以存宗社為孝」。

⑮「輒」，甲、乙、丙三本作「權」，丁本作「政」。

⑯「卽以焚燬」，甲、乙二本作「卽事燒燬」，丙本作「卽日燒燬」，丁本作「卽以燒燬」。

⑰「闕」，甲、乙、丙三本作「朝」。

⑱「命」，甲、乙、丙三本作「裁」。

⑲「帝」，甲、乙、丙三本作「上」。

⑳「王」上，甲、乙、丙、丁四本有「晏都」。

㉑「國」，甲、乙、丙三本作「廟」，丁本作「祊」。

㉒「受」，甲、乙、丙、丁四本作「取」。

㉓「意」，甲、乙、丙三本作「心」。

㉔「尊」，甲、乙、丙、丁四本作「宗」。

㉕「嘗有百人」，甲、乙、丙三本作「常數百人」。

㉖「勉為我輔」，甲、乙、丙三本作「勉留輔我」。

㉗「一」，甲、乙、丙三本作「盡」。

㉘「柄」，甲、乙、丙三本作「授」，丁本作「納」。

㉙此句下，丁本有「大索居第，果得王密書旨，整入奏，請帝誅潤」。

㉚「進退」，甲、乙、丙三本作「擊剌」。

㉛「嫺」，原作「閒」，據丁本改。

㉜「大呼曰……奪路爭走」，丁本作「帥舟師疾棹向之」。

㉝「如軍行之號」，甲、乙、丙三本作「如流軍之狀」。

❸❹「將若之何」，甲、乙、丙三本作「安出」。
❸❺「不」，原作「失」，據各本改。
❸❻「敗」，甲、乙、丙三本作「役」。
❸❼「自矢」，甲、乙、丙三本作「云」。
❸❽「弢」下，甲、乙、丙三本有注作「音韜，弓衣也」，丁本作「音滔，弓衣也」。又「麈」，甲、乙、丙三本作「坐」。
❸❾「經」，甲、乙、丙、丁四本作「玄」。
❹⓿「陳」，甲、乙、丙三本作「林」。
❹❶「歸」，甲、乙、丙三本作「至」。
❹❷「國家」，甲、乙、丙三本作「天下」。
❹❸「為」，甲、乙、丙三本作「盡」。
❹❹「皆感」，甲、乙、丙三本作「傷心」。
❹❺「天」原作「王」，據各本改。
❹❻「自」，甲、乙、丙三本作「亦」。
❹❼「阮」，甲、乙、丙、丁四本作「鵬公」。
❹❽「自」，甲、乙、丙三本作「欲」。
❹❾「世」，甲、乙、丙三本作「國」。
❺⓿「初」，甲、乙、丙三本作「已」。
❺❶「扶黎王」，甲、乙、丙、丁四本作「挾黎主」。

52 「撓」，甲、乙、丙三本作「攖」。

53 「才將」，甲、乙、丙三本作「將才」。

54 「遜」下，丁本有注作「安謨瑰池人，景興戊戌科進士」；「瀾」，丁本作「蘭」，其下有注作「嘉林古靈人，景興乙巳科進士」。

55 「壞」，甲、乙二本作「茫」，丙、丁二本作「忙」。

56 「引拜」，原作「拜引」，據各本改。

57 「漆」，原作「添」，據各本改。

58 「珠球」，原作「球珠」，據各本改。

59 「出」，甲、乙、丙、丁四本作「夾」。

60 「公」，甲、乙、丙三本作「功」。

61 「驛書奏捷」，甲、乙、丙三本作「捷報」。

62 「繇」下，丁本有注作「爰究切，占辭也」。

63 「奎」下，丁本有注作「真福鄧舍人，昭統元年丁未科進士」。

64 「自」，甲、乙、丙三本作「萬」。

65 「喚」，甲、乙、丙三本作「泣」。

66 「貝」，甲、乙、丙、丁四本作「貨」。

67 「大」，甲、乙、丙三本作「人」。

68 「金」，甲、乙、丙三本作「緘」。

69 「伍」，甲、乙、丙、丁四本作「分」。

⑩「京北」，丁本作「北寧」。

⑪「朝」，甲、乙、丙三本作「納」。

⑫「江」，原脱，據戊本補。

⑬「倜」，原作「烱」，據各本改。

⑭「璵」下，丁本有注作「武江金堆人，景興乙未科進士」。

⑮「勵」下，丁本有注作「東岸育秀人，戊戌科進士」。

⑯「腸」，甲、乙、丙三本作「腹」。

⑰「去」，甲、乙、丙三本作「割」。

⑱此句甲、乙、丙三本作「密令人從帝跡所在」，丁本作「密令尋帝蹤跡所在」。

⑲「狐執疑心」，甲、乙、丙三本作「狐托分心」。

⑳「安」，甲、乙二本作「廣」，丙本作「慈」。

㉑「案」下，丁本有注作「嘉平寶篆人，昭統元年丁未科進士。」

第十一回

西山再入城據國❶ 嗣皇三起駕復都❷

且說帝親御觀兵，在陳興道王祠中，召珠問曰：「有衆幾百？」對曰：「除新附外，臣手下精練者百人耳❸！」帝曰：「恨少。」對曰：「兵貴精不貴多，有殊死之士百人，足以橫行天下，臣嘗試之，敵兵蔽野而至，所遣或數十人，突前揮刀而亂斫，無不潰敗。」帝曰：「信如爾言，出其不意則可，對陣而戰則不可，今散亡之餘，人情易亂，動出萬全，始能自立，以圖恢復，萬一蹉跌，不可復合，此會稽之栖，巴川之屈，古人隱忍以自存，不敢妄動以自取敗，今國家事殆類於此，須先號召勤王，以益其勢，未可遽出色也。朕已分遣諸臣，各行召募，在京北者有范廷瑱、朱允勵❹，在山南者有張登揆、范文璘，不日自當復命❺，爾且俟之，頓兵山中，練習新附之衆，使各精銳，以待徵發可也❻。」帝又命廷簡往山西上游❼，號召宣興義兵，刻期並至，而自東幸海陽，傳檄招諭，帝在至靈，文臣之從駕者，陳名案者與武楨吳時俧三人而已。俧上中興策曰：「臣竊惟撥亂宜相其機❽，用武必有其地。少康得綸邑而後奮發中興❾；先主據益州而能抗衡外侮。本朝地勢，高平諒山界在東北，與內地相鄰，其山川之險，足以固守；兵馬之强，足以進取。若陛下駕幸其地，遣一介使奔告于淸，令之提兵壓境，爲我聲援，而密旨四鎭豪傑，使之響應，人心激勵，何敢不從，百官未及從者，誰敢不至。外倚上國之勢，內集勤王之師，將使賊勢日孤，我勢日大⑩，由是措置方略，進復京城⑪，中興之功，可指日成矣！」上召俧謂曰：「卿言正合朕意。去多朕委价弟親臣奉太后駕之高平⑫，密旨督同阮輝宿，使之以義激動⑬，結藩將集邊兵⑭，蓋已預為之地，獨諒山未有所使。」俧對曰：「昔景興丁酉，臣先父奉詔建節于諒⑮，宣示威德，還集流移⑯，亡州之民，至今遺愛，臣請往諭之，因以事報宿奏聞太后⑰，約期率師以迎乘輿⑱，一舉而兩得也。」帝稱善，乃命俧往。行至鳳眼，會病發不能進，道表請假日醫治，乃賜白金十兩以供藥需⑲，俧謝表有曰：「危險中志叶議從，難得此千載君臣之遇⑳，彝倫處分諸情篤，不啻如一家父子之親。方國家多事之秋㉑，正臣子捐軀之日㉒，敢牽情而自愛，願乘疾以兼行。」帝為之感動㉓。會廷瑍、允勵等使人齎密表言「東岸、金華㉔、武江、桂陽等地方，人情無不憤激，臣等奉宣詔諭諸豪目，皆願以兵勤王，伏請駕還京北，使彼等得以進謁，面蒙聖論，歸各相告，人誰不從，扶駕出邑于此地方，天下之人，咸仰天日。廷簡前往山西，文璘前往山南，亦得遙仗威聲㉕，以兵來會，何必遠之諒山㉖，城域隔阻，竊恐連延歲月㉗，坐失事機，捨近謀遠，非計之得也。」帝以為然。武楨請駕良才之春蓮㉘，楨父榴表進白金二百兩，以為軍需，帝納之，遂以榴第為行在焉。

却說初北平王之遣武文任北侵也，業有成命，而心頗疑之，使吳文楚潘文璘等參贊軍務㉙，以分其權，密謂楚曰：「任兄王婿也，我與兄王有隙，彼心必不自安是行也。握重兵以入人國，事變不可逆料，我今所慮，不在北河，只在任耳！汝宜察之於微，速以告我，啻之火然㉚，撲之於始燄時，則易為也㉛。」及任乘勝北驅，如升虛邑，無一人敢拒之者，遂洋洋自得。及俘有整㉜，自謂威武足以服人，區處北河，亦無甚難事。聞帝北走依玲，即貽書責以獻帝，而召尊室文武㉝，令就軍門等候，頤指氣使，莫敢誰何㉞。已而玲不來㉟，諸臣卒無至者，光珠在京北，曰選在山南㊱，丁壤在海陽㊲，擁兵雄據㊳，聲言不日四集都下，與任決戰。西兵有出城者，輒爲豪民所殲，群盜亦處處並起，烽火相通，任於是始有懼意，乃大發環畿民丁，脩大羅城，日夜督築，不少休息，至有負土而仆者，疲勞飢渴，人皆怨之。或言珠已潛入城中爲內應，約選以舟師泝河爲外應㊴。任乃令大索京城坊庯，寄寓諸人悉斬之。楚曰：「我內自堅，何懼於彼？我先自撓㊵，何以鎭人？不如釋之，以安衆心。」任不聽。會有嘉林機舍人自稱黎氏詹事陳廷魁者，詣求見任，任延入，問曰：「整以亡命之人，竊取高位，肆虐於民，天下無不憤怨㊶！北河謀誅之不克㊷，又爲所害，我爲除之㊸，宜以爲德，何以召之而不至也？」魁曰：「公能制勝千里，豈不明燭群情？北河怨整雖深，而思黎之心未釋，見公誅整，遠近固已喜悅，但未議及扶黎事，是以皇皇顧望，未敢至耳！嗣君去國，誠無可復之理。今有崇讓公黎維禟，先帝在時，已正位東宮，壬寅之變，爲驕兵所廢，公如復之，權監國事，明以此意，告示中外㊹，掛一紙書于大興城門，不日之間，文武畢會，天下之事，惟君是聽，運之易如反掌，何患不濟？」任頷之曰：「公言甚有理。啻之解牛，中其肯綮㊺，則不勞而衆理解矣！」乃使人迎崇讓公，以上賓禮見之，謂曰：「天下固黎氏天下也！嗣皇捨之而去，國內無主，公是故太子，業有成命㊻，攝此位者，捨公其誰㊼！」崇讓公曰㊽：「微國不綱，實賴主上再造，天未悔禍，嗣皇幼冲，爲亂臣所誤㊾，自取喪亡，上公不忍棄之，重圖繼絕，此微國之大幸也！惟恨不德，忝此位㊿，那一番整頓，幸爲幫培，庶可以有立耳！」任笑曰：「第爲之，毋過慮。有某在此，奸雄縱欲謀公(51)，亦決懾不敢動，待主公來，某爲成之，便卽眞耳！」崇讓公聞了大喜，乃備禮謁告太廟，居勤政殿之左偏(52)，使魁遍求諸臣謀之。魁先詣平章維藩，藩罵之曰：「君亡不從，反從人以立君，此言胡爲至我！」卽遁去。魁又詣參從輝璧，璧謝之，不克見(53)。崇讓乃爲書諭諸臣曰(54)：「昔年讓位，非有利天下之心，今日行權，惟以存宗祀爲念[55]，能體此意，宜會于朝。」然文臣卒無一人赴召者，魁自料事必不成，謀諸友人，友人曰：「兄輸錢以買告身，朝不坐，宴不與，亡國非公之罪，復國非公之責，不過欲因板蕩以圖富貴，然崇讓非奇貨可居，文任又野心難信。一旦北平王來，禍且不測，他日昭統帝返駕，公亦無所有容其身。諺曰：『安居何不可，俯首入甕，以自取禍。』公之謂也！」魁懼，乃逃去，崇讓乃孤立殿中，獨有皇親一二人及武弁四人，與之朝夕耳，事事全不關掌。每日步至府堂聽候文任所[56]，任亦不知所以處之，京中呼爲監國吏目。

且說文楚自受北平王密旨，與任北行，常於軍中以好言餂之，微察其意，至是謂任曰：「衆等奉命從公征伐[57]，逆整既誅，餘黨之在東南者，尚未蕩平。黎皇出亡在外，諸臣亦各逃匿，公以崇讓監國，某看阿諛無狀[58]，畢竟皮裝裹一塊肉，如何驅策得人？自有南國以來，朝代更易不知其幾，天下非誰家私物，料可取則取之，設官分職，以樹藩屏，使之視聽一新，若有盜名竊字，名其爲賊，以兵臨之，其誰敢抗？何事借一市奴監國，聽他作園中土偶主人，而久頓城中，作客兵寓人國耶？」任曰：「壞、選之徒，殘喘餘息，牽其臂自當來耳[59]。且看黎臣，總無齊田單、漢雲長的面目，不過畏我兵威，逡巡旦暮，若下一榜子，刻日詣軍，不來者斬，彼當肉袒負荊，此非可憂事也。止惟北河人心，尚思黎氏，不得不姑從衆望，借他出來做一木偶公[60]，是分昭統之黨，而係北河之心，此非公輩所知也。公輩健鬬[61]，我將使之分道進取，因鎭其地，作我長城，豈不壯哉！到那運動天下自有許多好事，堂堂作主，非我而誰？何以客爲？」文楚默然，無言而還，謂文麟曰：「節制侮人甚矣！他甚麼才德智略，敢以卒徒畜我！看他自入城以來，做得甚事？只要在急發民築壘，扶維謹監國，皆是預爲反[62]計，以與我爭衡[63]，不知以賊整爲戒，反欲效尤。他不要生却要死，可送他從整俱逝，以警其餘。」乃盡摘任所行，指爲反狀，引麟證其事，密使人南還，告于北平王。王曰：「死哉武文任！我固知其必反，果然。」卽下令北去，驅精壯步騎[64]，日夜兼程，十餘日，已抵昇隆。適漏下四鼓，任正在府中昏睡，楚囑來人秘其事，不以告，密使人出城迎之。任家衆左右皆不知覺。俄而北平王入，卽其臥所，任猶未覺，使武士黃文利手刃之，舁屍出府堂後，黎明傳發[65]，以楚爲大司馬代領其衆，軍士始知之。是日設官分職，都督和義侯爲山南鎭守，雷光侯爲山西鎭守[66]，月光侯爲京北鎭守，嘋虎侯爲海陽鎭守，刑部覺和侯、戶部正言侯、禮部約禮侯、刑部祿才侯[67]，並爲叶鎭，令各舉所知，分置諸縣，武分率，文分知，外六鎭聽楚隨才擇使，稟給文憑，令各率所部兵就鎭，旨下仍以先皇帝第四子黎維禥監國，主祀事，悉召文武百官詣闕直禮部堂，聽隨禮官武文約引見，有文班吳任先謁，約誤認爲黎皇子，延之同坐。已而維藩等至，拜于庭下，吳任內不自安，卽起走去，約訶之，不辨誰某，曰：「曩坐者誰也？」或曰：「文班吳任的。」約怒曰：「我奉命管領，安得無禮如此？」急使人追捕之吳任先知其情，出卽逃匿，及暮入謁中書令紀善侯陳文紀。那文紀順化人，素有文學，爲南河名士[68]。景興丁酉省試解元，戊戌來京會試，本國士夫他亦有接識[69]。丙午北平王據富春城，使人求紀，訪以南北事，紀應答如響，與北平王合，王甚器之，置諸帷帳，每事必與之謀，不離左右。至是吳任來見紀，具言與約抵牾之狀，恐爲所陷，以是不敢復來，非敢逃也，幸爲解救[70]。」紀曰：「聞公奇才，不幸負謗出亡，五六年餘，蓄積愈粹，今爲世用，亶惟其辰，忝曾以名聞于主公，稱其才可大用，幸今主上垂情愛惜，今忝求公，無以約爲也。」卽引吳任入見北平王：「卿昨不爲鄭王所容，隻身去國，我不至此，安得復見天日？或者天意儲才[71]，以爲我用，卿宜勉力以圖報効可也！」吳任頓首謝。北平王顧謂紀曰：「此我再造人也！」當卽草制拜爲吏部左侍郎，爵晴派侯，命同與文約管領黎朝文武班屬。翌日百官陸續而至，引拜于正中殿[72]，北平王悉命升堂謂曰：「黎嗣皇我所立也，但其爲人暗弱，不克負荷，我南還後，遂爲阮整所左右，自取敗亡，我不取之，終亦爲人所取。今以崇讓公監國，卿等勉留輔之，我實不以北河爲利，將復南歸，又恐皇嗣與監國相爭，是我階之爲亂，故留大司馬楚以主兵事，俟四封略定，郎君還耳！」百官拜辭而出，私相語曰：「北平王姑以甘言駕馭，其心非眞，文楚擁兵在此，崇讓安得有國？動輙掣肘，又何能爲？啻之桑寄生焉[73]，附別木之枝條，無着地之根柢，其能久哉？我輩孰能從君以圖興復[74]，否則潔身遠遁，毋徒被人賣弄，以自取禍也。」崇讓公亦知其然，嘆曰：「今我名爲監國，實則祠丁，廟社在此，去則安之，是以甘心而無悔也。」越數日，北平王引衆南歸[75]，選取文臣潘輝益[76]、阮世歷[77]、寧遜、阮伯瀾等五六人同署官爵[78]，益爲刑部左侍郎瑞岩侯與辰任同挾南遊，歷、遜、瑜、瀾並拜翰林直學士，留隨大司馬，楚居北，阮俔[79]、潘維藩並已投閒，仍職爵禮部給許文憑，聽歸田里，參從裴輝璧、僉都阮輝濯各已來京[80]，不肯引拜，璧復宵遁，濯自盡於御史臺。其隱遁不出者：副都御史阮廷簡，參加政事黎維亶[81]、范廷璵，同樞密院事阮惟洽[82]、范仲烜[83]，添差工番范貴適[84]，都給事中阮廷賜七人而已[85]。

却說帝又自良才移駕至靈，諸臣知帝所在，多往從之。黎班自崁山將義勇百人來謁，帝見之甚歡，拜御營使鍾岳侯。班密告于帝曰：「臣向歸義安，見人情憤激，深疾西山如仇，多聚山林，共謀起義，諸縣父老，聞臣從北還，次第就問乘輿所，欲使其子弟從之，臣因與之俱。途經海門，輒以義告諭，皆願以船艘過海，約會于荆門洋面。臣近得報，稱見船七十餘艘，水手三百餘人，器甲餱糧具足，不日且至。臣請移駕崁山，詔陳光珠率本道兵扈蹕，步兵珠統之，水道臣請自當[86]，二軍相爲表裏，先復海陽以爲佇駕之所[87]，北控慈順，南通太建。由廣安一路[88]，可以直抵高平，連至諒山，中興之機，無出於此。」帝從之，詔以珠爲京北道督戰。師未及進，會有錫壤自海陽表請從軍，衆聞之，相喧然曰：「壤無狀的漢，以其義耶！彼謀挾王家以抗命[89]，始扶端郡公，又從晏都王。端郡不成，晏都又敗，彼皆不顧而去，不義莫大焉。以其才耶！彼兩次提軍拒賊[90]，一敗於金洞，一敗於梧桐[91]，僅以身免，不死特幸耳！看他一生全無氣義[92]，又乏戰才，徒以將門子，慣挾勢氣以虐人。初歸海陽，縱其部曲暴掠本州，人皆以梟獍目之，呼曰賊壤。諸縣豪目[93]，相移書數其罪惡，會于錦江之來格，期以旦日，攻破邰江。壤歛衆退去平均，又乘夜直逼來格，貪殺無算，僵屍蔽野，其殘忍一至於此，海陽之人，與之為仇[94]，納壤非徒無益，必失海陽之人心，非計之得也。」帝亦素聞壤不為衆所容，陰書求降于西山，疑不之許。海陽豪目，聞帝東幸，各奉表力請攻壤，於是壤大窘，計無所出，忿然曰：「帝不憐我，我何有於帝！」乃使其黨陳蓮如昇龍，密告帝所，請文楚遣兵捕之。蓮初聞帝潛寓民家，從者僅六七人[95]，具以告楚。楚詢其詳，蓮具畫來路與所居處，曰：「啻如入寺縛僧，牽之以去耳。」楚笑曰：「果若汝言，何不牽來與我？復請兵為。」蓮曰：「牽之但一卒力耳！但臣等實畏名義，不敢施之。此固易事而難於對國人，願察其情。」楚信之，遣兵百人與蓮偕往[96]，然不知珠班二人已在帝所矣。兵衞不少[97]，夜報西山兵踰山而至[98]，珠班分二道夾擊[99]，盡殲之。蓮走入匿谷中得脫，報還昇龍，楚即大發兵追帝，帝始至炭山，勤王之師，尚未畢集，忽聞賊兵將至，壤為鄉導，多言壤與賊通[100]，則海陽不可駐矣。珠請復還至靈，班請速幸廣安[101]，衆議紛紜未決。適登揆與其子登授以海船自建昌來謁，因言至靈山間崎嶇徑出，嘉平又是平原曠野，我軍少力弱，戰守皆不便，廣安與海陽夾江岐海港，是壤出入門戶，彼心既二，此非善地可居，山南土沃民稠，丁壯可以練兵，粟米可以調糧，江流如蛛網然，乘一葉舟，去此適彼，誰得而蹤跡之，陛下方潛龍衣，無踰此地為穩。帝從揆言，遂決計南幸，珠班言皆不聽，帝慰勞之，令珠引兵北還，班以海船退歸汴山，以待徵發，由是勤王四散，而乘輿南矣。帝旣南迎，駐蹕于眞定，以登揆第宅爲行在。揆引其子弟族人拜見，帝悉授以官爵，令分行縣邑，招募義勇，遠近莫不響應，咸願會兵勤王，約日並至，船以千計，兵至數萬。諸豪目進見，帝親自慰勞，使登揆分爲五道，道置統兵、督戰、參軍、督餉各一員，束成奇隊，以待調發。內翰黎春洽謂授曰[102]：「軍旅大事不可輕率！宜先點兵數，揀彊壯以充戰士，五十人爲一隊，五隊爲奇，五奇爲道，統道者率之，餘者以備轉漕給使令，毋容混雜不精，虛張其數。今宜詳刻名册，引見拜命，賜以兵符，授之師律，統道受命於朝，奇隊受節度於統道[103]，用命者重賞[104]，不用命者有顯戮，使之有勇知方，而後可以卽戎，兵凶戰危，非徒爲兒戲也。」授曰：「今日正急收買人心[105]，事事姑從簡易，未可律之以法。」洽曰：「收得許多人而用之不得，只恐見敵便走，更相踐踏，雖多亦奚以爲？何不思閣老大臣，力贊南幸，公爲之子，受命主兵，萬一蹉跌，誰之罪也？」授不從，但呼其豪目，口分派之，而實無載籍可考。迨至差派，茫不能辨，至遍走而問之[106]，無復紀律，揆亦不之知也。呼授問以軍事，授曰：「今已齊集，軍數甚多，人皆勇於赴敵，願得一戰以報効。」揆以爲然，奏請擇日出師。帝難之曰：「吾聞善戰者，必先慮敗而後可以勝人。今看之，船盡鈞艇漁舡，兵皆市人烏合，以此衆戰，能保其不敗否？重念喪亡之餘，與一二臣圖惟再造，朕縱不能復社稷，亦須死社稷，誓與敵戰，豈憚出師？但啓動出萬全，庶無輕驟以取喪敗之悔也[107]。」揆顧謂授曰：「聖諭如此，何如？」授曰：「今日所恃人心而已。人皆仰慕聖德，與敵爲仇，伏願大舉一戰而盡殲之。有此人心，何攻不破，制挺可以撻楚，揭竿可以亡秦，矧此軍船，豈不足以斃敵人，必欲要步伐素閑[108]，樓櫓悉具，則前此碩郡壤郡百戰之將，統領水步諸營，又皆精銳驍勇之士，何亦不能成功而至於潰敗耶！臣請開船泝流而上，與賊決戰，六龍臨江，士氣百倍，不過五日可復神京，此機不可失也。」會曰：「選以舟師來迎駕。」登揆因勸帝出師。初選以有整同縣人，爲整部將與之浮海投西，出危入險，不離左右。及整歸國，既得志，薦選於帝，言其才可當一面，詔以爲山南鎭守，領步兵五千，戰船七十艘。選善水戰[109]，整與西山有隙，恐文任乘虛從海道來，故令選設水軍屯於海口大黃江，巡哨海外以偵賊。及京師潰[110]，整奉帝走北京[111]，選不得聞，後報至，始自海面倉皇歸鎭，謀割據以與賊抗。文任攻之不下，及文楚代任，敬招降之，使人往乂安，收選父妻還昇龍，令選妻持父書以諭選，且曰：「若不速降，必殺其父。」選見父書泣曰：「人生有三：帝，吾君也；鵬公，吾師也；父命不敢不從。吾師之讎不可不報，使降而得奉父以終養，復我邦族，爲貞福農夫以沒世，得此失彼，吾亦甘心。但恐落於毒手[112]，併爲所害，忠孝俱虧，遺笑千古，爲天下之至愚，最是不可也。」因囑其妻以謝父，選父得報，知其無救己之意，仰天嘆曰：「不能求活於子，何用丐生於人，果能爲王陵，其母死亦不惜。看豚兒猶子耳[113]，做也實難，與其親見選敗而死，不若先之爲愈也。」楚知其情，使人監守甚密，曰：「選無降意，吾亦不可以養寇。」乃自將攻之，載選父妻以行，遣大都督阮文雪領水軍，而親督步兵，與文麟分左右翼，沿大河南北岸並進，至青池津得選諜者問之，言選只有戰船八十艘，次鹹子關，而無步卒，其軍餉必取於民，五日一期，亦無常繼，軍士或維舟泊岸，入民家虜掠，人皆厭之，勢必不能久駐。且選築土壘於大黃江，督役甚急，蓋將退屯此地，以爲固守計耳。」楚由是盡得虛實之狀，謂麟曰：「吾軍此行，取選如取小兒，決不難也。」乃合步兵乘夜分二道南趨，出選軍後，夾河兩岸等待之，俟水軍與選接戰，聞砲聲發，即鼓譟而走，兩邊交向選船以射之。於是戰於金洞，選軍失利，只得順流疾掉南走，至大黃江，選軍依壘自守，水步相應，以與楚拒戰。始選之敗於金洞也，下畔士民，皆未及知，但見舟船塞江，旌旗蔽空，以爲選軍有必勝之勢，又聞駕在眞定，選使人以舟來迎，乘輿且至[114]，人情莫不踴躍，爭率丁壯，開旗擂鼓，以迎王師。選見人情如此，故奉表請帝駕幸視師，登揆又力主親征之議，帝不得已，勉從之，沿江之民，望見御盆擁岸觀之如堵[115]，咸曰：「吾君至矣！」相率羅拜呼萬歲。北至梧桐江，忽見一人遽南走，步軍執之問，他口戰不能對，但以手指遠村，徐曰：「賊至矣！衆共登高望之，隱約於叢樹間，有一支兵從西來，旗幟半隱半見，咸曰：「西山的樣。」衆急下船奏白之[116]，帝曰：「選軍在前[117]，賊兵安得飛過到此？」命春洽登岸以遠視鏡筒覘之。洽驗果是，恐驚衆，復奏曰：「那兵樣未的，但西賊出神沒鬼，甚不可測。豫備不虞，古之法也。請且暫移御舟，泊東岸以觀之。」帝曰：「善。」原來楚初伐選，以水軍順流而下爲正兵，而密令都督阮文和領輕兵，從平陸天水來爲奇兵，以襲其後。選不之覺，兩軍交戰纔數合，選令將士列寶龍銃於江上，將射之，忽見縛選父妻在船頭，疾掉向前，選望見之，泣曰：「子射父逆天也。」止諸軍勿射，令退入壘中固守。忽聞銃聲如雷，烟焰蔽天，軍中大驚，爭言敵已斷來路矣[118]。帝舟次東岸久之，聞選軍敗，賊兵四下，殺戮無算，人皆喪魄，棄舟登岸，奪路而走。帝亦順流放船南走，至江岐不知去處[119]，命急呼登揆問之，已不見乘船矣。於是北風正急，帝令開帆直出，望洋面而去，四顧渺茫，天水一色，隨風凌波[120]，蕩漾於滄溟中，死生蓋已置之度外矣。帝仰天視曰：「天若不欲存黎祀，願從海馬去，適南海廣利王所，不願生還爲也。」言未已，忽見群山突兀湧出波中，山後有船約數十艘，急問柁工，已是汴山洋分的。漸近見一人戎裝立船頭，視之乃黎班也。帝且喜且怍，未知所言，班知是御舟，皇遽拜謁，帝泫然流泣曰[121]：「朕悔不用卿計，爲登揆所誤，早知至此，寧在炭山而敗，無寧歸眞定而敗。重苦一番跋涉，取笑於人而已。往不可復，今將若何？」班對曰：「多難興邦[122]，殷憂啓聖。願陛下勿以此自沮，勝負兵家之常，譬如奕棋，輸了一着，再籌別局，要得勝人奇算，規模已定，方可出頭。今賊氣太銳[123]，我未占得分地，不可與試。臣請取道入藍山，卽太祖興王之地，爲保駕之所，告諭山蠻酋長，彼皆藩臣苗裔，誰不激勸。收拾清、乂舊卒，彼皆宿衞親軍，誰不樂從，沿山一路，往來相通，山南、山西、興化三鎭[124]，沿江順流而下，忽於山中突出，不日之間，三道並興，直抵都城，本朝中興用此道也。」帝從之，乃改從陸路歸清化。命班往天關諭泰郡尊室維禰，往扶床諭西嶺。那二酋始與西山通好，不敢遽背，皆曰：「臣等累世受國厚恩，敢不盡心！但經營大業，必積累乃成，未可遽効於旬日[125]。昔漢祖、唐宋尙艱難於五六年間，伏願聖慮詳審，姑以藍山爲養晦之地[126]，假臣等以年月，習士馬，繕戎器，具糇糧[127]，除道路，乃可以奉命。若要急做，恐非臣等力所能辦也。」禰歸言於帝曰[128]：「彼實無應義心，姑退托以拒我，山嵐瘴氣，此地不可久留，願早籌之，無徒費了光陰。」帝然之，乃謀出金榜，微服歸京北，權駐諒山，再徙慈山，居參知廷璵第[129]。於是黎亶、允勵、名案、武椖、武楨、春洽等，相繼往來。帝與之籌畫[130]，璵曰：「今陛下爪牙之臣，惟班、選、珠三人，選自黃江之敗，奔還乂安，不知下落。珠爲西山拿捕，逃躲林谷，不暇爲謀。班奉旨招諭，尙在清化，亦未有消息。自今棲寓村塢，臣等往來屑屑，恐久必爲人知，變且不測，不如北幸高平，輝宿奉皇太后駕在此，內挾藩臣爲扈，外倚天朝爲援[131]，庶可有爲！」帝曰：「前日朕已使吳俧往，預使爲之注措[132]，聞俧道中病發，不知如何？」名案對曰：「俧病，力不果行，已與疾歸嘉平沒矣。臣等聞之，未及奏知也。」帝垂涕曰[133]：「亡一良臣矣！惜哉！」卽手爲詔，贈俧翰林侍制爵裕澤伯以付案。曰：「可携賜其妻子，使明知朕意。」亶進曰：「方今臣民之從敵者，盡以國情輸彼，將有所圖，彼先知之。甚有引賊以逼乘輿，變自內作，非只外敵，是以至靈、炭山，兩度不果，尋有山南之役，爲今之計，獨有遺使如清告急，請以師陳境上，問西山構兵，與國人從賊之罪，使賊黨不能自安，背叛亦有所懼，則應義之人心始堅，而恢復之機不至為彼所洩撓也134。」帝曰：「善。」乃命為書先達兩廣部督。其略曰：「本國三百年來，仰藉天朝威德，世守藩封，國內綏靜135，不幸運遭中否，故王殂落，西山阮惠以國婿亡恩背義，乘危伐喪，據有其國。致嗣孫奔亡于外，告哀求封，未有遣使，體例多有欠缺，苟不叩關陳達，恐有緣此獲戾，輒此具由稟白，統祈上憲，體恤遠情，曲為題達136，所有陳情表文，謹委行介齎捧，別其副本呈覽，遙惟天覆地載，遐遠不遺，追軫臣先世恭順之誠，憫臣弱息羈棲之苦137，勅下提兵壓境，討罪定亂，再造臣國，萬荷天恩，大皇帝之德，難以名言，上憲幫護之功，當與本國山河同其流峙矣。」書成，命亶、案克正副使，二人挾親信數人同行，只帶殘笠敝衫，如行旅然。帝送之保祿山中，諭之曰：「四方專對，使臣職也。此行係國之存亡，事之濟否，卿等各宜臨機應變，平生蘊蓄，學措于行，三寸經綸，辭不可已，勉之！勉之！副朕所期。」二人拜謝而去。亶私謂案曰：「吾等名則陪臣，實同亡命。行間無迎送之煩，路中有遮阻之患，崎嶇山間，設若內地未至，敵兵追收，此正半上落下，最為關礙，若已近督部堂，吾無患矣。」案曰：「天心若祚社稷，必無此事，何用過為憂患？惟自我南有國以來，與內地通，雖創業中興，遭時坎坷，不知其幾，而陪臣奉使，未有如吾儕今日者也。」因賦詩有曰：「千古猶傳奇絕事，敝衫殘笠使臣裝。」乃從山中間道過諒山關去138。正是

去國一身穿漢塞　動人兩淚泣秦廷139

未知二人此去如何，且聽下面分解：

【校勘記】

❶「西山」，甲、乙、丙、丁四本作「西王」，戊本作「西山主」。

❷「皇嗣」，丙本作「皇嗣孫」，戊本作「黎皇嗣」。
❸「精」，甲、乙、丙三本作「新」。
❹「瑛」，甲、乙、丙三本作「瑛」。「勵」，甲、乙、丙三本作「礪」。
❺「命」甲、乙、丙三本作「合」。
❻「徵」，甲、乙、丙三本作「選」。
❼「西」，甲、乙、丙三本作「南」。
❽「竊惟」，甲、乙、丙三本作「聞」。
❾「發」，原脫，據甲、乙、丙、丁四本補。
❿「我」，甲、乙、丙三本作「國」。
⓫「進」，甲、乙、丙三本作「收」。
⓬「去冬」，甲、乙、丙三本作「前日」，丁本作「去年」。
⓭「動」，甲、乙、丙三本作「勵」。
⓮此句甲、乙、丙三本作「蕃將結集土民」。
⓯「諒」，甲、乙、丙三本作「諒山」。
⓰「移」，甲、乙二本作「離」，丙本作「民」。
⓱「事報」，甲、乙、丙三本作「告」。
⓲「率」，甲、乙、丙三本作「出」。
⓳「賜」下，甲、乙、丙、丁四本有「以」。
⓴「難」上，甲、乙、丙三本有「最」。

㉑「事」，甲、乙、丙、丁四本作「難」。

㉒「捐」，原作「指」，甲、乙二本作「忘」，丙本作「亡」，據丁、戊二本改作「捐」。

㉓「為之感動」，甲、乙、丙三本作「覽之感嘆」。

㉔「華」，甲、乙二本作「花」，丙本作「葩」，丁本作「英」。

㉕「威聲」，甲、乙、丙三本作「聲靈」。

㉖「之」，甲、乙、丙三本作「去」，丁本作「幸」。

㉗「連」，甲、乙、丙三本作「遲」，丁本作「稽」。

㉘「請」上，甲、乙、丙、丁三本有「因」。

㉙「軍」，甲、乙、丙、丁四本作「戎」。

㉚「啻」，甲、乙、丙、丁四本作「譬」。下同。

㉛「易」上，丙本有「不」。

㉜「及」，甲、乙、丙、丁四本作「既」。

㉝「尊室文武」，甲、乙二本作「文武宗官」，丙本作「文武宗臣」。

㉞「莫敢誰何」，甲、乙、丙三本作「人莫誰何」，丁本作「人莫敢誰何」。

㉟「來」上，甲、乙、丙三本作「果」。

㊱「山」，甲、乙、丙三本作「京」。

㊲「丁」，甲、乙、丙、丁四本作「錫」。

㊳「擁」上，甲、乙、丙、丁四本作「各」。

㊴「泝」，甲、乙、丙三本作「濟」。

㊵「先」，甲、乙、丙三本作「內」。
㊶「天下無不憤怨」，甲、乙、丙三本作「人無不怨」。
㊷「北河」，甲、乙、丙三本作「河北之人」，丁本作「北河之人」。
㊸「除」，甲、乙、丙三本作「誅」。
㊹「告示中外」，甲、乙、丙三本作「示人」。
㊺「肯綮」上，原有「疑」，衍，據戊本刪，甲、乙、丙三本作「髖髀」。
㊻「業」，甲、乙、丙三本作「是以」。
㊼「公」，原脫，據各本補。
㊽「崇讓公」，甲、乙、丙三本作「維禚」。
㊾「為」，原脫，據各本補。
㊿「忝」，丁本作「謬忝」，戊本作「忝居」。
51「謀公」，甲、乙、丙三本作「有心」。
52「居」上，甲、乙、丙、丁四本有「入」。
53「克」，甲、乙、丙三本作「肯」。
54「崇讓」，甲、乙、丙三本作「禚」。
55「存宗祀」，甲、乙二本作「宗社」，丙本作「存社稷」，丁本作「存先祀」。
56「文任所」，甲、乙二本作「問任所處」。
57「征伐」，甲、乙二本作「北伐」，丙、丁二本作「北征」。
58「諛」，原作「叟」，據甲、乙二本改。

(59)「臂」，原作「擘」，據各本改。

(60)「借」，甲、乙、丙、丁四本作「倩」。

(61)「健」，甲、乙、丙三本作「捷」。

(62)「反」，原作「返」，據各本改。

(63)「我」下，甲、乙、丙、丁四本有「主」。

(64)「精」，原脫，據甲、乙、丙、丁四本補。「騎」，甲、乙、丙三本作「卒」。

(65)「黎」，甲、乙、丙三本作「嗣」。

(66)「雷」，甲、乙、丙、丁四本作「雪」。

(67)「刑」，甲、乙、丙、丁四本作「兵」。

(68)「南河」，甲、乙、丙、丁四本作「河南」。

(69)「有」，甲、乙、丙、丁四本作「略」。

(70)「解救」，甲、乙、丙三本作「分解」。

(71)「意」，甲、乙、丙三本作「心」。

(72)「中殿」，甲、乙、丙、丁四本作「殿中」。

(73)「馬」，甲、乙、丙三本作「者」。

(74)「興」，甲、乙、丙三本作「恢」。

(75)「歸」，甲、乙、丙三本作「還」。

(76)「益」下，丁本有注作「天祿收獲人，景興乙未科進士。」

(77)「歷」下，丁本有注作「慈廉安隴人，景興乙未科進士。」

78「瀾」，甲、乙、丙三本作「潤」。

79「俒」下，丁本有注作「農貢蘭溪人，景興癸亥科進士」。

80「濯」，甲、乙、丙三本作「耀」。下同。丁本「濯」下有注作「文江丹染人，景興己丑科進士」。

81「亶」下，丁本有注作「安豐香羅人，景興乙未科進士」。

82「洽」下，丁本有注作「附翼東地靈人，景興壬辰科進士」。

83「烜」下，丁本有注作「懿安勇決人，景興戊戌科進士」。

84「適」下，丁本有「唐安華堂人，景興己亥科進士」。

85「賜」下，丁本有注作「彰德保慈人，景興乙巳科進士」。

86「道」，甲、乙、丙三本作「兵」，丁本作「軍」。

87「佇駕之所」，甲、乙、丙三本作「停駕之地」。丁本作「停駕之所」，戊本作「駐駕之所」。

88「廣安」，原作「安廣」，據甲、乙、丙、丁四本改。

89「命」，甲、乙、丙三本作「帝」。

90「賊」，甲、乙、丙、丁四本作「敵」。

91「一」，甲、乙、丙三本作「再」。

92「義氣」，原作「氣義」，丁本作「氣節」，據甲、乙、丙、戊四本改。

93「目」，原脫，甲、乙、丙三本作「傑」，據丁本補。

94「與之」，甲、乙、丙三本作「相與」，丁本作「與壤」。

(95)「僅六七人」，甲、乙、丙三本作「五六人」。
(96)「遣兵百人」，甲、乙、丙三本作「遣百軍」。
(97)「少」，甲、乙、丙三本作「多」。
(98)此句甲、乙、丙三本作「夜探西山遊兵而至」。
(99)「珠班」，甲、乙、丙三本作「二人」，丁本作「珠班二人」。
(100)「多言」，甲、乙、丙、丁四本作「人皆戰慄，爭言」。
(101)「幸」，甲、乙、丙三本作「之」，丁本作「還」。
(102)「授」，甲、乙、丙三本作「挼」，下同。
(103)「度」，甲、乙、丙三本作「制」。
(104)「者」，甲、乙、丙三本作「有」，丁本作「者有」。
(105)「收」，原作「將」，據甲、乙、丙、丁四本改。
(106)「遍」，甲、乙、丙三本作「逼」。
(107)「喪敗之侮也」，甲、乙、丙三本作「敗亡」。
(108)「必欲要」，甲、乙、丙三本作「若要」，丁本作「若無」。
(109)「善」，甲、乙、丙、丁四本作「長於」。
(110)「及」，甲、乙、丙三本作「敵來」。
(111)「走北京」，甲、乙、丙三本作「北走」，丁本作「走京城北」。
(112)「恐」下，甲、乙、丙、丁四本有「為人所欺」。
(113)「豚兒獃子」，甲、乙、丙三本作「豚犬子」。

114「且至」，甲、乙、兩三本作「所至」。
115「擁岸」，甲、乙、丙三本作「蜂擁」。
116「衆」，甲、乙、丙、丁四本作「作」。
117「選軍」，原脫，據甲、乙、丙、丁四本補。
118此句下，甲、乙、丙、丁四本有「乃大潰，選不能制，與部曲百餘人，望大黄江南走」。
119「江岐」，甲、乙二本作「南江岸」。
120「淩」，原作「陵」，據各本改。
121「泫然流泣」，甲、乙、丙、丁四本作「流涕」。
122「多」上，甲、乙、丙、丁四本有「臣聞」。
123「氣」，甲、乙、丙三本作「勢」。
124此句下，丁本有「一呼莫不響應，乘時而動，南出懷安，西出明義，上從興化」。
125「遽效於」，甲、乙、丙三本作「責以」，丁本作「責効於」。
126「晦」，原作「悔」，據各本改。
127「糇糧」，甲、乙、丙三本作「糧草」。
128「禰」，甲、乙、丙、丁四本作「禰」。
129「知」，甲、乙、丙、丁四本作「政」。
130「帝與之」，甲、乙、丙三本作「俟帝」。
131「為」，甲、乙、丙、丁四本作「聲」。
132「吳」下，甲、乙、丙、丁四本有「時」。

⑬「涕」，甲、乙、丙、丁四本作「淚」。
⑭「撓」，甲、乙、丙三本作「擾」。
⑮「靜」，甲、乙、丙三本作「靖」。
⑯「達」，甲、乙、丙、丁四本作「奏」。
⑰「憫」，原作「閔」，據甲、乙、丙、丁四本改。
⑱「去」上，甲、乙、丙、丁四本有「上」。
⑲「廷」，甲、乙、丙三本作「關」，丁、戊二本作「庭」。

第十二回

阮閶臣投內地❶ 孫都督過南關❷

且說參知政事黎惟亶，副都御史陳名案等由山中間路，行至和樂，值西將都督阮文艷游兵巡哨，譏察太密，非有文憑者儘被攔阻。二人乃裝作商人樣，附從北客緣山行，徑投入內地。因守隘員軍求達至太平府堂，亶等拜伏于廷，叫稱：本國城自丙午年被西山賊阮惠攻破，國君殂落，嗣孫以嫡派主祀事，往丁未冬❸，惠復遣將來攻，嗣君出亡，大小諸臣亦皆播山海。居者被他拿捕，行者被他遮截，獲即殺之。嗣孫前奔山南與一二從臣糾集兵民將圖收復，又為他所攻破，奔歸清華。今因尚義之民，情猶戴舊，咸願潛歸珥北，以事奔告天朝，仰蒙軫及下藩，提兵為援，即可於國內舉事，憑仗天威，驅策義士，克復乃有其機，今嗣孫現住鳳眼地方，使卑等潛往，計程到關不過四日，卑等懼為賊所獲，迂途跋涉，逾月始達，伏念小國臣事天朝三百餘年，職貢不絕，一旦為他所占，社稷丘墟。人窮則反本，不得不呼天訴之，大皇帝下國之君，列憲大人佐天之吏，萬望體恤遐荒，興滅繼絕，俾貢臣黎氏得以邀天之福。」辭極哀切，并將表稟諸道呈覽，王分府疑是敵情陰狡，詐稱黎氏行价，以覘中國，陽詰之❹曰：「安南前王物故，事再更秋，使國內有變，嗣孫當立而不得立，何不即於此年叩關陳情，且前有移文籲請，不過敍其移失國印，懇求補給而已，至於不得立之故，為所逐之由，無一語及。經今二年，嗣孫何所栖寓，敵人如何作為，國人如何向背，情形俱未端的，且表稱黎嗣孫姓名，未有告哀求封，未經補給印篆，何以得經表文，遽遣行价，均之未合體例，須有嗣孫親來供狀，面問情由，不可只憑人說。我爲守土之臣，邊疆大事，決不輕信爾等。惟爾既以叫急而來，情亦安忍驅去，且聽住此，俟我稟明督部大人，一番行邊探確，方可具事奏聞，候旨定奪。」亶、案聽得如此，不知所言，只得伏庭號泣。王分府察其情眞，乃諭之曰：「看爾等忠實可嘉，情頭可憫，天朝自有處分，無容瀆請，可出就館，以俟命耳！」二人喜，拜辭而出。乾隆五十三年戊申秋九月也，居無何，王分府召亶、案入謂曰：「該國請援，事已得達皇帝追憫，黎前王累世貢臣，旨下兩廣總督孫大人，協同雲貴總督富大人，調滇州勇五十萬行邊，弋尋黎嗣孫護送歸國城。那一段情由，自丁未冬杪，該國母與高平鎮目阮輝宿從斗奧隘奔訴，但未知嗣孫兄弟二人落在何處？嗣孫奔亡之餘，母子隔阻，亦未知此間事狀。故復遣爾等跋涉，爾等既是黎嗣孫行价的，嗣孫現在鳳眼地頭一二情形，爾等可作供狀，稟達督部堂行轅，候大軍進發，我卽引爾等拜見，面陳爲便。」亶等聽得此信息，大喜。稟請一人留候，一人先回飛報嗣孫知道，得以糾合同志，號召國人，俾之邇避通知，自然處處並起，以俟應天兵，憑伏威靈，各因山川要害處屯結❺，以遏絕敵衆❻，是誠好好機會。王分府許之。於是案留太平而亶從故道歸國。

却說初京城失守，乘輿北幸，皇太后與尊室諸人先奔高平❼，督同阮輝宿率藩兵迎之，推住斗奧隘，邊民居舍，以謀請援。原宿之始到鎮也，有北客自號吳山樵隱者，與督鎮廷傣相善，嘗往來鎮營，宿一見與語，大奇之。及傣卒，客來吊，宿遇以上賓之禮，留十餘日，傣喪既定，客始辭歸。臨別私謂宿曰：「貴國自此多事，先督臣知之，不知臨終，曾以告僚誼否？」宿曰：「本國外有彊敵，將來必不安枕，此國人之所共知，顧其要結如何？亦非宿所能道覩也。先督臣常與宿憂之，今忝爲表臣，樞要之地，已不得預，縱有膚淺之見，亦何能爲？」客曰：「惟是表臣，故不得不爲國當事，以公之才，豈不能一番驚天動地，令舉國之人奔走不暇，然亦不過一夢局❽耳！此誠氣數與人事相關，可笑亦可惜也！」宿固問之，客終不言而去。至是宿奉太后入內地至龍州過諸途，宿以國情與客語，了無所隱。曰：「事急矣！何以教之？」客曰：「公在鎮，初聞變時，若能與諒山督臣一心，合力據有二鎮之地，糾集藩將藩兵❾，與敵抗衡，作一方雄伯，達咫尺之書於龍憑，約以有急相救，藉其聲援。昔莫氏行此之計，維持五十六年。果能行之，豈不終公之世，何乃棄以與人，失此不爲❿，今只有求通于龍憑，懇請達于督部堂，具事題奏，邀天之幸，以求援耳！若復國之後，公其勤之，掘井爲山，必致其身⓫，無徒作後人話柄也。」宿曰：「此是重遠底意，佩服告教，何敢頓忘。顧茲宿奉國母來奔，意正在是，惟恐下情不能上達，倘蒙指示其途，爲之先客，萬荷萬荷。」客曰：「異地相知，敢不盡力。」乃與宿偕往那龍憑，營都司陳洪順，客所善也。引宿前來，呈稱安南國嗣孫母妻眷屬，被廣南賊兵追殺，逃至隘口，叩頭請命，等因。洪順卽會同龍州陳倅前往查照，男婦⓬該六十四人⓭，隨便于隘上安插，具事達于廣西左江道楊雄業，稟呈兩廣總督孫士毅，並錄本國單叫稱國城爲賊所破⓮，其擄掠無所籲⓯訴，人皆仇敵，誓不與俱生，潛伏山中，結成黨夥，但未有主張，故落落而難合。若得天兵來援，處處響應，國城指日可復。士毅見報謂僚屬曰：「安南在漢唐爲內屬，至宋丁氏崛強始爲貢臣，更代相沿，以至于今，復不能保有其國，天其或使爲中國之郡縣乎！」卽馳詣龍憑探察邊情，會同巡撫永清商議，永清曰：「開邊大事，利害不細，果如所言，該國實屬可憫，惟敵勢料不如此。彼自海濱奮起，結髮從戎，一舉而取三百餘年之國，定是不弱，亦決不肯被人虛喝，聞風霄遁，除非一二番挫衄，安肯退聽。中國二百年太平無事，民不知兵，一旦驅炎瘴之地，勝之不武，況未可必，萬一蹉跌，傷損實多。上憲爲國大臣，建節邊方，所宜固守封疆，豈可肯受人愬，驟開邊釁。黃福、張輔，厥鑒不遠，在永樂宣德之時，請熟籌之。」士毅曰：「安南錫封，世脩職貢，西山小醜，敢滅其國，貢臣之難，不可不救，狂賊之罪，不可不誅。兵以義動，誰敢不從，若以傖荒賜隔，坐視其相殘而不之救[16]；則九夷八蠻之臣事中國者，彼亦何所恃哉！」乃令喚阮輝宿、黎侗、黃益曉、阮廷灌[17]、阮國練、阮廷枚等六人，並詣轅前問狀，先問嗣孫兄弟幾人，奔亡之餘現落何地？宿等供稱嗣孫兄弟三人，頗相友愛，長卽應得承襲之黎維祁，次褏郡公維袖，次瓊郡公維祇。現今維祁奔山南下路，招集義兵。維袖在宣光興化地方，亦各糾合同志，遙爲聲援，聞其輔車相依，臣民効順，斷不至於渙散，但不知繼此以往，果能奮發有爲否！經今七八月餘，事變推移，尙能據此地方否！卑等實不敢知。又問向來嗣孫母子[18]，音信何如？宿言卑等前在高平，奉國母內投，嗣孫現在本國，關山間隔，音信未能自通。今倘得潛歸通信，使嗣孫知母眷音信[19]，三人分爲二道，廷枚請由蒙自山口，侗練請從龍門渡海[20]，仰得派員引至界首[21]，卑等兼程奔赴，約一月間，行看消息，便當禀知。又問該國向來年歲如何？曰：「本國連年凶歉[22]，米價甚貴，米一升值錢六百，山南下路，最號富饒，今民間亦無盈藏，室如懸磬。嗣孫前駐此地，兵食不給，以是動不得力。卑等初在國，但聞知此是實。」又以問侗，侗曰：「黎氏有國三百餘年，以恩惠結民心，以禮義培士氣，故雖叛道僭干，而戴舊之人心猶昨，只以鄭家脅制，人依憤惋，西山乘隙，以黎滅鄭爲名，故國人遂不之拒。彼因是得志，愈肆猖獗，自紀年號，竊據國城，致黎嗣孫播遷于外。由是耨耡棘矜，處處並起，咸稱黎氏不謀同辭。如上國垂字小之仁，施恤窮之德，偏師壓境，爲之聲援，國人聞之，孰不奮起，誓衆復讎，想亦不甚費天朝兵力也。」士毅既得供狀端的，又將安南地圖一軸，使侗等詳閱，曰：「卽是否無訛？」侗禀部位方向多有錯謬，約略十至四五。

士毅曰：「詳許爾據實改正。」乃喚畫工來，依伊改處模寫，復命伊於圖上某處地方已未從賊，與國君兄弟駐劄何處，逐一明晰登注。因召宿等，諭之曰：「俟我題奏得旨，即照爾等所請，事事都辦得好，爾等此回歸國尋嗣孫的處，並細探賊人作何舉動，國人能否奮發隨。便即飛稟，我當為覆奏，提兵出塞，速可藏功。」宿等大喜，相率北面望闕遙拜，連呼萬歲。於是士毅使廣西左江道楊雄業護國母並眷屬人等至南，頓其倉廩衣被，均為酌給，使各自安適。因繕表奏，稱據安南國鎮目阮輝宿奔投內地，稱於乾隆五十一年夏六月，西山賊阮文岳之弟阮文惠將兵犯該國城，嗣於八月，文岳繼至，適諸鎮各整兵象赴難，文岳兄弟懼不敢留。是月潛師夜遁，國王黎維禨遺失國印，隨即病逝，因長子早故，嗣孫維祁例應承襲，備文申請，補給印篆。嗣接督部移檄，不叶體制，正當遣陪臣賫表，告哀求封。不料次年冬，文惠復遣部將武文任乘危伐喪，以致國嗣奔亡，未及遣使，宿等奉該國母奔武崖之博山，國嗣奔山南之天長㉓，賊帥占據國城，四下搜捕，又有諒山土民卷簪，高平藩目閉阮儔降賊，引兵劫國母以為質，宿等隨奉國母奔高平。本年五月日至博淰地頭，賊兵追及，無計可脫，只得隔河籲叫天朝救護，捨命奉母合人眷等，涉水登岸，有不及濟者㉔，盡為賊所殲。叩頭籲請，得待罪天朝，不肯辱汙賊手等語。又據稱現今國城被他竊據，各處亦聞風披靡，與內地相接之牧馬諒山等地方俱已從他，惟乂安之驩演，海陽之荆南㉕等處尚有土豪應義，出沒山谷，乘便掩殺賊兵，賊亦未能全有。且賊自有西山一味獷悍，專以屠戮為事，間有不肯降之處，嗣孫潛藏，想亦在此。母妻業經北走，萬望恭容，其中一二逋臣，頗亦幹辨，情願回國，覓求嗣孫，再一番戮力圖存，後又力不從心，願為存孤之計，懇祈矜憐等語。那各款情由，並據知府陸有仁手寫問條，該國目隨次作答，察其情實，頗亦激昂，能知大義。臣伏思黎貢臣，該嗣孫例應承襲，不幸該國破滅，該國母妻，款關哀訴，實可量加存恤，俾之得所。

徐察國中音信，再定去留，惟念該等走至河邊，已屬天朝界首，彼衆望見天兵駐劄，尙敢悍殺多人，敵情險惡，斷不無窺伺之意。臣已密札提臣三德於附龍州六處，各備戰兵，分屯隘口，倘彼敢過河，卽當四面遮截，使無得脫。且令彼知天朝兵威，亦有所畏。兼有密札潮州、龍州守土之臣，趕緊行邊，悉力訪察，另有情形，繕摺續奏，候旨施行。」帝覽奏，謂大學士伯和曰：「安南黎維祁雖未受封，然該是應嗣之人，亦與國王無異。今該國母妻眷屬來奔，是該國全境盡沒，那一番興滅繼絕，另需設籌辦，竟費了許多兵力。玆查該尙在國中㉖，自圖興復，而該國之徒敵者，不過牧馬諒山等處，其西南東北地方，戴舊之人心，猶有足恃，想藉此圖續國統，亦有可了之理，著傳諭孫士毅，黎氏臣事天朝，最爲恭順，維祁例應承襲。是以硃篆前日脩文，申請補給印篆，並未遣使告哀，不合體制。是以硃篆緩行檄諭，並已遣使懇請，準其勑封給印，且究維祁被敵攻逐，係他不能振作所致。現在該國境土未被賊占尙多，臣民亦知向戴，維祁當乘此糾集義兵，收復國城，使依前業，不至失墜。其母妻內投，已妥爲安插，衣廩無缺，水土亦習，該嗣孫不必掛念，可專意國內。俟其克復京城，卽可遣兵送回國，于遣使時，須再委此次通信人來，以爲符驗，庶不被誑謀陰害。至如阮惠恃强奪國，法所不容，已降旨派調廣西大兵以備徵發，若賊仍前猖獗，該嗣孫不能奮起有爲，該國臣民亦甘心從敵㉗，則率大兵四面會剿㉘，明正其罪。如此先行剴切，飛報該國臣庶㉙，俾各週知，以壯黎氏之勘，而褫西山之魄，于聲援之助，自屬有益。其隨行之阮輝宿等情願回國尋嗣孫所，幫同恢復，其志更屬可嘉，理合速遣早一日，卽該嗣孫早安一日之心。將來朕亦可早一日獲得聞該國之信，孫士毅素稱敏達，何不早籌及此，尙慮朕未及準行，往來覆奏，未免失之拘泥，宜可早抵龍州，面諭使臣，令卽起程將朕指示之意傳知，使回國告知維祁兄弟，並檄諭騰錄多方，俾之帶同回國，庶爲傳播。再該等跋涉勞苦，行李蕭然，可於水陸給船夫護送，兼程給每人銀十兩，以資口餉，總之此事，若安南全境淪沒，維祁又被戕鬼，念及貢臣，勢難置之不理，然境土未全至陷沒，嗣孫惟是奔亡，臣民尚知愛戴，只可作他聲援，聽其自謀，自不必興兵大辨，將國中兵力徒費于炎荒之㉚外，更爲全美。孫士毅務遵前旨，就近熟籌，督臣亦曉事底人，定能體悉朕意，此間經理邊務，聽與撫臣孫永清會同妥確，便宜施行。欽此。」

却說潮州、龍州自得密札，卽行邊檢訪，前往太原檄告㉛，潮州有張、吉二姓，慣以穿壙採銀爲業，居太原之送星，衆共推以爲長，徒黨至萬餘人，皆是內地客戶，聞檄卽詣行呈，稱小人等業以礦廠資生，世居南服，向聞安南國城失陷，國中大亂，懼有林木池魚之及，遂與土人調習火鎗彊弩，爲自保計耳！敵兵數百，趕來劫掠，一試而盡殲之。念彼忿必復來㉜，乃分作十團，團各千人，誓以赴敵死戰。今奉檄文，莫不踴躍㉝，願爲先鋒，且小人等亦屬潮州編氓，願得與滇州義勇効力㉞，派人聽得他說如此，乃取供狀具由回稟了。

却說黎帝先是遣陪臣如清，陳情請援，至是黎惟亶自太平回，復命廣西督部題奏得旨，大兵不日且來，會黎侗自龍州回報，言太皇后眷屬現在南寧城，起居安適。帝大喜合手加額曰：「予未小子遭家多難，仰賴九廟神靈，大皇帝仁垂字小㉟，國中復見天日，中興之機，其在此乎！乃命具謝恩表文，並稟呈書札，一併馳遞，備言西賊肆虐，民將不堪，今雖奔喪于外，猶幸人情思舊，用能一二番舉事，而隨復敗衂。近接二諒之文，密誘國中豪傑，莫不奮志，誓殲仇敵，日望上國之援，憑伏威靈，事必克濟，接得行人奉檄回宣示，臣民喜甚更生，敵人亦爲之奪氣，處處並皆糾合義勇，候天兵過關，便于軍門拜見，受律先驅，敵衆成擒，國都克復，實仰惟大皇帝興繼之仁，上憲成就之德，當銘與瀘傘同其流峙于無窮也。」適接潮州稟文㊱，又得此信，卽會同撫臣，奏請出師，內奉上諭㊲：「只可作他聲援，聽其自謀，自不必興師大辨，欽此。欽遵臣詳已查道程經由之處，自昭德臺前往該國城，師行不過六日，諒山稍涉嵐瘴㊳，過此水土皆良，大兵進抵羅城停駐，亦無炎瘴，且於此震耀軍容，使賊知有不可敵㊴，然後分派國中應義之兵，自行剿捕，我兵不至血刃，而敵人俘馘㊵，欽奏膚公㊶。竊計此行，誠如聖諭，且前次往來覆奏，自覺失之拘泥，兵貴神速，機有可乘，敵不悉力邊籌，用副責成至意，至於蕩平之後，經理機宜，謹當繕摺續奏。」於此飛咨雲貴督臣，遵依前旨，由雲貴道，取路宣光，其大兵進關㊷，由諒山前往。正是

堂堂大將提兵出　赫赫元戎拜表行

未知此來勝負如何，且聽後回分解。

【校勘記】

❶「阮闔臣」，甲、乙、戊三本作「黎陪臣」。

❷此句甲、乙二本作「孫督都調大兵出境」，戊本其下有注作「過南關傳檄五字，當改調大兵出境」。

❸「往」下，甲、乙、戊三本有「年」；「未」，戊本作「酉」。

❹此句丙本作「乃詳詰以安南諸事情，以察虛實，乃問之曰」。

❺「結」，原作「給」，丙本作「紮」，據甲、乙、丁、戊四本改。

❻「衆」，甲、乙、戊三本作「情」。

❼「宗」，原作「尊」，據各本改。

❽「局」，甲、乙、戊三本作「境」。

❾「集」，甲、乙、戊三本作「習」。

❿此句上，丁本有「自甘羈旅」。

⓫此句甲、乙、戊三本作「必殺其身終之」。

⓬「婦」，甲、乙、戊三本作「俑」。

⓭「四」，丙、丁二本作「二」。

⓮此句下，丙、丁二本有「國喪在殯，不得葬，國嗣奔亡，不得立，諸臣為戕害，百姓被其」。

⓯「其擄掠」，甲、乙、戊三本作「擄掠之苦」。

⓰「不之救」，甲、乙二本作「不知救」，丙本作「不恤」，丁本作「不之恤」。

⓱「濯」，原作「灌」，丙本作「譴」，據甲、乙、丁、戊四本改。

⓲「悶」，原脫，據各本補。

⓳「信」，甲、乙、戊三本作「耗」。又此句丁本作「嗣孫知母眷仰沐天恩，均得無恙，便可一心規圖恢復，卑等亦得與嗣孫追隨，効其尺寸，是所願也。且本國與廣西接界，如高諒地方，俱已從賊，若由此路行走，必被遮攔，獨雲南之臨安府蒙自縣，有一條山路，與本國宣與等處相通，廣東之欽州龍門海西，與本國廣安相通，那二路尚未從賊，自此去向，必能與嗣孫相通，卑等六人，願三人留侍國母」。

⓴「倜練」，丙、丁二本作「國棟」。

㉑「派員」下，丙本有「帶我門」，丁本有「帶同我們」。

㉒「凶」，丙、丁二本作「荒」。

㉓「山南」，原作「亡」，據各本改。

㉔「濟」，甲、乙、戊三本作「涉」。

㉕「荊南」，丙本作「荊門並宣興」，丁本作「荊南並山西興化」。

㉖「國中」，甲、乙二本作「中國」。

㉗「敵」，丙本作「賊」，丁本作「逆」。

㉘「則」，丙本作「卽」，丁本作「便卽便員總」。

㉙「飛報」，丙本作「明諭」，丁本作「告之並檄送」。

㉚「國中」，甲、乙、丙、戊四本作「中國」。

㉛「告」下，丙本有「內地諸細作」，丁本有「內地諸商客，使之細作」。

㉜「必復」下，原衍「必復」，刪。

㉝此句下，丁本有「倘蒙收之幕府，給以兵符等候，大軍進發，以土人嚮導」。

㉞「勇」，原脫，據各本補。

㉟「仁垂」，甲、乙、戊三本作「垂仁」，丁本作「垂慈」。

㊱此句丁本作「士毅既得潮州稟文」，甲、乙、戊三本作「孫士毅初接潮州稟文」。

㊲「內奉上諭」，甲、乙二本作「略言奉上諭」，丁本作「內敘欽奉上諭」。

㊳「瘴」下，丁本有「之苦」。

㊴「敵」下，丁本有「之勢」。

㊵此句丁本作「轅門献馘」。

㊶「奏」，原脫，據各本補。

㊷此句丁本作「進發而下，令兩廣弁兵，期以十二月十二日出兵過關」。

第十三回

懾先聲彊敵避鋒❶　得大援故君反正

且說孫總督將出師時，續有疏奏：「言臣聞安南黎弱❷，將來不能必守其國，今來求援，本朝義當拯救❸；且安南中國故地，若復黎之後，因以兵戍，是存黎而得安南，竟爲兩得❹。」巡撫孫永清抗疏以爲：「朝廷以復黎爲名，黎不能守❺，又遣官以取其國❻；諭以義始而以利終❼，臣竊以爲不可。方今黎阮相攻，黎必爲阮所併，莫若按兵不動，然後乘其弊而取之，未爲晚也。」清帝卒從毅奏，永清與毅不合，稱病不行。毅獨奉詔率兩廣、雲貴四路兵馬出關，分爲二道：一從諒山來，毅率之；一從宣光來，總兵帥之❽，並聽毅節制。毅大會將士，宣示軍律凡八條：一曰大兵出關，本爲勦逆安民，凡經過地方，肅隊而行，不得騷擾人家，虜掠市肆。二曰關外崇山峻嶺，其地本易埋伏❾，宜先鏟去石塊，斫除林菁，使之一望豁然，得以放心前進，如有新土浮鬆之處，尤當留心看察，以防詭計。三曰凡大兵駐劄之所，務先相視地方❿，占取形勢，易就水草，毋近林莽，四面掘壕築壘，督率弁兵，日夜巡警，又須於十里外，分行偵探，不得諠譁，易於驚亂。四曰南人打仗多用象力，非內地所素習，過之必先趍避，不知象力雖大，究亦血氣之軀，不能當我火器。如見象出戰，遠則施鎗砲，近則用弓刀，使負痛反奔，自相踐蹂，我兵乘機追殺，必勝無疑，要當曉諭使知可可也⓫。五曰南兵別無他長，全用噴筒爲利器，名爲火虎，兩軍相接先用此燒人衣服。使之退却。然其術只此，較我鎗砲不及遠甚，已制生牛皮擋牌數百，若南人噴筒一發，我兵一手執牌當火，一手執刀亂斫⑫，彼必披靡。六曰大兵行走，如遇澗溪河寬水深之處，必須斫取竹木，架爲浮橋，以便兵馬過渡；其江狹水淺者，帶兵弁員，必須試探的確，令兵丁披次魚貫而進，臨水處不得將火繩、火藥隨手抛放，致有沾濕之患。七曰大兵日用薪柴⑬，已有官銀給發⑭，惟與南人順情交互，無許擅斫村莊樹木，致有爭競，如有近山林一二里，亦須給弁兵以護樵者，不得肆意遠去，致啟他故，至於汲水養飯，亦須該管弁兵員驗明確係潔淨無毒，方聽汲飲。八曰受傷患病兵丁，該管驗明稟白，發遣回營⑮，以示休恤。或有不肖兵丁裝傷假病，妄冀回家，一經查出，卽行正法。且此次用兵遠涉沙塞，朝廷體恤，已於例外每兵加給一夫，該管先須諭曉，兵夫亦各相恤，不得恣意差使。至於兵行，器械隨身，不得自已空手行走⑯，一委役夫負運難堪，以致中途逃散，又夫數較多，難以稽查，致有前營混入後營，彼此不相熟習，易於雜亂，必於每夫給腰牌，開寫姓名營號以便試別。右軍律各條，弁兵各宜凜遵，若有違者，一以軍法從事，無赦。又先檄本國其略曰：「興滅繼絕，義所當爲⑰，何外於蠻羌，極溺救焚，不得已乃見於兵革。念安南黎氏，本天朝貢臣，三百餘年執壤奠虔供厥服，一十五路，錫土封奄有其邦，乃於乾隆年間，國酋阮岳，阮惠等，稱兵作亂，襲破羅城，前黎王憂懼物故，嗣孫維祁播越于外，故臣阮輝宿奉嗣孫母妻奔投內地，懇請援兵，經查宿等⑱，嗣孫現棲北諒地方，臣民猶思故主，阮岳以犬羊之夷，肆豺狼之毒，所在虜掠，百姓怨入骨髓。夫以邊氓崛起，干常逆理，天道之所不容，敢於內地橫行，虐衆殘民，王法之所當討，業經題奏欽奉，大皇帝矜恤黎氏之喪亡，不忍交州之塗炭，特命督撫佩征蠻大將軍印，調兵五十萬，直抵羅城，明正阮岳等罪惡⑲，無容得以逃天之誅。該國世戴黎王，久蒙豢養，知能不泯，感發由衷，不可喪其天良，忘君從敵，有能先唱義聲，倚天朝爲大援，糾合同志，戮力殲仇，檢塞奏凱，幕府上功。胙土分茅⑳，俾與黎氏同其福慶。如鄭大爺故事，檄文傳到，勒兵激昂，脩爾干戈，敵王所愾，一乃心力，其克有勳，仰覃頒賞于軍中㉑，永保同休于國內，尚其勗哉。」於是西將阮文艷、潘啟德鎮守諒山，見檄文惶恐，一日之間所集士兵逃者太半，啟德密遣人先以蠟書詣關上請降。文艷自度孤軍勞不可支，且已又是廣南人，縱降亦未必見容，乃自斂衆夜遁還至京北，與留守阮文和併力守鎮城，而遣騎兵馳書昇龍告急㉒。

却說北平王阮惠自歲夏起駕往昇龍，殺其將節制阮文任，一番易置官軍，整頓機務，專委大司馬吳文楚，內侯潘文璘，掌府阮文用，都督阮文雪，戶部侍郎陳順言，吏部侍郎吳任等，同守昇龍城。置酒大會，語之曰：「楚、璘吾之爪牙，用、言吾之心腹，雪則吾之甥，仁是吾之賓臣也㉓。且北河文流㉔，熟於世務，今委全城轄下十有一鎮，軍國機要，並聽得便宜行事，此間會同商榷，勿以新舊間隔，同心共濟，以副我所望，尚其勉之哉。」諸人各起拜奉命，於是擇日南還，已而山海有爲梗者，一遣偏裨臨之，隨卽撲滅；府縣有以案牘來者，隨事處分，亦無留滯，常以暇日走馬通衢爲樂，自以爲北河無復難事。一日坐協護堂會食，楚謂璘、雪曰：「主公以大城委我，啻之使製錦，未能信其能操刀，公等看下何如？使有齊聖從天而下，閻公從地而出，吾一網打盡，況公麼數輩㉕，徒勞人試劍利否耳！其何能爲？」又顧吳任曰：「侍郎誠長於文墨，弓劍之事，亦曾閑習否耶？」任曰：「有文事必有武備，是非別兩途，然古人行軍臨事而懼，何以兵爲戲，而輕易若是㉖。竊聞國人之奔淸者，其中多有媒孽開疆構成兵變，公受閫外之寄，恐不免一番頭髮爲白，到此回當念某言。」楚笑曰：「此回當煩公賦一詩以退虜，如其不能，匣劍靴刀，自是武臣分事，何必過慮。」居無何，果聞邊報。楚大驚，卽召故黎文武，以崇讓公維禫監國事，爲書稱權姓名，及詐稱豪目推權監國狀，使文臣阮貴衙、陳伯覽，文屬武輝瑨，武臣阮廷寬、黎維褚，武屬阮登壇等，賚奉稟札，向關上以求緩師；而內與璘等共商護戰守之宜，掌府用曰：「竊聞陳末、明人南侵，黃福、張輔、沐晟、柳昇皆中國梟將㉗，黎太祖起義藍山，勢力弗敵，然兵行詭道，不厭權謀，惟善埋伏，乘虛掩殺敵兵，用能以少制衆，窘王通於東步頭，殺柳昇於馬鞍嶺，武功奇絕，千古艷談。今清人遠來，跋涉山間㉘，吾以逸待勞，當預於要害之處，設伏以待，行此之計，何懼不克。」吳任曰：「不然，公知其一，未知其二，天下之事，情同而勢異者，得失較別。昔本國內屬，明人肆其殘暴，通國之人皆欲逐之，故黎太祖一呼，遠近響應，雄傑雲合，每與敵戰，國人惟恐失利，一聞捷報歡喜不勝，人心如此，幾有埋伏之處，皆爲之掩匿而敵人不覺，用能取勝，皆此之由。今黎通播諸臣，在在有之，聞清人來援，引領而望，一國士民奔走爭迎，我軍於何處埋伏，地形之險易，兵數之多寡㉙，敵人未知，彼店皆先告之，因計就計，四面拿捕，軍機既洩，自失便宜，是徒自陷於死地也。更能掩擊得誰？兵法曰：『善覆者，靡不勝；誤覆者，靡不敗。』勝負之分，今昔之異也。」楚曰：「然則計將安出？」吳任曰：「用兵之道，惟戰與守而已，今清師之來，信息甚大，國人爲之內應，多有虛傳，以張大其勢，驚動人心。我軍有事差派，纔一出城，便遭執戮，北河隸兵籍者得隙使逃，以此衆戰，無異驅群羊而攻猛虎，安得不敗，至於攖城固守，衆情不堅，內憂必作，雖有孫吳復起，亦且束手不能自謀，又無異將一鱔以投蝦筍㉚，請熟思之，戰之不克，守之不固，均之非善策也。無已有一焉，及早勅水師滿載糧船，乘風張帆，直出海口，至汴山屯宿㉛，步軍整器械，擂鼎而行，退保三疊山，水陸相通，操險以守，遣人馳書，稟知主公。且看清師至城後，區處黎家事理如何，與昭統帝復國後，兵謀國計，如何處分，俟主公來決戰未晚也。」楚曰：「主公南還，以城委我，敵來決戰，與城相爲存亡。上不忝爲守土之臣，次無負握兵之責，若乃望風先奔，棄城與敵，不惟得罪於主公，北人其謂我何？」吳任曰：「古之良將，量敵而後戰，慮勝而後戰，應變設奇如奕棋然；先輸人一着，後勝人一着矣，無以後着爲先着，方是高手。我全軍而歸，不亡一鏃，許他寄宿一睡，隨復驅之，猶晉之璧，究無所失，苟以此獲戾，某敢暴白于主公，必蒙鑒諒，請公勿疑。」楚乃從之，密傳京北、太諒諸鎮守，聲言會築月德江土壘，而潛師以歸，幷移咨海陽、山西諸鎮守，刻日各領弁兵來會昇龍城，山南鎮亦整飭船艘，俟水軍至並發。越五日諸道兵畢集，大閱于河洲，楚乃下令步兵各具餱糧以待差派，屬將鄧文眞先督水軍東下，分派已畢，及晡時，阮貴循阮廷寬等，自關上走還，言此行到關爲清候吏所遏止，不得達。現今清師已過南關，前鋒步騎進屯鳳眼地界矣！楚卽會諸將謀引退，璘曰：「兵不以衆，國不以大，今爲將握兵居外，敵來未嘗接戰，但被虛名恐喝㉜，遽爾退縮，何以將爲？請以精卒一千，直至月德江與他鏖戰一陣，看他有甚麼氣勢，南人與北人孰彊？使他明知我亦不怯，是亦先人有奪人之勝算也。」楚亦以爲然，璘於是驅兵北渡，夜漏下三鼓至月德江南岸，聞孫總督師已次三層山，屬天氣寒冽，璘驅兵渡江挑戰，將士素憚璘威，冒寒亂渡，至江心凍不能過者皆溺死，其及岸者爲淸邏卒所殲。璘度不能戰，卽揮兵退走，餘黨潰敗，逃入民間，民皆捕之，以獻于清師，璘單騎走回，楚大驚，秘其敗不令人知，令下諸軍肅隊而行，日中已過福川㉝，人始知之。次日至安謨，沿三疊山麓分屯，直至海岸，水陸聯絡以自固。

且說初帝潛棲北諒間，聞孫總督移檄本國，刻日到關，卽密令召四方義士，文武諸臣聞之，亦各曉諭地方豪目，糾合鄉兵。先遣黎惟亶賚書上關候總督行轅參謁，具以國情稟白，且言嗣君適攖寒疾，不堪進道，請於諒山鎮城等候。及聞西兵退，帝始勅諸道勤王兵同詣行在，帝令揀其饒勇者一千，克御營宿衞，餘各率所屬兵丁，結成隊伍，分派諸鎮。令陳光珠領京北鎮，阮道領海陽鎭，黃素義領山南鎭，黃馮賜領山西鎭，皆拜命之蒞。獨朱仍留行營扈，珠請移駕京北，繕脩城堡，營築茅舍，以待淸兵。帝從之，復命平章范廷瑱，參知武楨等，賚請安帖，前往和樂，明言國城之四鎭現已派兵分行經略，搜捕賊徒之潛匿者，並具不腆土宜，牛十頭，酒百壺，奉爲犒師品物，仰惟賞收，又通飭沿途諸縣界首耆老，各社民，以迎王師。大軍南行，一路順達，及至三層山屯住，其夜文璘雖欲肆惡，又爲寒凍所傷，不戰自潰，文楚亦歛兵宵遁去了多時，無人敢梗之者。毅於是全無戒心，具有驕色，一見武楨問曰：「大兵出關時，先騰檄播告，敵人驚惶，抱頭鼠竄，想該國之臣若民，孰不勉自激昂，仰賴天威，圖殲國賊，不日奏功，何乃一味懦弱，許彼得以乾淨行走。今大兵已抵國界，濫無報效，尚爲國有人耶！」楨曰：「小國不能自謀，始至叩關求援，力若能制，尚何敢煩大兵。今蒙以此見罪，其何說之辭，請以敵情言之。阮岳生長西山，憑其巢窟，阮惠老於行陣，擁有强兵，南返以來，兄弟相攻，岳居西山，惠據順化，各自稱雄，自帝自王。其在本國城者，彼黨吳文楚、潘文璘輩，耳聞天兵來，未知虛實，姑且歛衆以避，但聞屯據三疊畫自長安以南，妄圖再北，一個偏裨，猶然桀黠，況大酋耶，若不一番大用兵力，如何生捕得他。小國喪亡之後，兵將單弱，恐未易辦，惟上憲威靈振薄，蠻酋來威，小國之所望也。」毅笑曰：「爾國久被殘，神氣沮喪，故動以虎狼相恍，自我視之若犬羊然，一使人以繩繫其頸而牽之㉞，定無難也。俟我軍至羅城，唾手立辦，爾第觀之。」及至京北鎭，帝親率群臣謁見，毅慰諭之曰：「貴嗣多年蒙國大難，奉大皇帝矜憐，命本督提兵護送毋妻歸國，此來爲之經理，先矜賊黨務盡，然後整規模爲長遠計，千妥萬妥而後班師，勿復以國事爲憂也。」帝曰：「伏蒙大皇帝如天之德，不可名言，仰惟上憲屈臨，俾下邦獲貼喪帶之輝，副斗山之仰，欣戴之情，感佩爲無旣矣！」因請毅入營駐節，毅曰：「此去國城不遠，宜卽來，不可逗遛。」遂令發銳九聲，肅隊而行，暮至珥河北岸，帝請先渡入城，命於敬天殿前，供具帷帳，請督部居之㉟。毅不可，曰：「此非大將行營，軍事多有不便。」乃於河之南北岸沙中廣漠虛，分屯駐馬，命於河中造浮橋以通往來，時戊申十有一月二十一日也。翌日帝親詣毅所等候，毅令於敬天殿盛陳儀仗，勅百官陪侍，帝服袞冕，跪于庭，毅率僚屬奉宣清帝勅書，封帝爲安南國王，其制文略曰：「披一十三道之提封，原非利其土地，迺三百餘年之職貢，能不念夫祖宗。」受封禮成，乃循例脩謝恩表，望闕遙拜，請毅發遞，毅許之。帝雖已受封，然行下文書並用乾隆年號，以有毅在，不敢以昭統紀元，朝參之暇，輒詣毅營候聽軍國機務，帝乘馬先行，黎侗乘馬陪後，護卒僅數十人而已。都人有不知其爲帝者，或有知之，私相語曰：「我南國自有帝王以來，未見有如此卑屈者，名雖爲帝而號紀乾隆，事關總督，其與內屬何異？」毅亦崔岸自尊，帝來謁，或不與相見，但於鈴閣下傳稱無軍國事，且還宮休謁，其酬接禮意，最爲簡薄。又多縱軍士肆行非法，先是北人寓居城都之河口坊，與京北之機舍庯，山南之憲營，殆萬餘人，至是皆來附從軍屯，或別立柳營邸店，該等曉達國音，諳知土俗，因此乘勢多方誣陷善良，抑奪富戶，甚至市廛衢路之中，攘貨漁色，無所忌憚，環畿之民，往往苦之。帝雖知其弊，而業已請他來，惟恐因此取忤，難於發言。毅非不知其情而亦聽其所爲，略不少戢者。

且說帝自還都後，文武諸臣之播越者，陸續皆來拜賀，乃賞從亡翊戴功，加范廷璵爲吏部尚書，平章事阮輝宿同平章事，黎惟亶、武楨參知政事，阮廷簡兵部尚書知樞密院事，阮惟洽朱允勵同知樞密院事，陳名案副都御史，黎輝瑨㊱、范貴適戶部度支㊲，黎春洽、吳爲貴同知兵政，黎侗軍中尉督㊳，賜爵郡公，領諸道勤王之師，從孫都督幕府，辨理戎務，其餘內外臣僚各就本衙供如故。京北憲副吳璿熹以老病，辭不就職，上疏曰：「天造方屯，不圖再見天日，寔社稷無疆之庥，臣竊惟兵貴神速，機有可乘，何必專委外兵，動淹旬日，方今諸路勤王，孰不願効其尺寸㊴，敵兵甫退，卽以大兵躡之，疾雷不及掩耳，狂狡不暇爲謀，清乂二處聞之，亦必響應，惠阻橫山之南，楚、璘孤軍在此，形格勢禁，不能相通，不出十日可以成矜，彼之羽翼旣剪，則其巢穴亦可取次夷襄矣！臣愚以爲中興之機正在於是，不可失也。」疏入，帝以示樞密院廷簡等，皆以爲然，獨黎侗抗言曰：「我力弗敵，至於請援，督部行營在兵，事不先稟白，而輒行之事，濟則已，萬一蹉跌，恐以誤軍機諉我，還師闕上，坐觀所爲，則大事去矣！臣請先來稟白，自其指授方略，使之與我共事，更爲兩得。」帝以然，乃詣毅言之，毅曰：「何事倉皇，此猶探囊取物耳！早來則早取之，晚來則晚取之，今歲聿云暮，大軍遠來，正可閒暇，無當急戰，敵瘦我正肥，使自來送肉耳！該國旣以爲請，宜量自都城以南，約六十里，分置屯兵三處，此亦遠斥候，防不虞意也㊵。候開年進兵取之未晚。」乃命於青廉之月厥江北岸，維先之日早，青池之玉洄㊶，各築土壘，派兵守之。自是帝惟倚毅爲重，請臣亦無一人以出師復讎爲言者，黎侗日事酒色，絲恩髮怨，無不報之。獻言于帝曰：「曩者車駕蒙塵，皇親及朝士多有幸災樂禍，輸情與敵，甘心爲其鷹犬以圖富貴，逆理背義，莫此爲甚。臣請明正其罪，使天下曉然，共知名分綱常之不可紊亂㊷，此亦當務之急，不可含容擱過㊸，使善惡無辨。」帝以爲然，勅下廷議，咸奏稱去年刑部尚書平章事陳公燦奉使不屈，爲賊所害，寔可嘉憫，乞遣官諭祭于其家，存問諸子。其祭文有曰：「倒誨摧山之大節，與秋霜烈日而爭嚴，忠君愛國之小心，遇錯節槃根而益顯。」蓋御書之字也。又論叛國從賊罪，帝出亡時，宣光鎮守范如璲執送皇弟維袖於賊，駙馬尉阮彭引賊兵追尋帝所在，按律要斬，吳任㊹、潘輝益委身從賊，領授職爵，並黜爲民，回籍受差。阮俔㊺、潘惟藩屈膝賊庭㊻，張登揆從駕不果，並貶爲司訓。阮貴循、陳伯覽、武輝瑨等作書稱崇讓公監國事，爲賊希求緩師，俱下獄，阮伯寬以武弁老訥無知，免罪。倜聞衙始自高平回，金銀盈載，使人索取黃金二十兩，明言于帝。帝笑曰：「裒多益寡，惟爾所爲，無妨也。」又皇叔三人與賊相通，又嫁以女，帝密令人刖其足，投于宮井，會皇太后自高平還至京，見帝好脩恩仇，所爲乖度。大恚曰：「我跋涉勞苦，請得兵來，國家能堪幾番恩仇破壞，率此而行，何能治天下，老婦還爲亡人矣！」號泣不肯入宮，帝密使輝宿勸解之，宿入對皇太后曰：「仰惟聖慈好生之德，與同天地，固宜以是見訝。但刑罰國之大典，故周辟管、蔡，魯鴆叔牙，古人亦不以親舊廢法，望賜寬慰，使皇上得以經理國事，寔惟萬福。」太后以宿有從亡大功，重違其言，雖勉從之，其心寔不以爲然也。遂入宮。

時將屆元旦大節，十二月日，禮官奏以二十五日闔印，廟社朝廷之禮，並照常辦理。惟天朝大帥遠來，其供具儀品，請依封天使例，增多一倍，百官軍人亦聽休暇十日，以供歡迎春令。正是

處堂燕雀歡相哺　在棘銅駝慢不憂

未知底事如何，且聽下回分解。

【校勘記】

❶「懾」，原作「攝」，據各本改。

❷「黎弱」，丁本作「黎嗣懦弱」。

❸「拯」，原作「極」，據各本改。

❹「竟」，丙本作「庶」，丁本作「尤」。

❺「黎」上，丁本有「他日」。

❻此句丙本作「又使官以兵戍守其國」，丁本作「又遣官以監其國」。

❼「諭」，丙、丁二本作「是」。
❽「總」上，丁本有「貴州」。
❾「本」，原作「未」，據各本改。
❿「地方」，原作「方地」，據各本改。
⓫「要當曉諭」，丙本作「急先畫形曉示」。
⓬「亂」，丙、丁二本作「奮」。
⓭「柴」，原作「菜」，據丙、丁二本改。
⓮「官銀」，丙本作「銀錢」。
⓯「營」下，丙本有「服藥」。
⓰「行走」，丙本作「徒行」。
⓱「義」，原股，據丙本補。
⓲「等」下，丁本有「供狀」。
⓳「阮岳」，丙本作「岳惠」。
⓴「胙」，丁本作「錫」。
㉑「賞」，甲、乙二本作「寵」。
㉒「昇龍」，丙、丁二本作「龍編」。
㉓「賓」，丙、丁二本作「新」。
㉔此句丙本作「且爾北河儒流」，丁本作「且北河儒流」。
㉕「么麼」，丙本作「披靡」。

㉖「輕易若是」，丙本作「輕視哉」。
㉗「將」下，丁本有「用兵如神」。
㉘「澗」，原作「間」，據各本改。
㉙「寡」，丙、丁二本作「少」。
㉚「投蝦筐」，原作「收蝦苫」，丁、戊二本作「投蝦筥」，據甲乙丙三本改。
㉛「汴」，原作「卞」，據各本改。
㉜「恐」，原作「唿」，丁本作「吼」，據甲、乙、丙、戊四本改。
㉝「福」，丙本作「富」。
㉞「一」下，丁本有「日」。
㉟「請」下，丙本作「孫」。
㊱「瑨」下，丁本有注作「青威見溪人、景興己亥進士」。
㊲「適」下，丁本有注作「唐安華堂人、景興己亥進士」。
㊳「尉」，丁本作「都」。
㊴此句原作「孰不効順其尺寸」，據各本改。
㊵「虞意」，甲、乙、戊三本作「虞之」。
㊶「洄」，原作「回」，據各本改。
㊷「分」下，丙本作「義理」。
㊸「擱」，丙本作「擀」。
㊹「吳」下，丙本有「時」。

㊺「侻」，原作「院」，據丙、丁二本改。

㊻「潘」，原作「阮」，據各本改。

第十四回

戰玉洄清師敗績　棄龍城黎帝如燕

且說孫士毅自提兵出塞後，穿林渡澗，如履平地，晝行夜止，別無他虞，一路直抵昇龍❶，不亡一簇❷，如入無人之境。自古用兵，未有如此之易者，故他以無事易之，不用防閑，益生驕恣，兵丁屯札，許自離伍行走，無有約束，或去城十里採薪；或去民間市廛商賣，朝去暮入，日以爲常。將吏亦日事游宴，不以戎事爲意，有說及敵情者，輒曰：「釜魚籠鳥，餘息尚存，何足掛齒！」奉督部大人軍令，以開春正月六日出師，擣西山巢穴。那敵次第就俘，無一漏網，南河人當就見之，於是一國之人，逋播諸臣，再見天日，方喜目前聚會，但倚孫總督爲長城，不復以宮闕丘墟爲念，門庭寇賊爲虞，文恬武嬉❸，一味姑息，會有故宮人自長安來，言於太后曰：「駕復京城，已幾一月，號令所及，不過應常慈順廣五路而已。至於長安以南，清化根本之地，先朝陵寢所在，乂安亦是股肱輔郡，禁軍直宿，皆取於此，今皆淪沒，聲息不通，此寔可憂之大者。目今國情之虛實，敵情之强弱，旁觀之人莫不知之。向者皇上遘憫出奔❹，諸臣跋涉勞苦❺，餘一年矣，多少人情想應歷閱已悉，胡乃恬然不以掛念。孫總督從上國來，國勢敵情略聞其概，至如地有要害之處，分屯設伏，須有籌規，兵有攻取之宜，權機應變❻，在於呼吸，他如何勘得明確？且據黎僴前來供狀，稱本國諸地方不肯從敵，向義尚多❼，人心亦有可恃，要得大兵爲之聲援，則恢復之功可成，此特立言之體，使他不以其事爲難，只欲急得兵來，故爲此虛言慢過，他亦以爲信然，勇往向前，無復却顧，觀其傳檄之辭，其所以責於我者寔深，但於河上翺翔⑧，徒以聲勢恐喝⑨，不知阮惠以英雄老手，驍悍能兵，看他北去南還，神出鬼沒，人莫能測，擒有整如制嬰兒，殺文任如取豚子，無一人敢正目相視，聞其指顧，令人魂魄俱喪，畏之甚於雷霆。竊恐他不日再來，孫總督以內顧之兵，何能當得？彼不過客人，此來亦觀勢之難易爲進退，其如我國家何？太后能再一番奔內地⑩？」耶太后瞿然曰：「此正老婦心事，夙夜憂思，未知作何計策？」因以是言于帝，帝始大懼，卽與倜等造詣毅軍營，懇請出師，毅呼倜詰之曰⑪：「爾國人果不可恃！爾前日供狀如何敢欺我？」又顧謂帝曰：「嗣王年少，事未更練，向於諒山迎謁，何不分明言之。乘我之勝，蹶彼之困，豈不易然！今失此機會，使彼得以暇豫爲謀，今制之之道，要當動出萬全，豈可追遽⑫。且既以開春六日爲師期，亦是不遠，若敵急發，聽爾主臣先出一道兵亦可。」帝退謂倜曰：「卿乃心帝室⑬，國事思過半矣！勉卒前功，毋使國人得以護我，天朝得以咎我也。」

且說黎倜超類大卯人，本是風流公子⑭，少年只以飲博爲事，文事武備，非所素講，向因貴近入爲家臣。迨西賊來侵，京城失守，帝令從太后駕之高平，爲敵人追逼，不得不投內地，緣他稍識文字，故與此人答問⑮，弄出許多大言。孫總督亦不之察⑯，爲之題達，清帝準允，幸得復國，自以爲功。既還昇龍，便私報恩仇，公私貨賄⑰，國中豪傑皆心不喜他⑱。帝以其有功，委之兵柄，目徒眩旌旗之色⑲，耳未聞金鼓之聲⑳，矧能作何注措，因托以不欲遠離左右，請帝勅山西鎮守先將本道兵屯于潤口㉑，以塞西山來路，冀己免於臨戎，而戰之勝敗，國之安危不恤也㉒。

且說吳文楚既以諸道兵退，卽緊使阮文雪馳驛南還告急，而畫長安以爲界，屯水軍于汴山洋分，步兵分據三疊山，水陸相連，遏絕南北，故四鎭以外之事，與清乂二處都不相通。清師抵昇龍，與帝以十一月二十二日受封㉓，清化以內無一人知之者，且楚以是月二十日退處三疊，而二十四日，雪已至富春城㉔。北平王得報大怒，大會將士㉕，欲卽日自將而出，議者皆曰：「主公與西山主有隙，升尊之地㉖，人情尚未堅戴，今聞清師來攻，益生疑貳，請先正位號，覃布赦宥，以安反側㉗，而繫人心。然後大擧北征，未爲晚也。」北平王以爲然，乃命築壇于彬山，祭告天地山川百神，製袞冕，卽皇帝位，改西王岳泰德十一年爲光中元年。禮成，乃下令出師，蓋是月二十五日也㉘。北平王自將大軍，水陸齊進，二十九日至乂安，召羅山貢士阮浹問曰：「清師來攻，某將出禦之，攻取之策，勝敗之數，先生以爲何如？」浹曰：「今國內空虛，人心潰敗，清師遠來，不知彊弱之形，不識戰取之勢㉙，主公出此，不過十日，清寇平矣。」北平王大喜，仍命其將暾虎僕㉚，揀乂安兵，每三丁取一丁，未浹時得勝兵一萬千餘人㉛，大閱于鎭營，凡順廣親軍，分爲前後左右四營，而乂安新兵爲中軍，北平王騎象出營勞軍㉜，勅諸軍皆坐而聽命，諭之曰：「清師來侵㉝，現在昇龍，汝等已知否？天地之間，星野分別，南北分治，北人非我族類，其心則異㉞。自漢以來，北國之人，寇我甸畿，漁肉我生民，囊括我財貨，人不堪命，咸思逐之。在漢有徵女王，在宋有丁天皇黎大行皇帝㉟，在元有陳興道大王，在明有黎太祖皇帝，不忍坐視殘暴，順人心，興義兵，皆能一戰取勝，逐之北還，當此之時，北南自在，邊境以寧，傳祚久長，自丁以來，不至如昔者內屬之苦，利害得失，皆前朝故事。今清人復來，謀取我南國，置爲郡縣，不以宋元明爲戒，故我出而驅之，汝等各有知能，當與我戮力同心，使大勳用集，毋徒狃習故態，妄懷二心，事發卽行誅戮㊱，一無所赦，勿謂我不先告也㊲。」諸軍皆曰：「惟命，不敢有二。」次日下令進發，諸軍各肅隊而行，北至三疊山，楚、璘出迎，皆負劍請罪。北平王曰：「汝等委身事我，致位軍師，委以十一宣全轄，許得便宜，賊來不能一戰，聞聲先奔。兵法曰：『兵敗斬將。』汝等罪當萬死，但念汝等一個健武自名，逢敵便戰，至於臨機應變，亦非所能㊳，故留吳任在此㊴，與汝等共事㊵，正慮是耳㊶。北河初定㊷，人心未附，昇龍四戰之地，阻帶無憑，前年我來戰此地，鄭王果不能支，此其驗也。汝等派軍居此，清人南侵，北圻內應，何能展布手足㊷，能隱忍以避其鋒，部分而阨諸險㊸，內激士氣，外驕敵情，此計爲善，我初聞暗想是吳任主此謀，詢之文雪，果然㊹。」吳任亦再拜陳謝。北平王曰：「我今來此親董我事㊺，進取自有成算，驅逐清人㊻，了此不過十日，但念他是大國，十倍於我，一敗之後，必以爲恥，圖復報之，兵連不解，甚非生民之福，何忍爲之？到此惟有善於詞令，方能弭得兵端，非吳任不可。俟我十年安養，國富兵彊，吾又何畏彼哉？」楚璘等皆拜謝曰：「主上可謂遠慮，臣等愚不及此，方今進取之計，請一一揭示，臣等遵而行之。」北平王乃命大饗軍士，分隸五軍，時十二月三十日也㊼。於是密諭諸將曰：「我與卿等且先行春旦節禮，至除夕卽啟行，約以新春七日入昇龍城，開筵宴喜，各各記取，勿以我言爲誣也。」乃傳令中軍聽屬御營差派，大司馬楚、內侯璘將前軍爲先鋒，暾虎侯將後軍爲督戰，大都督祿、都督雪將左軍，水師屬焉。越海入六頭江，雪仍於海陽經略，爲東道之應，祿取道疾趍諒山鳳眼安世等地方，以截清師歸路，大都督㊽、保都督龍將左軍，象馬屬焉。龍穿出彰德，取路直趨青池之仁睦，以橫擊濵州軍屯，保專統象馬，由山明出青池之大盎，爲右支之應，五軍皆拜軍令。至日，鳴鼓而北，師渡潤水，鎮守義軍先潰，走至月厥江，清入之遠斥候者，亦皆望風先走，北平王督諸軍追之，至富川，俘獲殆盡，無一人得脫者，是以絕無兵報，清師之屯河洄與玉洄者，皆不之知。已酉春正月初三日半夜，北平王進至青池之河洄㊾，密圍其地，以軍筒呼之，應者迭諾，外數萬人聲，屯中始覺，惶恐失措，乃皆請降，盡獲其軍資器械㊿。

北平王令取木版六十片，每三片列一束，外以禾匃浸水蒙之，共二十片，驍勇之士每十人擡一片，背負短刀，二十人各執兵器隨其後，爲一字陣。北平王騎象督之，初五日黎明，進逼上洄屯，清師發銃射之，一無所中者，又因北風縱火煙筒，霧氣障天，咫尺不辨，以亂南軍，俄轉而南風，清人適以自斃。北平王促令以木板蒙冲疾走向前，兵刄既交，則遂擲木板于地，各執短刀亂斫之，後持兵器者亦皆奪前突擊，清師力不能支，大亂潰散，自相踐踏而死。四川府岑宜棟自縊死，西人乘勢大肆厮殺，尸橫滿野，血流成河，清師大敗。先是北平王使一支兵，從安緣河堤而上[51]，開旗鳴鼓，爲東道疑兵，至是清人走還，望之益自疑懼，各取間道從泳橋而去，忽見象軍從大崟來，復大驚，皆走竄瓊都之墨潭中，西人驅象踩之，死者以萬計。是日午中，北平王進兵至昇龍，遂入城。原來都督龍將右軍，先出青池[52]，北平王方與清師戰于玉洄[53]，龍已於日早改滇州太守于廣德姜上寨[54]，清師潰走，龍先入城矣。

却說孫總督與帝在昇龍城，略不聞有警急之報[55]，故至春旦方以宴慶爲事[56]，別無意外之虞，誰知勝席未殘，泰機復否，初四日始見玉洄厄兵走還告急，眞是將從天上降，兵自地中穿。且言河洄屯官軍盡被西兵掩獲了，此去玉洄不遠，早晚必將受兵，孫總督倉惶大懼，立遣廣西領兵楊雄業率西山降將潘啟德先將義兵赴援，大密令麾下騎士二十人與之俱，誡曰：「時刻之間[57]，續有報信。」其意專以此一面爲患，不虞更有別道來也。是夜漏下四鼓，忽聞城之西北銃聲轟不絕，急令走馬視之，見報滇州屯已潰，西兵已入塢門，大肆燒殺，烟焰光天矣。孫總督大驚，馬不及鞍，人不及甲，自帶帳下騎馬諸軍先過浮橋北走，諸營軍聞之，大驚潰走，各爭橋以渡，相推墜死甚衆，頃之橋又斷，衆軍盡落入水中，珥河爲之不流。帝在殿中聞變，急與黎侗[58]、鄭憲等奉太后出，走至河澤，見浮橋已斷，船艘亦無，乃急走宜蚕，偶得一漁舟，奪而北渡。初六日午中，走至三層山，聞孫總督過去了，而清軍之奔還者，途間如市，日夜兼程，不敢休息。帝奉太后與之偕行，比至和樂屯，遇一土豪，其人於帝蒙塵初，已有睽遇之識，至是見帝，不覺墜淚，因請入山中寨暫歇，時并日不食，從者皆憊，他殺雞義飯以進，帝上請太后，下與倜憲等同食，食甫畢，忽聞西兵追躡已至，帝倉惶謂土豪曰：「萬報厚情，無以爲報，惟高厚鑒君之誠，而賜之福耳！今賊兵在邇，目下有何生路可以急走關上，再爲圖之。」土豪亟令其子導之，從山中間路走去，日暮到關。及孫總督行次，諸臣亦各陸續隨至，相對嘆恨流涕，孫總督亦爲慚怍。帝因告辭曰：「孤不才，失守社稷，詎意天心不佑小國，今又棄去。伏惟回朝萬福，孤願留國土，收拾民兵，以圖再舉，寵蒙奉旨赴援，幸克有濟，莫非上憲之賜，事之不捷，須從大人所候，請爲便。」毅曰：「阮光中不滅，此役終不休。今且奉表題奏請兵，不一月，大兵再至，此地迫近賊黨，不便居住，且暫入南寧安歇，以俟天旨可也。」帝乃從之。於是毅與賓佐將校，收拾潰兵引還，帝亦留倜憲等潛回本國，招諭忠義，自與高平導輔廸郡公黃益曉、京北鎭守南塘嫩柳黎忻、四城提領山南舒池范如松、副提領南塘清泉阮曰肇、署知公象政南塘義洞黎文張、協理軍務南塘瓊瑰范陳善、戚畹良才琵琶阮國棟、掌四寶清化同榜黎貴適等，奉太后從毅而北，正是

邊臣未遂籌邊志　國主空懷去國悲

未知底事如何，且聽後回分解。

【校勘記】

❶「路」下，丙本有「豁然」。

❷「鏃」，原作「鏃」，據甲、乙、戊三本改。

❸「嬉」，原作「熙」，據丙本改。
❹「遘憫」，丙本作「與黎侗」，丁本作「遇憫」。
❺「臣」下，丙、丁二本有「追隨」。
❻「權」，丙、丁二本作「臨」。
❼此句丙、丁二本作「尚多向義」。
❽「翱翔」，原作「翔翱」，據各本改。
❾「恐」，原作「嗯」，丁本作「吼」，據甲、乙、丙、戊改。
❿「再」，丁本作「不再」。
⓫「呼」，丙本作「指」，丁本作「手指」。
⓬「可」，丙、丁二本作「宜」。
⓭「乃」，丙本作「盡」，丁本作「乃一」。
⓮「子」下，甲、乙、戊三本有注作「黎朝進士黎允倜之子」。
⓯「答問」，甲、乙、丙三本作「問答」。
⓰「總督」，丙本作「士毅」。
⓱「私」，丙、丁二本作「行」。
⓲「皆心」，丙、丁二本作「心皆」。
⓳「徒眩」，丙本作「未覩」。
⓴「金」，甲、乙、戊三本作「鐘」，丙本作「鉦」。
㉑「西」，丙、丁二本作「南」。

㉒「安危」，丙本作「存亡」。
㉓「二十二」，丙本作「二十」。
㉔「雪」，原脱、據各本補。
㉕「大會將士」，丙、丁二本作「會諸將」。
㉖「尊」，丙本作「奠」，丁本作「龍」。
㉗「側」，原作「測」，據各本改。
㉘「五」，丙本作「六」。
㉙「不識戰取之勢」，丙本作「攻守之勢」。
㉚「仍」，丙本作「乃」。
㉛「時」，丙本作「旬日」，丁本作「旬」。
㉜「王」下，丙本有「親御」，丁本有「親」。
㉝「侵」，丙、丁二本作「戰」。
㉞「則」，甲、乙、丙、戊四本作「必」。
㉟「天」，甲、乙、丙、戊四本作「先」。
㊱「卽」，丙、丁二本作「盡」。
㊲「我不先告也」，丙本作「告之不早也」。
㊳「亦非所服」，丙本作「亦非其所長」。
㊴「任」，丙、丁二本作「時任」。下同。
㊵「共事」，丙本作「同謀」。

㊶「慮是」，丙本作「為此」。

㊷「初定」，丙本作「新安」。

㊸「展布」，丙本作「施措」。

㊹此句丙本作「而知部分将士，退阨險要」。

㊺「董」，丙本作「胥」。

㊻「清」，丙本作「北」。

㊼「三」，丙、丁二本作「二」。

㊽「胥」，原脱，據各本補。

㊾「青池」，甲、乙二本作「上福」。

㊿「資」，原脱，據各本補。

51「緣」，甲、乙、戊三本作「延」，丙、丁二本作「祿」。

52「池」下，甲、乙、戊三本有「之仁睦」。

53「王」，原脱，據各本補。

54「滇」，原作「塡」，據各本改。又「寨」下，丙本有注作「名棟多」。

55「警急之報」，丙本作「告急者」。

56「事」，丙本作「樂」。

57「時」，原作「晨」，戊本作「辰」，據甲、乙、丙、丁四本改。

58「侗」，原作「洞」，據各本改。

第十五回

定北河平王受封❶ 戰宣光皇弟遇害

且說孫總督之北走也，臨時急遽，不暇收拾。迨至鳳眼地頭，又聞西將得祿侯引兵從東道來，邀截已近❷，一番吃驚，其所携帶，一切委棄途中，僅以身免。故凡清帝所賜敕書及旗牌軍印，爲西人所獲以還❸。原來去多清帝從毅之請❹，勅令提兵出關，尋有旨諭徐行無急❺，且先傳檄文爲之先聲，因放黎臣回國，糾合義兵，尋黎嗣孫使之出頭，與阮光中對敵❻，試觀事勢如何。若安南人心果猶願戴黎氏，彼得天兵之來，誰不奮勇自効，光中必將退避❼，因使黎嗣孫當前追躡，而以大兵繼，則不勞而功成，此爲策之上也。如通國之左右袒各半，光中必不退避，姑且騰書，告示禍福，看他如何？俟我閩廣水軍出洋，先攻順義❽，卽出步軍前進，光中背腹受敵，其勢不得不服，我因而兩存之，順廣以南，以棲光中❾，驩愛以北，以封黎嗣，因頓大兵于該國，以遙制之，俟後別有處置。及毅大兵出關，聞西兵退走，卽整軍前往昇龍國城屯宿，不以爲虞，是以一敗塗地❿。清國承平日久，民不知兵，見毅狼狽奔還，人情恂懼，繼聞西山追至諒山界，傳言盡殺匈奴夷輩，於是內地大振，自關以北，清人士女相率扶携奔走⓫，凡數百里，寂無人煙，事聞清帝大怒，卽降旨命閣臣福隆安爲兩廣總督，提督九省兵馬，以往經理安南事，而徵毅還京待罪。

卻說北平王既破清師，乃據昇龍城⑫，遂下令招安，凡清人之奔逃者，民間不得藏匿，旬日間得數萬千人，各給以衣糧。又得毅所遺棄詔書軍印以示吳任曰⑬：「我看清帝詔書，不過亦視強弱爲左右耳。存黎義擧，非是本心，特假此爲名而寔圖自利。今既爲我所破，忍之則以爲恥⑭，報之亦以爲難，凡我所獲散軍，宜均給口糧，悉送關上，卿素善詞令，當卽爲書遺之，備言我是小藩，一心恭順，畏天事大，安敢有他，前經有表文投遞，爲孫大人所壅遏，不得上達。近自南來，本欲與孫大人辨白眞衷，不意道路訛傳，張大聲勢，人人驚疑，自棄軍先奔，浮橋復斷，以致天兵陷溺，其爭路走者，自相蹂藉，多致死傷，此寔孫大人之爲而非小藩敢自交兵之罪。今現收散卒萬數千人，並已查明名貫，給餉到關，備册進納。」於是吳任卽脩書，差人飛馬，命諒山頭目，由關上發遞。

且說兩廣新督臣福隆安乃滿州鑲黃旗人，由蔭生致位台鼎，清帝素信用，故委以料理南事。初代毅爲總督，乘驛至廣西幕府，親見毅隻身奔還，又聞北平王勢燄，未免逡巡畏縮，及接邊書，遂一心大膽⑮，卽以南事自任，密謂太平府王分府曰：「南北弭兵，生民之福，而寔邊疆諸臣之大幸也！我聞南國詞臣，有吳任者，向之詞札皆出其手，公可爲書答復，使之專主和議，急繕謝表投遞，我爲內主，事無不濟。」王分府出，卽移札于吳任。吳任以事稟于北平王，王雖既定北河，而南陲猶有內憂⑯，急於還師，因會諸將謂曰：「北河兵事吾委文楚、文璘，中國使命吾委吳任、潘益⑰，凡事並聽便宜處置。我且還，事無關緊，不必往復稟報爲也。」於是北平王引衆南還，留文楚總統軍國機務，而吳任主北事，與清邊臣王分府表裏相應，外有隆安爲題達，內有閣臣和珅爲主張⑱。那和珅滿州黃旗人，由蔭生入閣，與隆安同管理藩院，隆安移書于吳任，敎以金幣賄之。珅卽奏請罷兵，而封光中毋開邊事，以費中國。且言從古以來，未有得志于南荒者，宋及元明終於敗衄，厥鑒不遠。清帝以爲然，遂一意講和。和珅等皆希旨迎合，無不中其肯綮⑲，清帝大悅，輒賜璽書褒美⑳，於是隆安因報吳任，促令繕摺謝表，因夾叙言「本國已屆貢期，例得恭遣陪臣齎遞，但小藩猶是權辨國事，不敢輒行，恐於體例未合，而恬然廢馳，於心終有不安。其貢品陪臣謹已等待關上，伏候定奪，不勝兢惶待命之至。」隆安得謝表卽發驛馬遞至燕京，和珅將表進呈，清帝覽之大悅，勅賜陪臣武輝瑨、吳爲貴、阮廷擧等過關入桂林城等候，而遣使來冊封光中爲安南王，賜賚甚厚，其貢品照舊受之。尋復降旨，徵國王入覲，吳任乃擇乂安軍校南塘幕田人阮光偵者㉑，容貌端整，詐爲國王，文楚爲武重臣，輝益爲文重臣，都督阮聿充扈侍，武輝瑨充詞臣，奉國王如清展覲職方例外，又薦雄象二匹，清人沿途驛遞勞頓，中外皆知其假而不敢言。迨進京，清帝大喜，以爲眞光中的，於入覲時，賜與諸親王因同宴，又加恩并行抱膝㉒，一如家人父子之親。及拜謝歸國，乃命工畫傳神像賜之，恩禮隆厚，誠千古之曠格也。

却說黎帝自鎭南關從孫總督入內地南寧城，適福總督至，謀與西人講和事，遂謀入桂林府城安歇㉓，其本國人嗣次入內地者，皇叔忠郡公維祾由榆關㉔，邯江丁迓衡、丁令胤等由龍門，南眞內翰陳維林、同澤出納黎允管、後勁奇黎顥、乂安潘啟德等由鎭南關，高平輔道閉阮允等由高平關㉕，比至入見，隆安又隨便安抑，照給衣糧，因以啟德爲柳州都司，迓衡爲全州守備，阮允爲把總，其忠郡公及諸人悉送入桂林黎帝所。月餘，隆安亦自南寧還桂林，下令悉罷諸省兵馬，盛張宴樂，黎帝怪而問之？隆安曰：「夏天炎暑，不利南征，須俟秋涼，一併調發。」既又邀帝酣宴，從容言曰：「師期不遠，王當親率左右僚屬爲前道，但今宜雉髮易服與中國同，使南還之日，賊人不復識別，然後大功可成。反國之後，仍從故俗，兵行詭道，王盍思之。」黎帝以爲然，曰：「失守邦家，辱蒙天朝救援，雖擧國北裝惟命，此奚足惜。」於是與諸臣皆雉髮易服。隆安見之大喜，卽以金錢賜之，恩接款洽，黎帝君臣皆不知其詐。隆安因作密表奏清帝，內叙安南國王黎維祁無意請援，君臣已皆雉髮易服㉖，願安居中土，伏請罷征南兵。和珅又奏請册封光中，盡得兪允，隆安復邀黎帝入，盛陳劍戟，左右環列弓馬，儀仗整肅，正中竪大旗繡着提督九省兵馬六字，茶菓訖，默無所言，黎帝亦不覺其意，及辭出，已見西人使伴在門外矣，懊惱移時，只得回舘安歇。且說先是長派侯黎侗承命留本國招諭士豪，以圖恢復，至是與鄭憲㉗、李造、黎洽等數十人俱入內地㉘，隆安札召侗等共談國事，既至一無所問，但諭以雉髮易服，侗知其詐，大怒曰：「召我面談，今無一事，獨令雉髮易服，我輩頭可斷，髮不可雉，皮可削，服不可易也。」隆安知其不可强，卽命于廣西安置。是歲已酉冬杪㉙，清帝既遣册封阮惠爲安南國王，而受其貢品，復降旨召安南故王入燕。

却說初昇龍之潰，黎帝北狩，皇三弟璯郡公維祗奉皇妃出㉚，走至珥河邊，値河橋已斷，卽沼河岸從西遁去，至宣光潛駐，因招諭士豪，戮力與圖興復㉛，至是起兵保樂，竪屯柵，徵餱糧，與西賊相對壘，拒戰數月，兵食不接，爲賊所敗。及將佐皆被獲，檻送南還，俱遇害，通國軍民莫不憐之，有以詩哭之曰：「富春有地理新恨，保樂無天報舊仇。」皇三弟既死，皇妃遂還京北，潛匿民間，西人索之不獲。是時黎帝在燕，音信不通，諸皇親皆爲賊所害，其忠義舊臣，平章阮輝宿、參知政事范廷璵、兵部尚書阮廷簡、簽書樞密院事黎班、副都御史陳名案、京北鎭守陳光珠等，各於林塢亡匿，西人累求之不得，其故家遺族，大率有感舊之情，閭里之間，抱鼓數起，簡自黎帝北走，不及從駕，乃隱山西之立石。北平王使人往淸化，收其愛女置之後宮，欲以招簡，簡曰：「此女不死，辱我門戶，我不以兒女之情，廢君臣之義也。」西人知不可奪，乃設計生致之，簡不屈而死㉜。班魁梧勇悍，膂力絕人，每一飯輒兼數十人之食，自黎帝蒙塵以後，左右周旋，不辭險阻，及北狩不及從駕，卽取間道歸乂安鄉貫，與土豪聚衆討賊，累次敗衂，爲賊所獲，守志不屈，乃放之，後卒于昇龍。名案流落北江林野間，北平命吳任以書招之，案固辭以死自誓，言多矯激，吳任慚祚，導西人以兵刼㉝，案神色自若，端坐賦詩，有「此生雖潤豺狼豺吻，縱死難爲犬彘心」之句，西人又以高官諭之，亦不從㉞，乃止。光珠與部將收軍攻賊，橫行東北二鎭，四五年間，累破西人屯堡，殺其渠帥者甚多，賊亦爲之驚怖，後又因中其詭計，爲賊所擒，亦不屈而死。自是以後，列鎭愓息，砲火不驚。北平王旣受清帝勅封，以帝制自處，乃立其子光纘爲太子，以次子垂爲康公，領北邊節制水步諸軍，三子盤爲宣公，領清化督鎭總理軍民事，諸鎭各設鎭守一，協鎭一，縣設分知左右管理二，徵兵糧，理詞訟，立兵制，武有分率，以道統奇，以奇統隊，各管束操演，又命大灑江以北，各類開丁籍，照舊例揀兵徵庸錢脚米等稅，造田定租粟例㉟，分公私三等田以起徵，以乂安在國之中，道路適均，且租地在焉，命大徵工匠搬運木石磚瓦，脩宮府，造樓殿，築四圍土城，督諸道軍，掘土產蜂石以砌內城，建三層龍樓太和殿兩廊，以備朝賀，號中京鳳凰城，又以哀牢國闕貢，命乂安督鎭阮耀爲大總管都督，領象政黎文忠爲大司隸，發兵進攻之。至其城，哀牢王拒戰不敵，遂引衆而遁，耀等入城，盡收金銀貨寶象馬以還。北平王自得封以後，益自驕恣，有渺視中國之心，適有兩廣烏匪刼掠海濱，清兵追勦，敗走南海，投附本國，北平王分賜其渠帥爲統兵，使之刼掠，以擾北朝，沿海自是商船不通，物貨騰貴㊱，又納四川烏匪，號天理會者，清督臣畏其强而不敢詰也，自是益以清人爲易與謀，揀兵畜糧，打造海船，飭令大可載象，與文武諸臣，密有窺覦中國之志㊲，正是

北境恰逢清鬪野㊳　南關准議逞雄心

未知底事如何，且聽後回分解。

【校勘記】

❶「昇龍」，丙、丁二本作「北河」。
❷「西将」，丙、丁二本作「西山将」。
❸「為西人」，丙本作「盡為西兵」，丁本作「盡為西山」。
❹「清帝」，原脫，據各本補。
❺「諭」上，丙、丁二本有「密」。
❻「中」，丁本作「平」，下同。
❼「将」，丙、丁二本作「先」。
❽「先攻順、義」，丁本作「先破順、廣」。
❾「棲」，丙本作「封」。
❿「塗地」，丙本作「散落」。
⓫「清」，甲、乙、戊三本作「齊」。
⓬「乃」，丙、丁二本作「入」。
⓭「任」，丙、丁二本作「時任」，下同。
⓮「耻」，丙本作「仇」。
⓯「膽」，原作「腑」，據丙、丁二本改。
⓰「猶有內憂」，丙本作「亦猶多事」。
⓱「潘」，丙、丁二本作「輝」。

⑱「珅」，原作「玾」，據甲、乙、丙、丁四本改。下同。

⑲「其肯榮」，甲、乙二本作「意」。

⑳「璽書」，原作「書璽」，據各本改。

㉑「人」下，丙、丁二本有注作「今屬梁山」。「值」，甲、乙、戊三本作「植」。

㉒「膝」下，甲、乙、丙三本有「禮」。

㉓「謀」，甲、乙、丙三本作「邀」。

㉔「關」下，甲、乙、戊三本有注作「按維禥乃帝之從祖叔，已沈于海，其皇叔之忠郡公，非是維禥，意傳寫之誤」。

㉕「閉」，丙、丁二本作「阮恭閉」。

㉖「已皆」，甲、乙二本作「皆已」，丙、丁二本作「並已」。

㉗「憲」，丙、丁二本作「瀗」。

㉘「等」下，甲、乙、戊三本有注作「一作李柔道、黎允植」。

㉙「杪」，原作「抄」，據甲、乙、丙、戊四本改。

㉚「妃」下，丁本有「阮氏」。

㉛此句丁本作「興之戮力，以圖恢復」。

㉜「死」下，甲、乙、戊三本有「其自述詩有曰：『邇來為國為身耶，國破身存奈我何；不戴巖鰲撐海嶠，那堪杜宇泣山河；恨無王蠋忠臣劍，浪誦文山正氣歌；回首龍城宮闕在，此身榮辱有皇家」。又此句丙本作「女不食而死」。

㉝此句，甲、乙、戊三本作「因以詩復吳任曰：『此生何處更逢君，神采依稀入夢頻，羈旅但

知今世事，江山管屬阿誰人；北窻處士猶書晉，東海先生不帝秦；身後墓傍人指點，故黎朝進士姓陳。』西人知不可屈，乃密令人以兵刼之。」

㉞「亦不從」，甲、乙、戊三本作「終不肯從」。

㉟「田」下，甲、乙、戊三本有「簿」。

㊱「物貨」，甲、乙、戊三本作「物價」，丙本作「貨物」。

㊲「中國」，丙、丁二本作「內地」。

㊳此句丙本作「北境正逢清宴會」。

㊴「准」，甲、乙、戊三本作「準」，丙本作「惟」。

第十六回

祭苓塘清使受欺　葬燕京黎皇飲恨❶

且說北平王將謀北伐，與將佐諸臣日夜商議❷，皆曰：「宜實民數以簡卒徒，正當今急務也。」北平王以爲然，乃下令諸鎮，各督社民改脩丁籍，行信令牌，驅民登籍，監考究問，諸縣總長多以堅執隱匿坐斬者，往來道路，民皆苦之。其諸縣分知，各集簿內民，照給每人一牌，內印「天下大信」四篆字，四旁迴文，寫姓名貫址❸，押手左指爲驗，人各帶之，遇訊問輒出呈❹，號曰信牌。無牌爲漏民，收充房軍而罪其總長社長，丁籍既成，仍籍三丁取一兵，復令分管員將兵往社長圍捕查點，民間騷擾❺，多於山澗中逃匿。有乂安石河玉田人陳芳昺，乃故黎進士陳名倣之子，不肯帶牌，鎮臣阮耀賢而釋之，那芳昺聰敏夙成，雅負氣節，嘗賦詩以明志，有「忠腸暗積乾坤恨❻，面目空慚日月居」之句❼，後地方諸貢士及土豪等，聚衆于天祿之鶩溪，謀襲取乂安城，推芳昺爲軍師。至鴻山平浪社，與西賊交戰敗績，芳昺登鴻山絕嶺，手題詩于寺壁云：「報國無長策，隨身有短刀，回頭鴻嶺上，九十九峯高。」即引刀穿腸而死，軍民聞者莫不哀之。

且說北平王既定北侵之計，仍遣其臣阮招遠如清❽，具表請婚，且求兩廣地，雖非本意，但將以是試之，會病發遂殂，稱帝之第五年壬子秋八月日也❾。初清使來冊封頒賜綵衣，內有「金線刺車心，折軸多由鼠」之句❿，當時不解所謂，至是始驗云。北平王既歿，其求婚請地亦不果達⓫，清帝未及知之。是月長子光纘奉遺命嗣立，改明年癸丑僞號爲景盛元年，而追尊北平王爲太祖武皇帝⓬，遣使如清告哀，薦方物及雄象二匹，備歲貢具表請封，凡二部使並行，表內且云：「奉父王遺囑，死後無歸鄉土，故葬于國城郊之苓塘，以白戀闕之志。」清帝嘉之，卽遣使行諭祭禮。光纘乃命作假殯于苓塘，以受弔慰。其祭文有曰：「祝厘南極，効忠特獎其趨朝；妥魄西湖，沒世無忘於戀闕。」賜謚曰「忠純」。及頒御製詩贈恤，令刻石竪之墓左，以表顯之，而冊封光纘爲安南國王。光纘既得封命，罷信牌令，其諸道捕漏民者，並派撤回，嚴戢滋擾，以其舅得宣爲太師，專掌朝政，得宣以光纘幼弱，事皆專輒，恣行威福⓭，文武諸臣皆側目視之，禍胎自此始矣。

却說黎帝自己酉春入內地桂林城，是歲冬，清帝從隆安和珅等議，冊封阮惠⓮，乃降旨召黎君入燕，往庚戌春起駕，夏五月至燕，本國文武諸臣先後入者，並許陸續起行，適清帝巡幸，遇黎侗等於廣東，命召入見，諭之曰：「汝主既願安中國，汝等一意相從，當卽薙髮易服，以俟簡廸。」侗等奏曰：「小臣萬里從亡，願得以土俗見國王，然後乃奉旨。」帝嘉嘆久之，卽命緩行如京。時黎帝、太后、元子駐燕京之西定門國子監衙側⓯，扁曰「西安南營」，諸臣居東直門羊舖衙側，扁曰「東安南營」，照給口糧，許往來自便。適聞清帝幸熱河避暑，來日清晨早發⓰，黎帝卽與諸臣草請兵表，因鑲黃旗都統金簡請見，比駕出，黎帝及諸臣跪道伏謁⓱，駕少止，見有通士報云：「皇帝有旨褒賞，促令拜謝歸營。」有頃，已見金簡奉旨授以左領職，世襲三品衣冠，黎帝不得已受之。越數日，見內府官奉旨召入殿庭，頒賜銀四百兩，幷傳本旗人，准備什器，諸臣從者各賜錢五百，凡國中紅白禮，照依八旗人定體。是年⓲，黎帝以清人不可恃，乃與范如松、黃益曉、黎忻、阮國棟、阮曰肇、黎文張、黎貴適，及慈廉香粳人阮廷錦、西耽人黎松、弘化答求人黎式等，歃血爲誓，具表請兵，如不允請得興宣二州故地，以奉宗祀⑲，或歸國潛入嘉定以圖興復，如或不測，死生以之。表成先就金簡知會，金簡不納，相與伏地大呼。金簡不得已復邀入烹茶歇待⑳，喻之曰：「王且回館，俟有商議。」迨月餘，復見有夸蘭大人來報云㉑：「已得旨許王欽州地，來年春早花開，歸去未遲。」黎帝君臣，亦不之信也。往辛亥春三月，和珅謀欲分徙國人，以息訴請，復令夸蘭大人馳馬來詐報云：「已得旨許國王宣光地歸住，宜卽整冠服，從國王入謝。」諸臣在東營者皆信之，從至印房，珅令以鐵鎖鎖之，各發牛車送三百里外，安置黃益曉于伊黎、黎忻于奉天、如松于黑龍江、國棟于吉林，曰肇等于熱河張家口㉒，獨留陳善侍候國所。黎帝聞之，憂憤薰灼，日早馳馬入金簡第㉓，謀爲諸臣苦叫，會金簡已入侍圓明園，卽馳馬入園門，爲守門者攔住㉔。其馬童布衞人阮文涓伏地大呼，清人恐聲徹御所，相與奪黎帝馬掖之上車，勒去愼刑司縻住，文涓放聲大罵曰：「吳子狗輩無禮，敢辱我王。」卽取廷甓亂打之，守園軍怒，左右混毆，文涓幾死，并勒去愼刑司縻住，凡一月乃放歸營，文涓因病死㉕。黎帝在愼刑司日，和珅使人至西營逼太后，令具奏言：「國王願居中土，冒闕喧鬧，罪在諸臣。」方草表，監臣阮仲特奪其草紙裂之曰：「受人欺罔，必致諸臣於死地，若之何哉！」清人復勒仲特歸東營居住，乃禁兩營不得私相往來。一日，清皇子第六王退朝，因就和珅第，從容談及安南事，六王曰：「黎王君臣有難，內投請救弗獲，猶當爲之憐恤，料彼諸臣，固皆忠義之士，今以無罪錮之遠地，外夷聞之，其謂中國何？」珅曰：「皇上有旨，非王爺所知？」王曰：「皇上耆年在御，天下事權，皆國老處置㉖，事之得失，關係不細，吾安得不知？」珅素恃寵，復出不遜語。六王大怒，卽把棋枰毆之；當坐群起解救乃免，六王大罵而出。翌日，珅懷恨入訴，清帝大怒，命召六王，欲親杖之，閣臣阿林伏地切諫乃止㉗，命於殿廷杖六王一十，王出，因恚遂得病，數日增劇，命召第八第十一第十七等王，囑之曰：「汝輩三人，他日未知皇上誰立，有嗣位者，當去奸相，無遺社稷憂。」三人聽了，各再拜領教而出㉘，六王遂薨。黎帝自是不復請言兵事，往往懷恨，逼臆無聊矣。迨壬子夏，元子復患痘卒，黎帝因此憂悶得疾，奄奄不起，次年而劇，安置諸臣聞之，各回表請安，如松家童有黎輝旺者以奉侍有勞，黎帝以為義子，賜名維康，命奉皇考香火，扈侍太后。時帝疾大漸，召諸侍臣受遺命，諭之曰：「朕遭家不造，不能守社稷，播越他土，以圖興復。又為權奸賣弄，鬱鬱至此，齎恨以沒，天寔為之。他日卿等若得回本國，當負朕殘骸以歸，附于列聖山陵，以明本志，卿等宜識之，再傳說諸臣知道。」諸臣皆泣拜受命，黎帝遂崩，時清乾隆五十八年癸丑冬十月十六日也，壽二十有八㉙。清帝命以公禮葬于公直門外廣陵，地廣三畝，外列峙障，命從亡諸臣依禮制服，以維康襲左領職。於是臼肇在熱河聞訃，設位成服，哭盡哀㉚，昏倒移日，亦發病卒。迨嘉慶元年丙辰，黎帝服闋，太后以諸臣旅寓孤苦，而歸期未卜，遂上表請諸從亡者㉛，各得姻娶，清帝許之，頒賜每人銀八兩、大錢三十五㉜，以供婚禮，勅令隨在各安職業。

却說本國西偽王光纘以年幼襲位㉝，得宣久專政柄，刑獄煩重，中外乖離，兩河嗷然㉞，人心不固，而皇朝官軍自戊申復嘉定城，庚戌歲復平順延慶二府，自是以後，比歲北出攻討，聲勢凜然㉟，北河十有三宣，亦延頸以待國朝之重興，西人之喪敗，識者瞭然，而光纘君臣莫之知也。正是

得雨蛟龍神活潑　處堂燕雀慢偷安

未知事勢如何，且聽後回分解。

【校勘記】

❶「京」，丙、丁二本作「都」；「皇」，丙、丁二本作「君」。
❷「日夜商議」，原作「日夜議」，丁本作「商議日夜」，據甲、乙、戊三本改。
❸「寫」下，丙、丁二本有「著」。
❹「訊」，各本並作「譏」。
❺「騷」，丙、丁二本作「憂」。
❻「忠腸」，丙本作「腸中」，丁本作「衷腸」。
❼「面目」，丙本作「目下」。
❽「仍」，丙、丁二本作「乃」。
❾「壬子」，丙本作「庚子」，丁本作「季」。
❿「由」，甲、乙、丙、戊四本作「田」。
⓫此句丙本作「二事亦不果行」，「地」下，丁本有「兩事」。
⓬「皇」，原脫，據各本補。
⓭「事皆專輒，恣行威福」，丙本作「遂自專攝，肆行福禍」。
⓮「阮惠」，丙本作「光中」，丁本作「光平」，戊本作「光惠」。
⓯「衙側」，丙、丁二本作「衚衕」，下同。
⓰「晨」，原作「辰」，據丙、丁二本改。
⓱「跪道」，丙本作「跪于道左」，丁本作「跪道左」。

⑱「年」下，丙、丁二本有「冬」。

⑲「宗祀」，丙本作「廟社」。

⑳「歇待」，甲、乙、戊三本作「待歇」，丙、丁二本作「款待」。

㉑「人」下，丙、戊二本有注作「猶本國書記之職」。

㉒「肇」下，丙、丁二本有「文張」。

㉓「簡」，原作「蕑」，據各本改。下同。

㉔「者」下，丙、丁二本有「所」。

㉕此句下，甲、乙、戊三本有「阮輝宿時避居本國之傘圓山，聞其事義之，因為贊曰：『忠哉馬童，壯哉馬童，大心戀主，豹尾隨戎，寸丹猿象，一隙蟻蜂，赴命如鵠，廸歇如熊，鷙擊不避，虎履不凶，螳螂怒臂，豺虎當鋒，馬革酬素，駿譽銘鴻，彼何人，螟螽人國，禽犢章縫，營蠅諂媚，指鹿姦雄，盍使之充馬廝役，搏馬蚊蝨，敢命渠名曰忠壯公。』」

㉖此句丁本作「皆歸老爺處置」。

㉗「林」，丁本作「桂」。

㉘此句丙本作「拜謝而出」。

㉙此句下，丙本有注作「景興二十八年丙戌生」。丁本有注作「以景興二十七年丙戌之歲生」。

㉚「曰肇在熱河聞訃，設位成服，哭盡哀」，丙本作「曰肇在熱河外，張儀成服，泣盡哀慘」。

㉛此句丙本作「遂上表請以諸臣從亡」。

㉜「五」下，丙本有「文」，丁本有「千」。

㉝「西偽王」，丙本作「偽西山王」，丁本作「西玉」。

㉞「熬」，甲、乙二本作「騷」，丁本作「嗷」。

㉟此句丙本作「聲靈赫耀」。

第十七回

定昇龍僞主就擒❶　葬盤石皇妃從殉

且說西僞王光纘嗣位之初年癸丑。皇朝大軍水步自嘉定北出❷，征西王文岳于歸仁城，於是岳將士以數戰疲耗，勢漸窮促，乃使人赴光纘所求援。光纘乃會諸臣論之曰❸：「吾聞脣亡齒寒，脣存齒煖，伯父王今有難，而守禦單虛❹，不可不救。」乃以都督阮耀爲大總管，領諸軍南行救之，官軍引還❺。是年秋八月西王岳殂❻，其長子光紹嗣立❼，耀因分兵據守其城❽，名爲救援❾，而實陰併之也。往次年甲寅，光纘復命得宣爲贊議，往歸仁城與光紹鎭守，而以阮耀爲統率，領大軍進寇芽莊城❿，自黎文忠以下凡七將，各加郡公管兵，聽耀節制。耀逼芽莊城游兵至平順地面，官軍悉力守禦⓫，耀不能克。是時西人數來侵，兩軍相持者各累歲⓬，會耀聞得宣父子與文楚皆爲司徒勇太保化等所殺，作急引還，與將佐合謀，欲以兵刼勇等。原自光纘初年以來，得宣擁政，而文楚鎭昇龍城，總理軍民事，進位大董理，爵郡公。是年又命大司徒勇鎭北邊四鎭兵馬⓭，勇至黃江驛舍⓮，時中書令陳文紀有罪發謫於此，勇與之同宿，文紀語之曰：「太師位極人臣，擁威福之柄，又出公於外，將有不利於國家⓯，公等得保其首領乎？不及今早圖之，後悔安及。」勇素信重文紀，遂然其說，明日卽與本部兵倍道馳還，與太保化合謀收得宣下獄⓰，并使人往歸仁收得宙；使都督諸往昇龍城，設計捕文楚以還，並織成反狀⓱；溺水死之。光纘不能制，但涕泣而已，於是復命化往守歸仁城；浹時耀在芽莊聞之[18]，日夜憂疑，恐禍及已，乃諭衆將曰：「主德不剛，大臣相殺，禍變之大莫此爲甚。今且引還以定內變，然後來征，可乎？」衆將皆曰：「唯命。」卽日解圍，引還歸仁。化聞之，先來謝罪，耀不之問，師至安舊屯江之南岸，勇亦與內侯賜等帥本部屯于江北，挾君命以拒之。光纘大懼，卽命中使往來慰諭和解之，耀始率左右入見，與勇等講和，耀又請以文忠代化鎭守歸仁，而召化還誅之。是時光纘左右日夜譖耀，言其威權太重，將有異圖。光纘信之，卽令收耀兵權，命守職奉侍，耀與文忠平生素相得，因以密書往歸仁[19]，約文忠擧兵奉光紹爲君，而廢光纘。文忠從之，遂以兵還，繼請光紹發親軍爲後援。文忠兵至廣南，中外震駭，光纘會群臣議之，皆曰：「使忠退兵，非耀不可。」卽命耀往，文忠不報光紹，而以單騎隨耀還謁，光紹驚疑，卽撤兵象回歸仁，閉城固守。光纘累遣將攻之，兼旬不拔，遂自將至黎江，太府旻曰：「光紹之亂，實由文忠構成，罪不可赦，請卽誅之，以警其他。」光纘亦以爲然，乃命召文忠入，令武士縛而斬之。因慰勞將士，下令進攻歸仁城，旬日拔之，生獲光紹，遂留旻鎭守，而錮光紹以歸，用毒酒殺之。西山自文岳占據歸仁城，以黎景興三十九年戊戌僭稱天王，僞稱泰德元年，庚子年復稱帝，立光紹爲太子，迨癸丑岳殂，光紹立五年戊午而亡，凡二十有一年云。

且說光纘既誅文忠，其女壻文質自疑，遂反。南入嘉定投降皇朝，命管御林軍，初質事光纘以攻伐，顯官至大都督，及文忠死，質棄軍而逃，太府旻恐其爲亂，索之太急[20]，有義奴假粧文質模樣，自死于山溪中，以絕追索。未幾旻知其詐，命懸賞大索之。質不得已，詣旻軍門降[21]，旻卽命掌前鋒軍，以待差派，將欲以軍律誅之。質知其意，乃諭其將校以兵象南向[22]，具表請降。後奉命帥師與旻挑戰，旻率大敗，走入山林遁迹，其兵象器甲皆爲質所獲。光纘聞報，復令大司徒武俊將兵來鎮，招集潰軍以守之。迨庚申間，官軍駕海來征，俊力不能支，乃以城降，因改歸仁爲平定鎮，勅令掌後軍，性郡公阮廷性以兵留守，禮部尚書吳從圖協鎮守。數月光纘令統率耀與司徒勇督諸道水步軍入寇，耀將步兵，勇將水兵合戰，官軍悉力拒守，耀等不能克，勇於是乃駕大艦三艘，塞歸仁海門，上設樓柵，列巨銃，內環以戰船數百艘，督水軍守之，以防外援。次年爲官軍所破，大艦與戰船盡被燒燬，勇登陸引潰軍而走，與耀相會。西人既失水道，遂堅築歸仁城，四圍土壘土山對射，城中又多豎屯柵，儲積軍糧，爲久留計。而官軍防守絕深密，耀等攻城不拔，光纘深以爲憂。是時又有西洋爺蘇道長在本國者，盡行遍諭諸道徒作亂，所在蜂起，光纘命捕其長者誅之，撤其講堂，毀其像影，焚其西書，獲其徒者卽令踏影放釋，不肯者充給象軍，以供刈草。憤怨者轉相驅煽，處處騷動，而官軍比歲攻取，聲勢震薄，諸鎮人民，每因南風起，輒相告曰：「舊主出矣！」於是國朝以歸仁西人之健將精卒皆聚於此，而光纘在富春城守備㉓，聞報復大舉水軍，戰艦千餘艘，刻日乘南風駕海北出，旌旗耀日㉔，金鼓喧天，直抵墺海門攻之。西將駙馬治悉衆捍守，不能抵敵，遂潰。光纘得報，復悉衆自將而下，與官軍拒戰，日向中，大敗而潰。官軍遂進復都城，時辛酉歲夏五月初三日，皇朝世祖高皇帝攝政之二十有四年也。

且說光纘既潰，倉皇失措，卽變服與從臣數人乘驛北走，至乂安留數日，復如昇龍，會將卒據守。夏六月乂安鎮守阮愼忽報三層龍樓無故自倒㉕，聞者皆以爲不祥之兆焉。迨秋初，典軍祥光侯，調撥端玉侯㉖，奉旨領軍出香山及鎮寧兩路攻擣，以擾乂安。阮愼遣將攻之，西人累敗，數日祥光侯以雨潦難久留㉗，乃將舊船碇香山江口，首尾縛草爲兵，被甲執戰，船中各點燈數堞，以疑西軍；而乘夜率本部兵，以輕舟順流東下出南界海門，望洋南還，及西人知之，則已去二日矣！端玉侯亦自鎮寧斂衆，從上道回京師。八月日，光纘在昇龍下諭文慰撫列鎮軍民，改僞號寶興元年。冬十有一月，復以海陽、山西、山南、北寧四鎭與清化、乂安兵象，自將入寇，爲官軍所敗㉘，以不利復引還。往壬戌春，官軍渡大灑江進攻布政、三校屯，拔之；西戍兵潰走，還奇英之河中營。夏五月，皇朝詔改元嘉隆元年，騰諭南北兩河軍民知會：原自景興四十九年丙午以後，國朝但用故黎年號，其是年以前㉙，猶稱景興六十三年，至是始改稱嘉隆元年也。是月歸仁城中食盡㉚，官軍皆飢疲，參贊吳從周先飲藥卒㉛，性郡公自焚于火，將士數萬人，盡出城降于耀，耀受之，既入城，卽與將佐合謀，將還寇京城㉜，數日引軍出歸仁界，爲副將得祿所阻，原去年克復京城後，得祿侯欽命至此設屯樹柵㉝，以遏其衝。至是耀引兵還㉞，至此攻之，半日不能克，耀衆爲官軍所射，死傷相枕，莫如之何；乃以兵象開山取路，入哀牢界，謀出乂安。於是朝廷聞報，卽命部分諸將各領水步諸軍刻日北出。是月二十八日，水軍至乂安丹崖海門，進攻群木堡，破之。步軍繼至靑龍江南，發大砲三聲，師渡北岸，於是水步齊進，西兵驚亂潰走，官軍進奪麒麟倉粟，大張旗幟。西鎭守阮愼、協鎭阮霑與水軍統領代少尉滕棄城北走里屯㉟，霑自縊，愼走清化，官軍遂克乂安城㊱。阮耀自歸合下至香山界，首聞乂安潰，遂過清漳渡靑龍江，由南塘上路，走出清化，其帶隨將士漸漸散去。官軍追之，遂生獲。六月日，進攻清化城，光纘弟督鎭盤及愼、滕等皆降，十八日駕至昇龍城，敕諸軍進攻，西兵大潰。光纘棄城，與其弟垂及都督秀等渡珥河北走，垂自縊，秀及其妻亦自縊，光纘及諸臣皆爲北寧土豪所獲，檻送軍前，其諸鎭官吏，或遁或降，無敢抗者，於是西賊悉平。駕駐昇龍城下，詔安集，分設列鎭文武官吏，復降旨召故黎文武耆老，詢以北河事宜，蠲賦役，革煩苛。照西人常行簿，每七丁揀一兵，設五營、十奇等軍號。數月車駕還京，備禮告廟、獻俘，將光纘及諸臣大加顯戮，布告通國，自此北南大定，海宇攸同，而大一統於萬世矣！

却說自故黎太母之入清燕京也，居安南西營凡四年，而元孫卒。五年而黎帝崩，從亡諸臣，皆被和珅等分處別所，惟太母與維康留燕耳。他鄉故國，萬緒離愁，春雨秋霜，幾回永慨，與侍御諸臣每欲上表還本國[37]，但爲西賊蟠據[38]，含愁而已。嘉慶四年[39]，已未多十月十一日，太母以憂悶病，崩于安南營，清帝降旨遣禮臣治喪，權殯于故君陵所。先是乾隆六十年乙卯，清帝禪位于皇子第十一王嘉慶，即位，尊清帝爲太上皇，追思兄王之囑[40]，將誅和珅，但爲太上皇寵幸，未敢出命誅他。迨是年春太上皇崩，即命捕和珅賜死，并籍沒具家，和珅既誅，清帝因與侍臣談及安南故王事，爲之悼恤，仍勑召故黎諸臣居之藍層廠，厚加恩賜，頭髮衣服，聽其自便。嘉慶八年癸亥，皇朝嘉隆二年也。西賊既平，國朝遣使如清，具表陳情，請封。故黎諸臣聞之[41]，即具稟閣臣，請奉故君太母兩殯還葬，閣臣爲之題達。三年甲子，清帝降旨送故安南王還葬[42]，并許從亡諸臣歸國，官給左領員銀十兩，驍騎號八兩，自領員以下，男婦大口人銀五兩，小口人銀三兩，各命諸省沿途資送出關。以正月啟故王殯，見機肉殆盡，獨心苗不汚，而血色隱隱鮮紅，計自權殯至此，凡十有二年矣。見者莫不驚異嗟嘆，并啟太母及元子殯，並曰肇文涓遺骸從[43]。

秋八月十三日到關[44]，皇妃聞之，即自京北就關上迎殯。自此絕粒不食，日飲糊一杯，伏侍殯側，號泣。九月二十三日至昇龍，起祭宮于延嗣公第，皇妃又日啜甘蔗數節而已。十月十二日，衆官遷棺，見心苗宛然，奉奠畢，皇妃就案前泣盡哀，謂延嗣公曰：「我忍辱間關至此十五六年，非無可死之日，第以太后、吾君及元子在此，音問不通，存沒未卜，猶少待耳！今太后與吾君且崩，而元子亦殞落，靈駕已還故國，吾事畢矣！我當從殉以陪侍山陵可也。」即飲藥自盡，聞者莫不憮悼，北使在此亦嘆獎不已，十三日再具皇妃衿歛棺槨。二十八日下船同歸清化。十有一月二十四日，奉寧葬故君太母及皇妃元子附于顯宗盤石山側，曰肇文涓兩棺從葬焉。先是回至南關，維康拜別殯所，便從諒山道去。故京北鎮守黎忻還至清化病卒，其妻北人，奉喪還乂安南塘嫩湖鄉貫，求夫族安葬，不復北歸，取族子爲嗣，守節終身，年八十壽終，其從亡諸臣各回家貫，惟鄭憲蒙得錄用㊺，還鄉後以財色故爲仇家所殺㊻。自皇妃殉葬後，通國及清人皆以節義目之㊼，於是北城總鎭誠郡公具題達，欽奉

褒獎，命於京北良才琵琶鄉貫爲之立祠。准給田祭，并復其民，以供香火祀事，及竪碑敕文，以示旌表云㊽。

【校勘記】

❶「昇龍」，丁本作「北城」。

❷「皇朝」，甲、乙、戊三本作「我皇阮朝」。

❸「臣」，甲、乙、丁、戊四本作「將」。

❹此句丙本作「而守圍安居」。

❺「官」上，甲、乙、戊三本有「我朝」。

❻「殂」，丙、丁二本作「病殂」。

❼「立」，甲、乙、戊三本作「位」，丁本作「之」。

❽「耀」，丙本作「纘」。

❾「援」，丙本作「護」，丁本作「扈」。

❿「芽」，丙本作「茅」。

⓫「官軍」，甲、乙二本作「我官軍」，戊本作「我軍」。

⑫「歲」，丙、丁二本作「載」。
⑬「鎮北邊」，丙、丁二本作「領北邊」。
⑭「黃江」，丙本作「潢江」，丁本作「廣江」。
⑮「國家」，丁本作「社稷」。
⑯「宣」下，甲、乙、戊三本有「黨」，丙本有「家屬」。
⑰「織」，丙本作「陷」。
⑱「浹」，丙本作「霎」。
⑲「書」下，丁本有「使親信者」。
⑳「太急」，丙本作「不得」。
㉑「降」，丁本作「投首」。
㉒「南向」，丙本作「投南河」。
㉓「備」下，甲、乙、丁、戊四本有「單虛」。
㉔「耀」，丙本作「蔽」。
㉕「阮慎」，丙本作「阮植」。下同。
㉖「端」，甲、乙、丙三本作「瑞」。下同。
㉗「日」，丙、丁二本作「月」。
㉘此句上丙本有「渡南海城」，丁本有「渡大瀘江至洄海城」。
㉙此句丙本作「是年丙戌四月前」。
㉚「月」，甲、乙、丙三本作「年」。

㉛「周」，原作「圖」，據各本改。
㉜「將」，甲、乙、戊三本作「將兵」。
㉝「得」上，甲、乙、丙三本有「又令」。
㉞「兵」，原脫，據甲、乙、丙三本補。
㉟「里屯」，丁本作「入演州仙里屯」。
㊱「乂安城」，丁本作「乂安署置官吏」。
㊲「表」下，丁本有「奏知清帝、清奉故君殯」。
㊳「據」下，丁本有「暗想亦未得便，只得遷延歲月，掩淚」。
㊴「嘉慶四年」，丁本作「皇朝嘉隆四年」。
㊵「兄」，甲、乙、戊三本作「六」。
㊶此句下，丙本有「曰：國饆已有報矣、可」。
㊷「安南王」，丙本作「故黎君殯」。
㊸「見者莫不驚異……遺骸從」，丙本作「諸臣皆為之傷悼，清人及國人見之，無不驚異，多有垂淚，咸以為事冠古聞。是年春，諸臣奉兩王殯及元子殯、阮曰肇、阮文涓香骸起程，沿途遵旨照辦。」，丁本「嗟嘆」下有「諸臣為之傷悼，清人多有垂淚者，次日」。
㊹此句上，丁本有「清人朱書文涓殯上曰：奚童為主盡忠、是」。
㊺此句下，丁本有「仕至兵部署參知，倜」。
㊻此句下，丁本有「文張歸乂安十餘年，亦以壽終」。
㊼此句下，甲、乙、戊三本有「或為撰椒宮殉節行以傳于世，其辭曰：『順安良才來天德，古

人命邑號琵琶。琵琶古曲知何意，大堤軋彼貌如花。英華悉萃簪纓閥，景興乙酉佳時節。望門誕育女中豪，言行工容無玷闕。越從十七入青宮，纔登丙午夢呈熊。日高影照天恩重，海潤星輝福氣濃。丁未猖獗西山賊，卷地風塵驚不測，羽葆隨鑾出鳳城，御林星散長安北。落慌匹馬文峯還，別跟慈帽音顯車幔武崖山。湘裙羅襪悲踰險，榔質蒲姿苦耐寒。遠徼望龍音寂寞，閒庭泣虺淚闌干。忽然何處淵淵鼓，高平閫將拜迎鑾。駕回牧馬暫休歇，御舟隨進弗迷關。賊兵聞信來追躡，箭落火飛鋒刃接。數株夭竹過危灘，蕩覆顛傾還利涉。緣崖攀木上高巔，雨沱瘴重色迷天。土人踴躍前途送，山嵴崎嶇小徑穿。路盡有山山有洞，洞中香井水清漣。想來此洞何年鑿，早知今日有神仙。泉水山芝將度日，烏啼花落撩愁鬱。信通內地判上司，詳門根由聲詰屈。上司火速撥輿檯，送到龍州權駐蹕。供需品物既豐盈，守護兵丁尤愼密。撫檯旋派進南寧，內外莊嚴廠旅亭。南北辛酸經幾度，不曾造次錯儀型。維承慈訓嚴規範，自是椒宮禮度明。越從上國允來援，萬里凱歌聞捷信。翠花仙仗指南還，上苑春融故宮殿。友琴樂鼓奏新聲，擁翠看花酬風願。無端虐焰更焚穹，憂喜喜憂翻手變。萬媿急擁六龍歸，少海慈宮著緊隨。提携轉眼成相錯，降謫交迷可奮飛。覓條西上網羅貫，幽獨一方腸欲斷。媚珠虞草豈無時，何苦流離空匿怨。誰云夏鼎久微煙，旅成再造在遺編。上國同袍修戟日，君王嘗膽臥薪年。假使雄才憂復社，能無遺恨一嬋娟。迨夫癸丑龍髯絕，底事疑信聞傳說。豈其民望舊君深，此謀恐墜西山譎。漢皇興運命更新，封使來時語亦云。若把連城先碎了，未必香魂伴紫雲。一十六年會鄭重，肯輕孫妹漢江身。會使一二袍兄弟，直來北塞叩原因。內投誓到三陵所，黎帝太后元子三陵便將性命委羅巾。從古營生勞且苦，誰知謀死更艱辛。詎意天機相巧湊，宰臣扈蹕先題奏。大清皇帝準南還，序逢甲子中秋候。初聞皇遽便親迎，常餐頓減花容瘦。迢迢舟楫渡瀘江，轎傘笙鏞入祀堂。士庶凝愁瞻鹵簿，臣僚拭淚獻瓊觴。閨中況味描難盡，薄將禮物澣香湯。啓歛一覩冠袍樣，歛袵凝眸拜上床。帳裡回身辭女主，甘將鴆毒沃肝腸。說鬧黃髫皆駭異，啗聞省署亦姿傷。紅錦青蚨榮賵賻，艷辭綺句迭稱揚。妙哉一死求而得，死得聲名萬古香。緊彼春閨如玉好，暮雨朝雲無足道。黃金橫帶為何人，諂媚平生恣奸狡。一朝世變鍾簴移，拜虜獻諛如故套。醉中一唱覺寒心，冷處加鞭應靦貌。幾會粉黛弼臯刑，怪得琚璜禪契教。上比範詩樛逮葛，旁稽湘嶺竹生班。既有古人行所易，詎無今日得其難』。那篇是黎故臣同平章事蘇派侯阮輝宿所作也。

㊽此句下，甲、乙、丙三本有「至從亡諸臣，皇朝嗣德十四年夏，部臣遵議甄錄，特蒙旨準立祠於昇龍之西廊，地屬永順瑞璋坊，其牌位次第，依部議：正中位長派侯謚忠毅黎侗，左列十一人，提領阮曰肇、尚書筆峯廷簡、琔武侯陳光珠、陳名偈、右侍郎阮輝耀、鎮守黎忻、指揮黎兄值、掌四寶黎貴適、阮雄忠、黎松、京北左參政平望黎仲瑞；右列十一人、靖難功臣陳名案、宣光清刑憲察副使阮廷院、內侍阮涓、陳珽、督同阮國棟、廸郡公黃益曉、阮廷綿、譚慎廠、武尉阮仲瑜、黎式、近光侯范如松共二十二人。通謚曰「忠敏」東厦祀五人，曰：阮玉璉、王肇、王振韶、尊洽、黎廷定；西厦五人，曰：陳良、陳璒、武仲逸、陳寅、陳鶴。自黎侗以下共三十三人，並冠以故黎節義臣，而祠亦名故「黎朝節義祠」。有以仰見朝廷激濁揚清，磨礪風俗之至敎。而後之覽者，知有此困厄于此時，而有此榮光長留于萬世矣。」

越南漢文小說叢刊

歷史小說類　第五冊

皇黎一統志

主編者：陳慶浩・王三慶

出版者：法國遠東學院

本書局登記證字號：行政院新聞局局版臺業字第一一〇〇號

發行人：丁文治

發行所：臺灣學生書局

臺北市和平東路一段一九八號
郵政劃撥帳號〇〇〇二四六六～八號
電話：三二一四一五六・三三一一〇九七

香港總經銷：藝文圖書公司

地址：九龍又一村達之路三十號地下後座
電話：三一八〇五八〇七

中華民國七十六年四月初版

8680-5